Fintechのビジネス戦略と法務

渥美坂井法律事務所・外国法共同事業Fintechチーム／
松田克信／新倉理人／髙橋 淳
［編著］

一般社団法人 金融財政事情研究会

はしがき

　これまで数多くのFintechに関する書籍や記事が、世の中に生み出されてきた。すでにFintechは一部では一般用語となっているとすら思われる。しかし、Fintechに関して議論していると、何か違和感を覚えることも多い。
　これはなぜだろうか。
　筆者はこれまでコンサルタントとして、また銀行員として、金融業に関する議論をさまざまな場面で、さまざまな方々と行ってきた。その場合、比較的、定量的・数字に裏付けられた議論となることが多いように感じる。これは、金融業のもつ特性からきているものかもしれない。
　ところが、Fintechに関する議論になると、急に様相が変わる。目的やゴールが不明確な議論が増えていくのである。目的やゴールが不明確なまま、お互いにとにかく話すことが重要だといわんばかりにさまざまな単語を並べ始める。まるで、Fintechに関する知識（それも、つい最近読んだ書籍や記事で仕入れた情報……失礼）を競うかのように会話が進み、お互いが同じような情報レベルにいることを確認して会話が終わってしまう。
　これでは、Fintechという言葉が一人歩きしてしまう。コンサルタントとしてFintechに関係している身としては、強い危機感を覚えた。これが本書を執筆した大きな理由である。本書では、技術論的な話を極力避けた。ビジネスの現場で認識すべきFintechの本質は、技術ではなく、技術の活用による事業の発展であると考えているからである（技術論に関しては、数多くの書籍が出ているというのも理由ではあるが）。もちろん、技術を理解しなくてもいいといっているわけではない。しかしながら、活用ができない技術は、まさに、「宝の持ち腐れ」である。
　そのような認識で、何度かFintechに関するセミナーで話す機会を頂戴した。そうすると、金融の現場ではFintechに関して困ったことが起きているという声を数多く聞いた。「Fintechをうちでもやろう」「来週からFintech担当として頑張ってくれ」というような発言が、上司から普通に出ているよう

である。そして、いわれたほうは混乱する。いざ、何かやろうと思って考え始めると、「Fintechをやるって何だ？」となるわけである。目的と手段の逆転が起きている。

これは、何もFintechに限ったことではない。M&Aしかり、ビッグデータしかり。そして、その本質を理解した者とそうでない者の間には、大きな溝ができてしまう。明確な目的やゴールを設定している場合、便利な手段は目的やゴールを達成する期間を大幅に短縮する。もしくは、顧客にこれまで以上の大きな価値を提供する。一方でそうでない者は、自己満足の作業にいそしんでしまう。そして、本質を理解した者の総和が多くなっていかないと、日本の金融は、グローバルでの戦いに勝利していくことができないであろう。

今回の執筆に関し、渥美坂井法律事務所・外国法共同事業の先生方とも議論をする機会を得られた。Fintechは法律面でも動きが早く、その動きを追いかけていくのは骨が折れる。本書では、極力最新の法規制に関して触れている。また、基本的な考え方を示すことに留意した。技術同様、実際のビジネスでは法規制について最低限の理解は不可欠である。本書は、これまでFintechに関する法規制に触れることが少なかった方には、よきパートナーになるのではないかと考える。

Fintechとは最新のトレンドなのか。筆者は「古くて新しい」という感覚である。金融業界はこれまでも、テクノロジーを活用して発展してきた。そういう意味では日本の金融業界は、Fintechに継続して取り組んできているのである。本書を読んでいただくことで、少しでもFintechのもつ意味について考える機会が増え、Fintechという言葉が一人歩きをしていくことが防げると本懐である。

本書は多くの方々のご協力があり、執筆を進めることができた。特に、忙しい業務の合間を縫って執筆をサポートしてくれた石浦大毅氏には、感謝の思いしかない。また、編集など多くの尽力をいただいた堀内駿氏をはじめ、一般社団法人金融財政事情研究会の方々には、この場をお借りして御礼を申し上げたい。さらに、無理をいって対談をさせていただき、刺激的なお話を

いただいた冨田和成社長、神谷勇樹社長、堀内健后氏にも、厚く御礼を申し上げたい。

2017年3月

松田・新倉・髙橋の3名を代表して

松田　克信

　新しいFintechサービスのローンチや研究開発のニュースが日々流れ、Fintechのカンファレンス等でお会いする方は皆エネルギーに満ち溢れ、日本のFintech業界は隆盛著しい状況にあるといっても過言ではないと思います。Fintechについては国内外の関係者の間では既に多くが語られているところではありますが、本書は、事業性の観点および法律上の位置づけを可能な限り網羅的に説明することで、Fintechの全体航海図を提供しようというものです。本書が、銀行・証券会社・保険会社等の金融機関で新しくFintechの担当になられる方、これからFintechビジネスに参入しようと思われている技術者・起業家の皆様、ベンチャーキャピタル等投資家の皆様、あるいはすでにFintechビジネスに携わっているが全体像を把握したいと思われている方をはじめ、読者の皆様に少しでもお役に立てば幸甚であります。

　金融は規制業種であり、その法律も最も複雑な分野ではないかと思います。しばしば、金融規制法は、イノベーションを阻害するのではないかという文脈で語られますが、高金利の消費者金融、変額保険、仕組み債等、これまでも金融分野における消費者問題はたびたび起こっており、Fintechの動きにおいて利用者保護を懸念される方がいてもおかしくはありません。Fintech先進国として海外当局の取組みが紹介されることもありますが、利用者保護を掲げない当局はなく、日本政府も利用者保護のうえにFintechの促進を政策に掲げています。このように金融規制法は利用者保護の視点なくしては語れません。そこで、金融規制法をはじめとする法律の解説にあたっては、そもそもの法律の趣旨から説明するようにいたしました。

　また、Fintechと法律という観点では、IT法務、個人情報保護法、消費者契約法、Fintechスタートアップの資金調達と買収といった、金融規制法以

外の法律についても考慮が必要ですので、そのような法律ないし法務についても取り上げました。

　以上に加えて、近年の法改正等の動きも見逃せません。2016年の資金決済法の改正では仮想通貨に対する法制度ができあがりました。また、同年の銀行法の改正ではIT企業等に対する出資制限の緩和などイノベーションを促進する制度改正が実現しました。同年12月には割賦販売法も改正されました。2017年にも銀行法の改正が行われる見込みであり、銀行APIのオープン化に連動した電子決済等代行業者の登録制度の新設を中心とする改正法案が国会に提出されました。データの利活用に関しては、個人情報保護法の改正も見過ごせません。改正個人情報保護法の全面施行は2017年5月30日です。これに伴い金融分野における個人情報保護に関するガイドラインや、同ガイドラインの安全管理措置等についての実務指針も新たなものに生まれ変わります。

　このようにFintechに関連する法令・ガイドラインなども、IT技術の進化とそれに伴うビジネス創出に追随し、場合によってはそれに先行して、加速度的に変更されてきています。本書は2016年12月1日を執筆時点としているため、刊行時の最新の法律までは反映できませんが、可能な範囲で同日より後の動きを補章にまとめました。

　上記のとおり金融分野で事業を行うためには法律知識が不可欠ですが、法律を知っているだけではビジネスになりません。今回、金融機関・シンクタンク・アドバイザリーファームなどにおいて豊富な経験をお持ちの松田様、髙橋様、新倉様と共同執筆させていただくことで、読者の皆様には複層的な視点からFintechをみていただけるのではないかと思います。

　最後になりますが、本書の企画・出版にあたりご理解とご尽力をいただいた一般社団法人金融財政事情研究会の田島正一郎出版部長、ご担当の堀内駿氏に、深く御礼を申し上げます。

2017年3月

渥美坂井法律事務所・外国法共同事業
Fintechチーム一同

● 凡　　例 ●

1　本書の執筆時点

　原則として2016年12月1日であり、本書の記載は、筆者らが知りうる同日現在の情報によった。

　ただし、一部、同日よりも後の時点のことを記載し、その旨指摘した箇所がある。

　なお、同日以後のFintechに関するルールの変化等の動きについては、できる範囲で補章に記載したので、ご参照いただきたい。

2　法令の表記

　本書377頁以降に「法令一覧」を記載し、そこに記載した略語を本文中でも使用する。ただし、補章のみで記載した法令名については、補章で定義して使用する。

3　判決の表記

　本文中の判決の表記は、以下の例による。

　（例）最高裁判所平成3年3月22日判決・最高裁判所民事判例集45巻3号322頁
　　　→最判平3．3．22民集45巻3号322頁

　（例）名古屋地方裁判所平成16年1月28日判決・判例タイムズ1194号198頁
　　　→名古屋地判平16．1．28判タ1194号198頁

4　判例集・法律雑誌の表記

　以下の例による。なお、下記5の参考文献においては、わかりやすさを重視し、法学特有の文献の略記法の使用は極力避けた。

　《判例集》

　　民集　　最高裁判所民事判例集
　　刑集　　最高裁判所刑事判例集

　《法律雑誌》

　　判時　　判例時報
　　判タ　　判例タイムズ

5　参考文献等

　本書366頁以降に参考文献の一覧を記載し、そこに記載した略語を本文中でも使用する（ただし、補章においては、脚注において参考文献を示した）。

ウェブページ上に掲載されているものについてはURLを記載した。
　また、監督指針やガイドライン、通達などについても、法令一覧ではなく参考文献の一覧に含めたうえで、検索の便宜のため、URLがあるものは記載した。

【執筆者・監修者紹介（執筆順）】

松田　克信（まつだ　かつのぶ）

会計系アドバイザリーファーム ディレクター

大阪大学基礎工学部卒業

メガバンク、総合系コンサルティング会社、戦略系コンサルティング会社、メガバンク系シンクタンクの戦略コンサルティング部門立ち上げを経て現職

金融、食品、不動産、化学など幅広い業種に対し、成長戦略、新規事業、M&A、経営管理といったテーマで数多くのプロジェクトをリード

［執筆担当］　はしがき、Ⅰ章1、Ⅰ章2、Ⅱ章1、Ⅲ章6〔1〕、Ⅵ章、コラム「金融の歴史」「Fintechに関するよもやま話(1)～(3)」

鈴木　由里（すずき　ゆり）

弁護士・ニューヨーク州弁護士。渥美坂井法律事務所・外国法共同事業シニアパートナー

1997年早稲田大学法学部卒業、2005年ニューヨーク大学法学修士（LL.M.）

2005～2006年Kirkland & Ellis LLP（Chicago）勤務。2001年弁護士登録、2006年ニューヨーク州弁護士登録

［執筆担当］　全体監修、はしがき、Ⅲ章2〔2〕(2)、Ⅲ章3〔2〕、Ⅳ章1〔1〕(1)、Ⅳ章1〔1〕(3)・(4)（監修）、Ⅳ章1〔3〕・〔5〕・〔6〕（監修）、Ⅴ章5、補章1〔1〕(1)・(2)・(5)、補章2、コラム「海外のレギュラトリー・サンドボックス」「電子記録債権法」

三部　裕幸（さんべ　ひろゆき）

弁護士・ニューヨーク州弁護士。渥美坂井法律事務所・外国法共同事業パートナー

2002年早稲田大学法学部卒業、2010年コロンビア大学法学修士（LL.M.）

2010～2011年Pillsbury Winthrop Shaw Pittman LLP（New York）勤務。2003年弁護士登録、2012年ニューヨーク州弁護士登録

［執筆担当］　全体監修、Ⅲ章1〔2〕(3)、Ⅳ章1〔1〕(2)、Ⅳ章2〔1〕～〔4〕（監修）、Ⅴ章1・3（監修）、補章1〔1〕(3)・(4)、補章4（監修）、補章5・6

谷崎　研一（たにざき　けんいち）
弁護士・ニューヨーク州弁護士。渥美坂井法律事務所・外国法共同事業オブ・カウンセル
1994年京都大学法学部卒業、2003年ノースウェスタン大学法学修士（LL.M.）、2008年大宮法科大学院大学修了
1994～2016年株式会社新生銀行（旧：日本長期信用銀行）勤務、2003～2004年 Simpson Thacher & Bartlett LLP（New York）勤務。2004年ニューヨーク州弁護士登録、2012年弁護士登録
［執筆担当］　Ⅰ章3、Ⅲ章7、Ⅴ章4（監修）、コラム「自動運転と新しい自動車保険」

新倉　理人（にいくら　まさと）
会計系アドバイザリーファーム　シニアアソシエイト
慶應義塾大学大学院経営管理研究科修了
メガバンク、メガバンク系シンクタンクのマーケティングコンサルティング部門を経て現職
メガバンクでは主に中堅中小企業向けの融資業務や、法個人の債権管理業務に従事。シンクタンクでは、金融機関向けに顧客満足度を用いた経営管理支援や、事業会社向けに成長戦略やM&A、市場調査といったテーマのプロジェクトに従事
［執筆担当］　Ⅱ章2、Ⅲ章1〔1〕、Ⅲ章2〔1〕～〔4〕のそれぞれの(1)、Ⅲ章3～5のそれぞれの〔1〕

髙橋　淳（たかはし　あつし）
会計系アドバイザリーファーム　シニアアソシエイト
慶應義塾大学大学院理工学研究科修了
投資銀行、戦略系コンサルティング会社、メガバンク系シンクタンク戦略コンサルティング部門を経て現職
投資銀行では主に金融機関を顧客としてM&Aやファイナンスに関する提案および実務に従事した後、コンサルティング会社にてさまざまな業界に対し成長戦略、新規事業、事業戦略立案、M&Aといったテーマのプロジェクトに従事
［執筆担当］　Ⅱ章3

佐藤　一也（さとう　かずや）
　弁護士。渥美坂井法律事務所・外国法共同事業パートナー
　2004年中央大学法学部卒業。2007年弁護士登録
　[執筆担当]　Ⅲ章1〔2〕(1)・(2)、Ⅳ章1〔3〕、Ⅳ章2〔1〕・〔2〕

大上　良介（おおうえ　りょうすけ）
　弁護士。渥美坂井法律事務所・外国法共同事業パートナー
　2000年一橋大学法学部卒業、2013年ワシントン大学法学修士（LL.M. in Asia Law）
　2005～2007年清水谷法律事務所勤務、2008～2012年長谷川俊明法律事務所勤務、2010～2012年国内不動産関連会社に出向。2005年弁護士登録
　[執筆担当]　Ⅲ章2〔1〕(2)、Ⅲ章6〔2〕、Ⅳ章1〔2〕(1)・(2)・(4)、Ⅳ章1〔5〕

落合　孝文（おちあい　たかふみ）
　弁護士。渥美坂井法律事務所・外国法共同事業パートナー
　2004年慶應義塾大学理工学部数理科学科卒業、2005年慶應義塾大学大学院理工学研究科中退
　2006～2015年森・濱田松本法律事務所勤務。2006年弁護士登録
　[執筆担当]　Ⅲ章2〔3〕(2)、Ⅲ章4〔2〕、Ⅲ章5〔2〕、Ⅴ章2〔1〕～〔6〕（監修）、Ⅴ章2〔7〕～〔9〕、Ⅴ章4（監修）

金久　直樹（かねひさ　なおき）
　弁護士・ニューヨーク州弁護士。渥美坂井法律事務所・外国法共同事業パートナー
　2004年東京大学法学部卒業、2006年慶應義塾大学法科大学院卒業、2012年コロンビア大学法学修士（LL.M.）
　2012～2014年日系証券会社ニューヨーク現地法人勤務、2014～2015年Mayer Brown LLP（New York）勤務。2007年弁護士登録、2013年ニューヨーク州弁護士登録
　[執筆担当]　Ⅲ章2〔4〕(2)、Ⅳ章1〔1〕(4)、Ⅳ章1〔2〕(3)、Ⅳ章1〔4〕(1)・(2)

細田　浩史（ほそだ　ひろふみ）
弁護士。渥美坂井法律事務所・外国法共同事業アソシエイト
1999年東京大学法学部卒業、2007年大阪大学大学院高等司法研究科修了
2001〜2004年日本アイ・ビー・エム株式会社勤務、2011〜2014年金融庁総務企画局企画課保険企画室出向、2016年金融庁総務企画局企画課信用制度参事官室出向。2008年弁護士登録
［執筆担当］　Ⅲ章7、Ⅳ章1〔1〕(3)、Ⅳ章1〔6〕

野崎　竜一（のざき　りゅういち）
弁護士・ニューヨーク州弁護士。渥美坂井法律事務所・外国法共同事業シニアパートナー
1996年慶應義塾大学法学部法律学科卒業、2007年ボストン大学法学修士（LL.M. in Banking and Financial Law）
2007〜2008年Mayer Brown International LLP（London）勤務。2015年〜Atsumi & Sakai Europe Limited（London）、現地法人ディレクター。2000年弁護士登録、2008年ニューヨーク州弁護士登録
［執筆担当］　Ⅳ章1〔2〕(監修)、Ⅳ章1〔4〕(監修)、コラム「EUのPSD2」

溝口　元気（みぞくち　げんき）
弁護士。渥美坂井法律事務所・外国法共同事業アソシエイト
2009年慶應義塾大学法学部法律学科卒業、2012年早稲田大学大学院法務研究科修了
2014年弁護士登録
［執筆担当］　Ⅳ章1〔4〕(3)、Ⅳ章2〔3〕〜〔5〕、Ⅴ章3

早川　真崇（はやかわ　まさたか）
弁護士。渥美坂井法律事務所・外国法共同事業シニアパートナー
1999年東京大学法学部卒業、2006〜2007年ワシントン大学ロースクール客員研究員
2000〜2014年検事、2008年東京地方検察庁特別捜査部、2008〜2011年法務省刑事局総務課。2014年退官、弁護士登録
［執筆担当］　コラム「金融上の行政処分と事例集などの活用について」

外山　照久（とやま　てるひさ）
　弁護士・公認会計士。渥美坂井法律事務所・外国法共同事業パートナー
　一橋大学商学部経営学科卒業、筑波大学法科大学院修了
　2004～2012年新日本有限責任監査法人金融部勤務、2012年アクセンチュア株式会社経営コンサルティング本部勤務、2013～2014年ヤンセン外国法事務弁護士事務所勤務。2004年会計士補登録、2008年公認会計士登録、2013年弁護士登録
　［執筆担当］　Ⅳ章2〔5〕（監修）、補章4

渡邊　俊典（わたなべ　としのり）
　弁護士。渥美坂井法律事務所・外国法共同事業アソシエイト
　2012年早稲田大学法学部卒業、2014年慶應義塾大学法科大学院修了
　2015年弁護士登録
　［執筆担当］　Ⅴ章1、コラム「高齢者向け投資勧誘と自主規制」

金光　祐希（かねみつ　ゆうき）
　弁護士。渥美坂井法律事務所・外国法共同事業アソシエイト
　2009年京都大学法学部卒業、2011年京都大学法科大学院修了
　2012年弁護士登録
　［執筆担当］　Ⅴ章2〔1〕～〔4〕、コラム「スマートコントラクト」「AI」

田畑　千絵（たばた　ちえ）
　弁護士。渥美坂井法律事務所・外国法共同事業アソシエイト
　1998年上智大学外国語学部卒業、2007年中央大学法科大学院未修者コース修了
　1998～2004年メリルリンチ日本証券株式会社勤務、2010～2015年隼あすか法律事務所勤務。2009年弁護士登録
　［執筆担当］　Ⅴ章2〔5〕・〔6〕

今井　佑（いまい　たすく）
　弁護士。渥美坂井法律事務所・外国法共同事業アソシエイト
　2012年東京大学経済学部金融学科卒業、2014年早稲田大学大学院法務研究科修了
　2015年弁護士登録
　［執筆担当］　Ⅴ章4

■渥美坂井法律事務所・外国法共同事業について

　弁護士・外国弁護士120名余りを擁する総合法律事務所である（本書出版時点）。
　FintechやIoT、AIなどのイノベーションにいち早く対応すべく、2015年10月以降、Innovationプラクティスグループ（旧称：Innovation Business Supportチーム）を業域横断的に構成した。そのなかで、同グループに設置されたFintechチームにおいては、個別の企業の皆様の依頼に応じているほか、一般社団法人FinTech協会の事務局を務め、Fintechベンチャー企業のサポートや金融機関・IT企業等との連携、国内外の関係機関への対応などを行っている。
　上記Innovationプラクティスグループは、メディア等でも取り上げられている。たとえば、Asian Legal Business誌（2017年3月号）の"ALB Innovation List 2017"において、日本の法律事務所では唯一紹介され、テクノロジーの進化とそのビジネスへの適用による変化に対応し、新たな問題についてクライアントを支援していることが紹介されている。
　海外特有のニーズにも、英・独の海外拠点や海外に派遣している弁護士などを通して、また、世界各国の法律事務所等のネットワークを活用して対応している。
〈取扱分野〉
　設立当初から高い定評を得てきた金融分野に加え、M&A・投資案件、独禁法、各種ファンド、労働法、IP、IT/TMT、国際通商、訴訟・仲裁・倒産・事業再生、ライフサイエンス、エネルギー、スポーツ・エンタテインメント、さらには危機管理やFintech・IoT・AIを含むイノベーション分野に至るまで、幅広い分野を取り扱っている。

目　次

Ⅰ　Fintechで変わる金融機関経営

1　Fintechによる金融機関経営への影響 …………………………… 2
〔1〕　従来の金融機関経営 ………………………………………………… 2
　(1)　これまでの金融機関経営の特徴 ………………………………… 2
　(2)　金融機関の意識の変化 …………………………………………… 3
〔2〕　Fintechがもたらす変化 …………………………………………… 4
2　求められる金融機関経営とは ……………………………………… 6
〔1〕　これからの金融機関経営に必要な要素 ………………………… 6
　(1)　新しいガバナンス像の設定 ……………………………………… 6
　(2)　外部連携の強化 …………………………………………………… 8
〔2〕　新しい金融機関経営像 ……………………………………………… 9
3　改正銀行法 ………………………………………………………………… 12
〔1〕　金融グループにおける経営管理の充実 ………………………… 13
　(1)　改正内容 …………………………………………………………… 13
　(2)　メガバンクグループにおける経営管理 ………………………… 14
　(3)　地域銀行グループにおける経営管理 …………………………… 14
〔2〕　金融グループにおける共通・重複業務の集約 ………………… 15
　(1)　改正内容 …………………………………………………………… 15
　(2)　地域銀行グループにおける共通・重複業務の集約 ………… 16
〔3〕　グループ内の資金融通の容易化 ………………………………… 17
　(1)　改正内容 …………………………………………………………… 17
　(2)　承認を受けるための要件 ………………………………………… 18

目　次　13

Ⅱ　ビジネスとユーザーの視点からみたFintech

1　Fintechとは何か──金融サービスの大変革時代到来 ……………… 20
〔1〕　Fintechの歴史 ……………………………………………………… 20
　(1)　高まるFintech熱 …………………………………………………… 20
　(2)　実は歴史があるFintech …………………………………………… 23
　(3)　Fintechの追い風 …………………………………………………… 25
　(4)　世界のFintech投資 ………………………………………………… 27
　(5)　主なFintechサービス ……………………………………………… 27
　(6)　Fintechサービスを支えるコア技術 ……………………………… 32
　(7)　Fintechが根づくために必要な条件 ……………………………… 34
　(8)　Financeにとどまらないテクノロジーの融合分野 ……………… 37
〔2〕　各国の動き …………………………………………………………… 38
　(1)　Fintechを経済振興につなげたい日本 …………………………… 38
　(2)　ニューヨーク・シリコンバレーが勢いづく米国 ………………… 40
　(3)　金融立国としての威信をかける英国 ……………………………… 41
　(4)　シンプルなサービス開発が進むアジア …………………………… 42
2　Fintechの本質──目的と手段の混在 ………………………………… 44
〔1〕　Fintechの目的 ……………………………………………………… 44
　(1)　金融の目的と機能 …………………………………………………… 44
　(2)　Fintechの目的 ……………………………………………………… 45
〔2〕　立場による目的の違い ……………………………………………… 46
　(1)　ユーザー（一般消費者）にとっての金融サービス ……………… 46
　(2)　ユーザー（事業会社）にとっての金融サービス ………………… 47
　(3)　各金融サービスのサプライヤー …………………………………… 49
　　［コラム］　金融の歴史 ………………………………………………… 52
3　立場によるFintechへの取組みの違い ………………………………… 55
〔1〕　行　　政 ……………………………………………………………… 55
　(1)　Fintechに対する各国行政の取組み ……………………………… 55

(2)　関連規制 …………………………………………………… 68
〔2〕　**金融機関（保険・証券・信託会社を含む）** …………………… 73
　(1)　各金融機関の取組先進事例 ……………………………… 73
　(2)　テクノロジーの発展や規制緩和による金融の概念の変化 ………… 74
　(3)　金融機関は過去の延長線上ではない戦略を練る必要がある ……… 75
〔3〕　**テクノロジー関連企業** ……………………………………… 75
　(1)　Fintechのテクノロジー …………………………………… 75
　(2)　Fintechに対する企業の動き ……………………………… 76
〔4〕　**金融情報企業** ……………………………………………… 77
　(1)　個人による金融情報取得欲求の高まり ………………… 77
　(2)　機関投資家は複雑な情報に対するニーズが強い ……… 79
　(3)　金融の概念の広がりで、今後は取り扱う情報の量と種類がさらに増加するのではないか。その場合、テクノロジーのもつ意味は大きい …………………………………………………………… 80
〔5〕　**ユーザー（法人・個人）** …………………………………… 81
　(1)　個人ユーザーにとどまらないFintechサービス ………… 81
　(2)　法人では融資、クラウド経理が中心 …………………… 81
　(3)　個人では資産管理、決済、融資、保険が中心 ………… 83
　［コラム］　海外のレギュラトリー・サンドボックス ……………… 85
　　　　　　Fintechに関するよもやま話(1) ……………………… 87

Ⅲ　ビジネスと法務の視点からみたFintech

1　融　　資 ………………………………………………………… 93
〔1〕　**ビジネスの視点から** ………………………………………… 94
　(1)　クラウドファンディング（寄付型、購入型、株式型、ファンド型、融資型） ……………………………………………… 94
　(2)　ソーシャルレンディング ………………………………… 95
　(3)　トランザクションレンディング ………………………… 96

〔2〕 法務の視点から ……………………………………………… 97
　　　(1) クラウドファンディング運営業者に必要とされる業法上の対応 …… 97
　　　(2) 上限金利等の規制の影響 ……………………………………… 100
　　　(3) トランザクションレンディングと近時の銀行法改正について …… 100
　2　決済・送金 ………………………………………………………… 102
　　〔1〕 代金決済（前払い、即時払い、後払い） ……………………… 102
　　　(1) ビジネスの視点から …………………………………………… 102
　　　(2) 法務の視点から ………………………………………………… 109
　　〔2〕 ペイロールカード ……………………………………………… 109
　　　(1) ビジネスの視点から …………………………………………… 109
　　　(2) 法務の視点から ………………………………………………… 111
　　〔3〕 CLO ……………………………………………………………… 112
　　　(1) ビジネスの視点から …………………………………………… 112
　　　(2) 法務の視点から ………………………………………………… 113
　　〔4〕 送　　金 ………………………………………………………… 116
　　　(1) ビジネスの視点から …………………………………………… 116
　　　(2) 法務の視点から ………………………………………………… 120
　3　資産運用 …………………………………………………………… 121
　　〔1〕 ビジネスの視点から …………………………………………… 121
　　〔2〕 法務の視点から ………………………………………………… 122
　　　(1) 投資助言業務と投資一任業務との関係 ……………………… 122
　　　(2) 第一種金融商品取引業との関係 ……………………………… 123
　4　資産管理（Personal Financial Management、PFM） …………… 124
　　〔1〕 ビジネスの視点から …………………………………………… 124
　　〔2〕 法務の視点から ………………………………………………… 128
　　　(1) アカウントアグリゲーションの技術に関連する問題点 ………… 128
　　　(2) 個人情報保護、情報の利活用に関連する問題点 …………… 129
　　　(3) セキュリティ …………………………………………………… 130
　　　(4) API ……………………………………………………………… 130

	(5) その他の問題 …………………………………………………… 132
5	会計・経理 ………………………………………………………… 133
〔1〕	ビジネスの視点から ……………………………………………… 133
〔2〕	法務の視点から …………………………………………………… 134
6	仮想通貨 …………………………………………………………… 136
〔1〕	仮想通貨とその機能 ……………………………………………… 136
〔2〕	法務の視点から …………………………………………………… 138
7	保　　険 …………………………………………………………… 139
〔1〕	生命保険 …………………………………………………………… 140

　(1)　医療データに関する個人情報保護法上の留意点 …………… 140
　(2)　デジタルヘルス ………………………………………………… 142
〔2〕　損害保険（テレマティクス保険について）………………………… 143
　　［コラム］　自動運転と新しい自動車保険 ……………………………… 145
　　　　　　　Fintechに関するよもやま話(2) ………………………… 146

Ⅳ　Fintechに関する法務1　金融規制法

1　金融規制法の概要 ……………………………………………………… 151
〔1〕　銀　行　法 ……………………………………………………………… 151
　(1)　銀行法の概要 …………………………………………………… 151
　(2)　銀行の業務範囲 ………………………………………………… 151
　(3)　銀行代理業 ……………………………………………………… 156
　(4)　外部委託先 ……………………………………………………… 163
　(5)　銀行代理業者および外部委託先に対する監督（銀行法24条、25条）… 167
〔2〕　資金決済法 ……………………………………………………………… 168
　(1)　資金決済法の概要 ……………………………………………… 168
　(2)　電子マネー ……………………………………………………… 169
　(3)　資金移動業者に対する規制 …………………………………… 172
　(4)　仮想通貨 ………………………………………………………… 179

［コラム］　EUのPSD2 ································· 186
〔3〕**貸金業法、利息制限法、出資法** ························· 188
　(1)　三法の概要 ·· 188
　(2)　三法による上限金利規制 ···························· 191
〔4〕**金融商品取引法** ······································ 192
　(1)　金商法の概要 ······································ 192
　(2)　業　規　制 ·· 192
　(3)　投資型クラウドファンディング ······················ 197
〔5〕**割賦販売法** ·· 204
　(1)　割賦販売法の概要 ·································· 204
　(2)　クレジットカード取引に関する規制 ·················· 206
　(3)　平成28年割賦販売法改正 ···························· 207
〔6〕**保険業法** ·· 210
　(1)　保険業法の概要 ···································· 210
　(2)　Insurtechを活用した新サービスと情報提供義務 ······· 211
　(3)　Insurtechサービスにおける個人顧客情報の取得と顧客情報管
　　　理体制 ·· 212
　(4)　Insurtech業者との業務提携と子会社業務範囲規制、体制整備
　　　義務 ·· 213
　(5)　Insurtech業者の業務が「保険募集」や「募集関連行為」に該
　　　当するか ·· 217
　　　［コラム］　金融上の行政処分と事例集などの活用について ········· 220
2　**マネーローンダリング、租税徴収に関する規制** ············· 223
〔1〕**犯罪収益移転防止法** ·································· 223
　(1)　犯罪収益移転防止法の概要 ·························· 223
　(2)　インターネット取引における本人確認義務 ············ 223
　(3)　仮想通貨交換業者の本人確認義務について ············ 225
〔2〕**外為法**（本人確認義務） ······························ 226
　(1)　本人確認義務に関する外為法の概要 ·················· 226

(2)　支払等の報告に関する外為法の概要 ……………………………… 227
〔3〕　**国外送金等調書法** …………………………………………………… 227
　(1)　国外送金等調書法の概要 …………………………………………… 227
　(2)　国外送金等調書法がFintech業務に与える影響 ………………… 229
〔4〕　**マイナンバー法** ……………………………………………………… 230
　(1)　マイナンバーとは …………………………………………………… 230
　(2)　マイナンバー法の概要 ……………………………………………… 231
　(3)　マイナンバー法がFintech企業に与える影響 …………………… 233
〔5〕　**関連する税制、租税回避、国際課税** …………………………… 234
　(1)　仮想通貨にかかる消費税 …………………………………………… 234
　(2)　電子帳簿保存法 ……………………………………………………… 236
　(3)　OECDによるBEPSプロジェクト ………………………………… 238
　　［コラム］　Fintechに関するよもやま話(3) ………………………… 242

V　Fintechに関する法務2　Fintechビジネスを行う場合に検討すべき法的諸問題

1　消費者保護 ………………………………………………………………… 247
〔1〕　**消費者契約法（集団訴訟を含む）** …………………………… 247
　(1)　現行消費者契約法上の規制 ………………………………………… 247
　(2)　消費者契約法等改正の動向とFintechビジネスに及ぼしうる影響 ……………………………………………………………………… 249
　(3)　集団訴訟 ……………………………………………………………… 253
〔2〕　**特定商取引法** ………………………………………………………… 254
　(1)　現行法上の規制 ……………………………………………………… 254
　(2)　改正の動向 …………………………………………………………… 255
〔3〕　**金融商品販売法** …………………………………………………… 256
　(1)　現行法上の規制 ……………………………………………………… 256
　(2)　消費者契約法との関係 ……………………………………………… 258

(3)　留 意 点 ……………………………………………………… 258
　　［コラム］　高齢者向け投資勧誘と自主規制 ……………………… 259
2　IT関連法務 …………………………………………………………… 260
〔1〕　電気通信事業法 ……………………………………………… 260
　(1)　電気通信事業法 …………………………………………… 260
　(2)　プロバイダ責任制限法 …………………………………… 260
〔2〕　電子商取引および情報財取引等における問題点 ………… 262
　(1)　契約の成立 ………………………………………………… 262
　　［コラム］　スマートコントラクト ………………………………… 264
　(2)　ライセンス契約の成立とユーザーの返品等の可否 …… 265
〔3〕　システム開発における紛争 ………………………………… 266
　(1)　契約の成立に関する紛争 ………………………………… 266
　(2)　システム開発の不完全履行に関する紛争 ……………… 267
　(3)　システム開発後の運用・保守に関する紛争 …………… 269
　　［コラム］　AI ………………………………………………………… 270
〔4〕　クラウドと法律 ……………………………………………… 271
　(1)　クラウドとは ……………………………………………… 271
　(2)　法的問題 …………………………………………………… 271
〔5〕　景品表示法、広告規制 ……………………………………… 272
　(1)　不当表示 …………………………………………………… 273
　(2)　不当景品 …………………………………………………… 273
　(3)　公正競争規約 ……………………………………………… 275
　(4)　特定商取引法 ……………………………………………… 277
　(5)　インターネット特有の広告方法 ………………………… 277
〔6〕　共同開発契約、業務委託契約に関する諸問題 …………… 278
　(1)　契約の法的性質 …………………………………………… 278
　(2)　情報の取扱い ……………………………………………… 279
　(3)　成果の帰属 ………………………………………………… 281
〔7〕　データの権利性 ……………………………………………… 282

〔8〕 オープンデータの取扱い ………………………………………… 284
〔9〕 電子署名法 …………………………………………………………… 285
　　［コラム］ 電子記録債権 ……………………………………………… 287
3　Fintechスタートアップの資金調達と買収 ……………………… 289
〔1〕 はじめに ……………………………………………………………… 289
〔2〕 Fintechスタートアップの資金調達 …………………………… 290
　(1)　スタートアップの資金調達における特殊性 ……………………… 290
　(2)　資金調達における工夫 ……………………………………………… 291
〔3〕 Fintechスタートアップの買収 ………………………………… 293
　(1)　スタートアップの買収における特殊性 …………………………… 293
　(2)　Fintechスタートアップの法務デューディリジェンス・M&A契
　　　約作成上の留意点 …………………………………………………… 293
4　個人情報保護法 ………………………………………………………… 296
〔1〕 概　　要 ……………………………………………………………… 296
〔2〕 個人情報とは ………………………………………………………… 296
　(1)　個人情報の定義 ……………………………………………………… 296
　(2)　要配慮個人情報 ……………………………………………………… 298
　(3)　クレジットカード番号は個人情報に当たるか …………………… 299
〔3〕 第三者提供 …………………………………………………………… 299
　(1)　第三者提供に係るトレーサビリティの確保 ……………………… 299
　(2)　個人情報データベース等提供罪の導入 …………………………… 301
　(3)　オプト・アウトによる第三者提供の厳格化 ……………………… 301
〔4〕 ビッグデータの利活用を促進するための匿名加工情報 ……… 303
　(1)　匿名加工情報に関する加工方法等の規定の整備 ………………… 303
　(2)　個人情報保護指針についての規定の整備 ………………………… 305
〔5〕 グローバル対応 ……………………………………………………… 305
　(1)　外国に所在する第三者への個人データの提供に関する規定の整
　　　備と域外適用 ………………………………………………………… 305
　(2)　外国執行当局への情報提供 ………………………………………… 306

〔6〕 金融分野における個人情報保護 ·· 307
　(1) 金融分野における個人情報保護に関するガイドライン ············ 307
　(2) 金融機関が行政処分を受けた近時の事例 ································ 308
〔7〕 プライバシー権（その他情報利用に関する最新論点） ················ 309
　(1) マイキープラットフォーム構想 ··· 309
　(2) 位置情報 ··· 310
　(3) ライフログ情報の活用について ··· 312
5　国際取引法務 ··· 313
〔1〕 Fintechビジネスと国際取引契約 ·· 313
　(1) 国際取引契約類型ごとの留意点 ··· 313
　(2) 国際取引契約書によくみられる条項 ······································· 314
〔2〕 国際取引を伴うFintech事業に影響する行政法規 ························ 317

Ⅵ　日本のFintechの展望

1　Fintechへの取組みのKSF ·· 322
〔1〕 行　　政 ·· 322
〔2〕 金融機関 ·· 325
　(1) 顧客に対する金融サービスの提供の視点 ································ 326
　(2) 金融機関内部への価値提供 ·· 333
〔3〕 テクノロジー関連企業 ·· 335
〔4〕 金融情報企業 ·· 338
〔5〕 ユーザー（法人・個人） ··· 339
2　日本のFintechの未来 ·· 340

補章　Fintechに関する法務フォローアップ

1　平成28年銀行法等改正等に係る政令・内閣府令等の改正・制定 ····· 344
〔1〕 銀行法施行規則等の改正 ··· 344

⑴　金融グループにおける経営管理の充実 …………………………… 344
　⑵　共通・重複業務の集約等を通じた金融仲介機能の強化 ………… 345
　⑶　5％ルール・15％ルールの制限を超えてFintech企業に出資するための認可の審査基準 ………………………………………………… 346
　⑷　収入依存度規制の緩和 ……………………………………………… 347
　⑸　キャッシュアウトサービス ………………………………………… 347
〔2〕　仮想通貨交換業 ………………………………………………………… 348
　⑴　仮想通貨交換業者に対する登録制の導入 ………………………… 348
　⑵　利用者が預託した金銭・仮想通貨の分別管理 …………………… 349
　⑶　本人確認 ……………………………………………………………… 349
2　平成28年改正割賦販売法に伴う省令改正案の検討 …………………… 351
〔1〕　アクワイアラーまたは決済代行業者（PSP）の登録について …… 351
〔2〕　加盟店における書面交付義務の見直し ……………………………… 352
3　平成29年銀行法等改正等 ………………………………………………… 353
〔1〕　電子決済等代行業 ……………………………………………………… 354
　⑴　電子決済等代行業の定義および登録制 …………………………… 354
　⑵　電子決済等代行業者の体制整備・安全管理に係る措置 ………… 356
　⑶　電子決済等代行業者の銀行との契約締結等 ……………………… 356
　⑷　銀行におけるオープンイノベーションの推進に係る措置 ……… 357
　⑸　監督規定の整備 ……………………………………………………… 358
〔2〕　認定電子決済等代行事業者協会に関する規定の整備 …………… 358
〔3〕　施行スケジュール …………………………………………………… 359
　⑴　経過規定 ……………………………………………………………… 359
　⑵　電子決済等代行業者の銀行との契約締結 ………………………… 360
　⑶　オープンAPI導入に係る努力義務 ………………………………… 360
　⑷　電子決済等代行業者との連携・協働に係る方針の決定・公表義務 ……………………………………………………………………… 360
4　平成29年度税制改正 ……………………………………………………… 361
5　消費者契約法に関する最高裁判決 ……………………………………… 363

6　日本と英国・シンガポールとの協力枠組みについて ……………… 364
　〔1〕　日本と英国のFintech企業支援のための協力枠組みについて ……… 364
　〔2〕　日本とシンガポールのFintechに関する関係を強化する協力枠
　　　組みについて ………………………………………………………… 365

参考文献 ……………………………………………………………………… 366
法令一覧 ……………………………………………………………………… 377

I

Fintechで変わる金融機関経営

1 Fintechによる金融機関経営への影響

　ここ数年ほど、Fintechフィーバーとでもいうような状況となっている。しかしながら、ここ1年ほどでFintechフィーバーの意味合いが若干変化してきていることを感じる。これまでは技術面での注目が強かったが、最近は経営や事業という視点で語られることが増えてきているように思われる。本書では、ともすると"Buzz Word"となりかねないFintechについて、その意味・本質について考えていきたい。まずは、その端緒としてFintechが金融機関にどういう影響を及ぼすか、特に金融機関経営の視点からFintechの意味を考える。

〔1〕 従来の金融機関経営

(1) これまでの金融機関経営の特徴

　Fintechが金融機関経営にどのような影響を及ぼすかを考えるにあたり、これまでの金融機関経営について簡単に触れておきたい。金融機関経営は事業会社として利益を獲得していくことが求められる一方で、「社会インフラ」として「厳格な法規制」のもと「グローバルスタンダードへの準拠」を求められていることに特徴がある。特に国内金融機関においては、歴史的な背景もあり、海外の金融機関に比べて「社会インフラ」としての機能を色濃く求められていることが特徴ではないだろうか。したがって、金融機関＝安定・安全という神話ができあがった。社会インフラは壊れない、いや、国が

壊さないという意識が（何の根拠もなく）金融機関の従業員のみならず国民全体に根づいていた。また、「社会インフラ」としての機能を求められているがゆえに、「リスクマネジメント」が経営の最重要課題の一つとして位置づけられていた。誤解をおそれずにいえば、（少々乱暴ではあるが）従来の金融機関経営は安定・安全を保つために、リスクをいかにマネージするかに重点が置かれていた。そしてそのために、多額のシステム投資を行い、システマティックにリスクマネジメントを行ってきた。

(2) 金融機関の意識の変化

　これは言い換えると、いわゆる事業会社としての差別化戦略やブルーオーシャン戦略といった、いわゆる"攻め"の経営戦略を求められる局面が少なかったことを意味するともいえるのではないか。しかしながら、ここ数年で状況は大きく変わってきている。金融機関経営でよくいわれる"横並び経営""護送船団方式"といった言葉は死語になりつつある。

　現在の金融機関経営における意識はどうなっているであろうか。これまでとは異なり、独自の色を出すべく、攻めの意識が強くなってきているのではないだろうか。各金融機関のメディアでの発信、中期経営計画などをみても、自社の特徴を出そうとしているように見受けられることが多い。これは"横並び経営""護送船団方式"といった言葉とは対極にあるものである。

　金融機関経営の意識が変わってきたきっかけは何だろうか。1997年の山一證券の経営破綻、2008年のリーマンショックが大きな契機だったことは間違いない。これらは、金融機関経営ではリスクマネジメントの視点で語られることが多いが、ユーザーの意識という視点でみてみると、少々意味が異なる。金融業界の不確実性が高まり、M&Aなどによりそれぞれの金融機関のポジショニングが変化することで、各金融機関はそれぞれで活かすべきケイパビリティを高めるようになってきた。結果、それぞれの金融機関に特徴がみられるようになった。これまで金融業界では、不確実性が乏しく、ポジショニングが"なんとなく"決まっており、ケイパビリティにもそれほど差がないといった状況であったがゆえに、利用する金融機関を選ぶ選択肢が乏

しく、受け身で利用する金融機関を選択してきたユーザーが、守り・攻めの両面から利用する金融機関を選ぶという意識になったきっかけともいえる。ユーザーに選択肢が与えられたのである。リスクをマネジメントすることだけではなく、ユーザーのニーズに応えるべく攻めの意識を強くもつことも求められてきた。特に、グローバルでデジタルネイティブ世代の存在が大きくなり始めているなか、テクノロジーケイパビリティを高めることがリスクマネジメントだけではなく、攻めの視点からも重要性が増してきた。そして、Fintechである。テクノロジーの進化でさまざまな可能性が金融にも見出され始めた。ブロックチェーンのような業界のデファクトを変える可能性のあるテクノロジーから、よりユーザーへのサービス視点でのロボットの活用など、これまでの金融の常識では測れない進化を金融業界は迎えようとしている。

　金融に関するテクノロジーケイパビリティを高め、新たな価値を創造していくこと、これこそがまさにFintechである。Fintechの発展により、金融機関は経営に関し、大きな意識の変革を迫られているといえる。

〔2〕　Fintechがもたらす変化

　それでは、Fintechはどのような変化を金融機関経営にもたらすだろうか。一言でいうと、「事業会社としての経営」と「(従来の) 金融機関経営」の両面が求められる。前述のとおり、金融機関側もユーザー側も意識が変化してきた。いうなれば「事業会社としての経営」の意識がより強くなってきた。さらに、動向には注視が必要ではあるが、銀行による金融関連IT企業への出資を容易にするために議決権保有規制が改正され、認可を受けることを条件に、いわゆる5％ルール・15％ルールの制限を超える出資ができるようになることが想定されている（Ⅳ章1〔1〕(2)を参照）。これにより、伝統的な金融業以外の事業を営む企業がグループの傘下になることが認められることとなる。テクノロジーケイパビリティの重要性が増すにつれ、伝統的な金融業ではない企業がグループ企業となることが増えるであろう。その場

合、これまでの「いわゆる金融機関経営」の範疇に収まらない経営が求められることとなろう。とりわけ、ガバナンスについては影響が大きいのではないだろうか。

　これまでは金融業という枠組みのなかで、ある意味、一定の価値観のなかで経営を行えてきた。しかしながら、伝統的な金融業以外の事業を営む企業が、その価値観を共有できるとは限らない。また、認可を受けることができればではあるが、メーカーとしての生産機能やシステム会社としての開発機能といった、これまで保有していなかった機能を保有することもありうることになる。さらにいうなれば、日進月歩で進化するテクノロジーを自社内で保有することには限界がある。オープンイノベーション的な発想や動きも必要となろう。その場合、経営として、どのようにガバナンスを効かせればいいだろうか。

　このような動きは金融機関以外では既に進んでいる。GEやP&Gによる外部企業を巻き込んだ製品開発、富士フイルムによる再生医療への取組みなど、オープンイノベーションを進め、従来の競合以外と競う時代がきている。これらの動きに対する経営の姿勢は、これからの金融機関経営に関してもおおいに参考になるのではないだろうか。

2 求められる金融機関経営とは

〔1〕 これからの金融機関経営に必要な要素

(1) 新しいガバナンス像の設定

　Fintechの発展により、金融機関経営については、特にガバナンスに関して影響が大きいと記載した。それでは、どのようなガバナンスを効かせるべきだろうか。

　そもそもガバナンスとは何であろうか。さまざまな解釈があるが、ここでは、「企業経営に関する意思決定や合意形成を行うための仕組み」と定義する。金融機関においては、その業態の特殊性もあり、これまではガバナンスを論じる際にはリスク面での仕組みにフォーカスが当てられてきた。どうリスクをマネジメントするかという視点では、どうしてもガバナンス強化の方向性に議論が進む。Try & Errorを前提にPDCAをきちんと回すことではなく、Errorをいかに避けるかに議論が集中する。

　Fintechの進展により、金融機関経営にもより攻めの経営が求められると書いた。別の表現をするならば、「事業会社としての経営」の側面が強くなる。その場合、過度なガバナンスの強さは、攻めの経営をする際に自由度を奪うおそれがある。リスクを把握することは大事ではあるが、過度なリスク回避は新しいことへの挑戦を阻害することにもつながりかねない。

　どのようにガバナンスを効かせるべきかについて、重要な点は二つある。一つは、グループ傘下の企業や事業の位置づけをきちんと把握し適切なガバ

ナンス設計をすることである。その際に重要なのが、企業や事業の「成長ステージ」と「戦略的意味合い」の明確化である。「成長ステージ」については、誕生期・成長期・成熟期・衰退期といったステージに分類する。ステージごとに適切なガバナンス強度や効かせ方は異なる。たとえば、誕生期ではすみやかに企業や事業を成長期に移行させるためにガバナンスを強化する。一方で、成長期や成熟期にある企業や事業については、過度なガバナンスは自主的な動きを阻害し、競争力の発揮を妨げる可能性があるため、最低限のガバナンスとすることが多い。衰退期では、すみやかにその企業や事業の撤退を見極める必要があるため、ガバナンスを強化する。ここで注意しなければならないのは、ここで記載した考え方はあくまで一例であり、実際には個々の企業や事業の内容についても考慮することが必要なことである。これが「戦略的意味合い」の明確化である。

　個々の企業や事業の意味合いは異なる。とにかく収益を上げることを期待する企業や事業がある一方で、直接的な収益を上げることは期待せず、グループの事業を支える機能としての役割を期待する企業もある。その場合、それぞれで必要なガバナンスの効かせ方は異なる。収益を上げることを期待している場合、その企業や事業による想定リスク量が突出して高くなければ、ガバナンスは最低限とし活動に極力制限をかけないようにする。一方で、グループの事業を支える機能として期待している企業や事業の場合、その効果を最大限発揮するようにガバナンスを効かせる。これもグループ全体および個々の企業や事業の状況によってもガバナンスの効かせ方は異なってくる。

　では、Fintechに関してはどうであろうか。一般的にFintech関連の企業や事業はまだ誕生期や成長初期の段階であることが多い。また、戦略的な位置づけはきわめて重要ではあるが、現時点での収益を期待するというよりは将来的な収益や機能強化を期待することが多い。したがって、過度なガバナンスは自由な発想や活動を阻害する可能性もあり、なじまないことが多い。ある程度の自由度を与え、ある意味好きにやってもらうことが重要となる。さらに加えるならば、テクノロジー企業はテクノロジーを開発・発展させていく人材が財産である。このような人材はリスク重視の価値観とは相いれない

ことが多い。"自由にやってもらう"ことがきわめて重要である。これは、これまでの金融機関経営では、なかなかなじまない発想ではないだろうか。今後、Fintechに取り組んでいく金融機関は、経営に関する考え方を見直し、とりわけガバナンスについてはそのありようを見極めていく必要がある。

　二つ目は機能単位でのガバナンス設計である。ガバナンス設計というと企業や事業単位での設計が多くみられた。しかしながら、グループ経営が進むとグループ全体での機能単位のガバナンス設計も必要となる。いうなれば横串を通したガバナンス設計である。たとえば、財務、税務、法務、労務、人事、営業、研究開発等といった、グループに保有する機能を棚卸しし、それぞれ横串でのガバナンスのありようを考える。たとえば、グループの財務管理をゼロバランス化し、財務でのガバナンスを効かせるべきか、人事権を本社や持株会社に集中し、人事でのガバナンスを効かせるべきか等、機能ごとのガバナンスの効かせ方を考えるのである。

　Fintechへの取組みで特に考えるべきは人事と財務である。人事に関しては、明らかにこれまでの伝統的な金融機関で求める人材とは異なる人材を採用・育成することが必要となる。その場合、人事でのガバナンスを強化すると、適切な人材が採用・育成できなくなる可能性がある。これは報酬等の人事制度の設計にも影響を及ぼす。テクノロジー人材は金融人材とは価値観が異なることが多い。また、財務に関しても同様である。ある程度の自由な投資が最先端のテクノロジーの開発には必要となる。これも伝統的な金融機関の投資スタンスとは相いれないかもしれない。

　Fintechの発展をにらんだガバナンス像の設計には、この「企業や事業の位置づけの明確化」と「機能単位での設計」を行う必要があり、その際にはこれまでの伝統的な金融機関経営で重視していた、リスク面での検討だけではなく、個々の企業や事業がより力を発揮できるような自由度の設定もきわめて重要となる。

(2) 外部連携の強化

　Fintechを強化するにあたり、もう一つ重要なのが外部連携の強化であ

る。Fintechに関するテクノロジーやサービスは日進月歩を遂げており、また、シリコンバレーなどのいわゆるテクノロジー村がその中心となっていることが多い。金融機関が独力でそのようなテクノロジーやサービスを獲得するためには相当な工数と費用が必要となる。もしかすると、工数や費用をかけても、なかなか獲得できないかもしれない。また、最先端のテクノロジーはテクノロジーに関するネットワークに入らないと情報もすぐには入ってこないことも多い。伝統的な金融機関にとって、このネットワークに入ることも大きなハードルになる。単にシリコンバレーに人材を派遣するだけでは、なかなかネットワークから認められ、入り込むことはできない。

そこで大事なのは外部連携の発想である。富士フイルムが医療事業については、オープンイノベーションを進めることで最先端の技術を保有する企業とのネットワークを構築しているように、伝統的な金融機関も過度な自前主義をやめて、外部連携をうまく進めることに発想を転換すべきではないだろうか。

実際、国内の金融機関でも、メガバンクを中心にFintechベンチャーとのつながりをもとうとした試みが進んできている。しかしながら、ビジネスアイディアコンテストやサービスの導入にとどまることが多く、共同でユーザーに新しい価値を提供するための研究開発を始めるといった動きは、まだまだみられていないのが現状である。

今後求められるのは、金融に関する知見や課題をFintech企業に提供・開示し、共同で新しい価値を提供するための研究開発を行っていくことである。Fintech企業は、テクノロジーではプロであっても、必ずしも金融のプロではない。また、金融機関は金融のプロではあるが、テクノロジーのプロではないことが多い。新しい価値を生み出していくには、両社の連携が必要不可欠であると考える。

〔2〕 新しい金融機関経営像

それでは、Fintechに取り組んでいくことで必要となる"金融機関経営"

とはどういうものであろうか。これまで、新しいガバナンス像の設定と外部連携の強化が重要だと述べてきた。大きくは三つのパターンでの金融機関経営の姿が考えられるのではないだろうか。

　一つ目は、グループ内にFintech企業を取り込んでいく"Fintechコングロマリット経営"。この場合には、これまでのリスク重視の金融機関経営とは異なる尺度での経営を考えていく必要がある。グループ内にFintech企業を置くことで、そのFintech企業が競争力をもつことが必要となる。そのためには、リスクをいかにテイクしていくかという視点が重要となる。より攻めの経営スタイルが求められることとなる。加えて、テクノロジーの知見やテクノロジーへの理解が経営層には必要不可欠となる。少なくとも、Fintech企業の代表を相応のポジションで経営層に加えるくらいのことをしなければならないだろう。テクノロジーは日々進化しており、その進化に対応していかなければFintech企業をグループ内に保有する意味はない。従来のシステム子会社をグループ企業にもつ意味と異なるのはこの点である。金融とテクノロジーの両面の機能を主とした企業経営である。

　二つ目は、Fintech企業をグループ内には保有せず、適切なFintech企業と連携を行う"いいとこどり経営"。この場合には、経営自体は従来のリスクを重視した金融機関経営を中心に考えることとなろう。経営に関しては、あくまで金融が主であり、テクノロジーは従の意識である。ただし、オープンイノベーション的に金融に関する知見を積極的に公開し、Fintech企業とWin-Winの関係を構築する仕組みをつくる必要がある。単にサービスの提供者と受容者という関係では、競争力のあるFintechへの取組みは難しい。一緒に新しい価値を創出するという意識でFintech企業に協力していくくらいの姿勢が求められる。また、グローバルでの情報収集は欠かせない。グローバルでの発信力もきわめて重要になる。

　三つ目はその混在。コアとなる機能についてはグループ内にFintech企業を取り込んでいくが、補完的な機能については外部連携を行う。この場合、グループ内に取り込む機能や企業によって、経営の難易度が大きく異なる。また、"Fintechコングロマリット経営"と"いいとこどり経営"の両方の要

素が経営に必要となる。理想的には、この混在型が望ましいといえるが、実際に混在型経営で十分な効果を出せる企業は企業風土や経営資源からも少ないであろう。

3 改正銀行法

　金融グループをめぐる環境変化、ITの急速な進展等を踏まえた制度面での手当を行うため、2016年5月25日に銀行法等改正法（法令名の正式名称については法令一覧を参照。以下同じ）が成立し、銀行法その他の関係法律の一部が改正された。銀行法等改正法の施行日は、公布日（2016年6月3日）から起算して1年を超えない範囲内において政令で定める日とされている。

　金融審議会の決済業務等の高度化に関するワーキング・グループにおいてFintechへの対応が議論されるなかで、Fintechに対応していくためには、金融グループ全体の経営、運営、効率化についての検討も必要であるとの認識に至った。今回の改正は、この認識を受け、別途金融審議会のなかに設置された「金融グループを巡る制度のあり方に関するワーキング・グループ」（以下「金融グループWG」という）における議論を集約したものである（湯山ほか19頁以下）。

　以下では、改正銀行法の改正項目に従って考察を行う（鈴木ほか・平成28年改正57頁以下をベースとしている）。ただし、外国銀行代理業に関する改正については省略する。また、今回の改正によって、銀行とFintech企業との連携が行いやすくなることが想定されるが、この点は、Ⅳ章1〔1〕(2)において詳述する。

〔1〕 金融グループにおける経営管理の充実

(1) 改正内容

　Fintechは、銀行業務、証券業務、信託業務、決済業務などさまざまな分野でサービスの変革を起こす可能性を有するものであり、金融グループ内の各エンティティが新しいサービスへの取組みを行うことになる。金融グループとしてこのような新しい動きに対応するためには、銀行持株会社や銀行がどのように金融グループの経営管理を行っていくのかが非常に重要である。

　もっとも、金融グループにおける経営管理の形態は異なっていることから、この点について一定の統一的な対応を強制することはせず、金融グループの経営管理として認められる機能を法律上明確にし、これを銀行持株会社に対して求めるというアプローチが採用されている（改正銀行法52条の21第1項）。

　具体的には、改正銀行法で銀行持株会社が行わなければならないとされる「経営管理」は、以下の①～④のとおりである（改正銀行法52の21第4項）。また、銀行持株会社が存在しない金融グループであっても、金融グループにおける経営管理機能の充実の要請は同様であることから（湯山ほか22頁）、改正銀行法52条の21とパラレルな規定として改正銀行法16条の3が新設された。そのため、銀行持株会社が存在しない場合であっても、グループの頂点の銀行において、以下の①～④の「経営管理」を行わなければならない。

① 　グループの経営の基本方針の策定その他これに準ずる方針として内閣府令で定めるものの策定およびその適正な実施の確保。経営の基本方針については内閣府令に委ねられている部分があるが、グループの収益・リスクテイク方針、および資本政策等が想定されているようである（金融グループWG報告4頁）。
② 　グループに属する会社相互の利益が相反する場合における必要な調整。
③ 　グループの業務の執行が法令に適合することを確保するために必要なも

のとして内閣府令で定める体制の整備（グループコンプライアンス体制）。
④　上記①～③のほか、グループの業務の健全かつ適切な運営の確保に資するものとして内閣府令で定めるもの。グローバルなシステム上重要な金融機関に関する再建計画の策定などが想定されているようである（金融グループWG報告4頁）。

(2)　メガバンクグループにおける経営管理

　メガバンクグループは、銀行持株会社のもとに、銀行・証券・信託をはじめ、クレジットカード、消費者金融、リース、アセットマネジメント、ベンチャーキャピタル等、金融に関する幅広い業態の子会社を有し、近年では海外拠点網が拡大している。

　そのような傾向のもと、上記(1)①との関係では、効率的なグループ経営を行っていくために、グループに属する法人ごとに経営方針を策定するだけでは足りず、グループ全体のビジネスライン（ホールセール、リテール、投資業務など）のそれぞれについても経営方針を策定することを求められる可能性がある。

　また、上記(1)②との関係では、現時点においても銀行グループごとに「利益相反管理体制」の整備が行われているところ、Fintech関連会社が銀行のグループ会社に加わることで、さらに利益相反管理を慎重に行うことが求められる可能性がある。

　さらに、上記(1)③との関係では、グループ間において、横串の通ったコンプライアンス体制の構築が求められる可能性があり、Fintech関連会社が銀行のグループ会社に加わった場合にどのように横串を通すのかが課題となる可能性がある。

(3)　地域銀行グループにおける経営管理

　他方、地域金融機関は、地域において個人顧客・法人顧客双方に厚い基盤を有し、かつ顧客が金融機関を利用する場合は当該金融機関に集中することが特色である。Fintechの観点からは、その地域に即した顧客のニーズを丁

寧に汲み取り、テクノロジーと結びつけた新しい金融サービスを提供していくことが考えられる（たとえば、ふくおかフィナンシャルグループプレスリリースが参考になる）。

そして、上記の地域金融機関の特殊性である地域密着型金融（リレーションシップ・バンキング）や地方創生における役割に鑑みるならば、各銀行は、それぞれの地域での役割を果たす一方で、地域銀行グループとして下記〔2〕以下で述べる共通・重複業務の集約やグループ内の資金融通などの連携を強化することで規模の利益によるコスト削減やシナジー効果を享受するというアプローチが考えられる。

以上のような地域金融機関としての特色に応じて、上記(1)①〜④の経営管理を行っていくことになる。

〔2〕 金融グループにおける共通・重複業務の集約

(1) 改正内容

a．持株会社による共通・重複業務の執行

現行法上、銀行持株会社の業務範囲は、子会社の経営管理およびその附帯業務に限定されており、銀行持株会社自身が業務執行を担うことは認められていない（銀行法52条の21第1項）。

しかし、グループ内の各エンティティにおいて共通・重複する業務については、銀行持株会社が統括的・一元的に実施することが効率的であると考えられる。

そこで、改正銀行法においては、「銀行持株会社グループに属する二以上の会社（銀行を含む場合に限る）に共通する業務であって、当該業務を当該銀行持株会社において行うことが当該銀行持株会社グループの業務の一体的かつ効率的な運営に資するものとして内閣府令で定めるもの」について、銀行持株会社が当局の認可を受けることを前提に当該会社にかわって行うことが可能とされた（改正銀行法52条の21の2）。銀行持株会社において担うこと

のできる具体的な業務は内閣府令で定められることになるが、グループ全体の資金運用業務や共通システムの管理業務などがこれに含まれうると考えられる（金融グループWG報告6〜7頁）。

なお、銀行持株会社グループの子銀行が同銀行と同グループ内の別の会社に共通する業務を銀行持株会社に委託する場合、外部委託先管理の例外として、当該子銀行の委託先管理義務は生じない（改正銀行法12条の2第3項2号）。

b．子会社への業務集約の容易化

上記 a．のように、共通・重複業務を銀行持株会社に対して委託する場合と同様に、銀行持株会社グループ内の特定の子会社にグループ全体に共通する業務を集約することも十分に効率的・合理的であると考えられる。

現時点においても、グループ内の数社において共通する業務をグループ内の特定の会社に集約して行わせる場合があるが、銀行がこのような業務の委託をする場合、外部委託先管理の義務が課される（銀行法12条の2第2項）。その結果、グループ内に複数の銀行があって各銀行から一定の業務をグループ内の特定の会社に委託して集約化する場合であっても、各銀行において委託先管理を行わなければならない。しかし、実際には同様の管理を行うにすぎないにもかかわらず、これを各銀行において実施することは非効率であり、また、重複管理の必要性も乏しいと思われる。

そこで、改正銀行法は、外部委託先管理の例外として、共通・重複業務をグループ内子会社に集約する際、各子銀行にかわって銀行持株会社が「当該業務の的確な遂行を確保するための措置を講ずる」ことを前提に管理することを可能とし、当該措置の具体的内容を内閣府令に委ねた（改正銀行法12条の2第3項1号）。

(2) 地域銀行グループにおける共通・重複業務の集約

金融グループにおける共通・重複業務の集約については、金融グループWGにおいて、地域銀行を中心に要望のあったところである。上記〔1〕(3)のとおり、いくつかの地域銀行が統合するなどして金融グループを構成し、

グループ内の統合を進めている地域銀行グループにとっては、共通・重複業務を銀行持株会社またはグループ内の特定の子会社に集約することにより、グループ全体の効率性、統合のシナジー効果、コスト削減が期待できる。

たとえば、マーケット部門のバックオフィスについて、現時点では、銀行持株会社グループ内において、A銀行がB銀行に業務委託する形態をとっていたものを、銀行法等改正法施行後は銀行持株会社に集約するという選択肢も考えられる（大矢24頁）。

ほかにも、銀行持株会社グループ内での資材調達を効率化するために、当該グループ内に属する特定の子会社に、グループ内の資材調達機能を集約させるということもより行いやすくなることが期待される。

〔3〕 グループ内の資金融通の容易化

(1) 改正内容

金融グループWGにおいて、グループ内において資金余剰のあるエンティティから資金不足のエンティティに対し、社内レートによる資金融通を行うニーズが指摘された。たとえば、同一持株会社グループ内にあるC銀行とD銀行との間で、D銀行による市場調達金利（α％）より低いβ％でC銀行の余資をD銀行に融通できないか、というものである。

この場合、C銀行とD銀行との間の取引には、いわゆる「アームズ・レングス・ルール」（銀行法13条の2）が適用され、C銀行にとって不利な条件での取引として、アームズ・レングス・ルールに抵触する可能性がある（アームズ・レングス・ルールは、1992年の銀行法改正で、銀行の他業態への進出に伴う弊害防止措置の一つとして導入されたものである。その主な趣旨は、自らと特別の関係がある者の利益を図ることにより、銀行の健全性を損ない、預金者等が害されることを防止することにある）。

改正銀行法は、上記のようなグループ内の資金融通を一定の要件のもとに許容する。すなわち、①同一の銀行持株会社グループに属する銀行間の取引

のみに限定し、さらに、②経営の健全性を損なうおそれがない等の要件を満たす場合に当局の承認を受けることを条件として、アームズ・レングス・ルールによらない取引が許容されることになる（改正銀行法13条の2ただし書後段）。①については、アームズ・レングス・ルールが導入された経緯に配慮し、グループ外で他業態を営む者との競争条件に不均衡をもたらさないよう、同一グループ内の銀行間取引に限定することとなった（銀行グループWG報告8～9頁）。なお、個々の金融グループにおける税務上の取扱いについては別途留意が必要である。

(2) 承認を受けるための要件

上記(1)の経営の健全性を損なうおそれがない等の要件は内閣府令に委ねられるが、この要件を考える視点として、預金保険制度のもと、子銀行ごとに預金者保護の対象とされることや、子銀行ごとに債権者が存在することだけでなく、場合によっては子銀行に少数株主が存在するという会社法の観点に留意する必要がある。具体的には以下の事項が考えられる（金融グループWG報告9頁）。

・グループ内での収益、リスク管理が恣意的にならないよう、アームズ・レングス・ルールにかわる明確な基準が定められていること。
・資金融通元である銀行（子銀行）においては当該取引が不利益に働く可能性があるが、当該銀行の財務状況の健全性を損なうものではないこと。なお、当該取引によるグループにおけるシナジー効果が当該銀行の財務等に与える影響についても勘案されうる。
・子銀行に少数株主が存在する場合は、会社法上の観点から、子銀行の取締役等経営陣において当該取引について少数株主に対する説明責任を十分に果たせること。

II

ビジネスとユーザーの視点からみたFintech

1 Fintechとは何か
──金融サービスの大変革時代到来

〔1〕 Fintechの歴史

(1) 高まるFintech熱

　新聞や雑誌等で"Fintech"という言葉をみかけることが増えてきた。しかしながら、その意味を本当に理解できている人は少ないのではないだろうか。ブロックチェーンに代表されるように、技術的な側面への注目は多いが、「Fintechとはそもそもどういうことなのか」についての議論は、いまだ十分に行われていないのではないだろうか。Fintechの本質とは何なのであろうか。
　Fintechの理解を深め、本質を知るために、まずは、Fintechが注目されてきた流れを理解しておきたい。
　そもそもFintechとは金融（Finance）と技術（Technology）を掛け合わせた造語で、金融とITの融合によって生まれた新たな金融サービスを意味している。
　Google Inc.によると、"FinTech"という言葉自体は2005年以前から検索ワードとして出現している。2014年頃から徐々に検索件数が増加し始め、2016年にかけて一気に増加している（図表2-1）。
　2005年以前から、検索ワードとして出現していたことからわかるとおり、Fintechは少なくともここ数年で突然いわれ始めたものではない。事実、米金融業界紙アメリカン・バンカーは"Top 100 Companies in FinTech"と

図表2-1 "FinTech"のキーワード検索数のトレンド（Google）

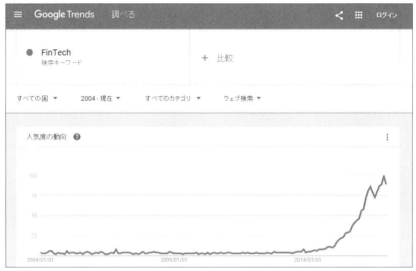

（注）　チャートの最高点を基準として検索インタレストを表した場合の数値。
　　　　絶対的な検索ボリュームを表しているわけではない。
（出所）　Googleトレンド™を使って2016年12月28日筆者作成

いう業界番付を2003年から発表している。その後、2014年あたりに金融関係者の動きが急激に騒がしくなってきている。たとえば、米銀JPモルガン・チェースのジェイミー・ダイモン最高経営責任者（CEO）は、2014年にリヤドで開かれたユーロマネーサウジアラビアの会議において、「われわれはグーグルやフェイスブック、その他の企業と競合することになるだろう」と述べている。このように、2000年代に入り予兆が感じられていたFintechは、2014年あたりから急激に注目が高まった。

　従来の金融機関は、この2014年以降の動きが一過性のものなのか、今後も続くものなのかをよく考える必要がある。今後も続いていく場合、Fintechへの注目はますます高まり、さまざまなプレイヤーがFintechに取り組むことで、業界や競合の定義すら劇的に変わる可能性がある。そして実際、ジェイミー・ダイモンの言葉が示すように、その兆しが出てきている。

　ここで重要になってくるのが、物心がついた時からコンピュータに慣れ親

しんでいるデジタル・ネイティブ世代の存在だ。デジタル・ネイティブ世代が重要な理由は二つある。一つ目は、インパクトの大きさだ。米国ではこの世代をミレニアル世代と呼んでおり、労働力人口の約4割、人口の約3分の1を占めているとされる。ちなみに、ミレニアル世代とは2000年以降に成人、あるいは社会人になる世代のことを意味している。二つ目は、他世代と価値観・ライフスタイルが大きく異なる点だ。一般的に、この世代はデジタル・ネイティブゆえに情報リテラシーに優れるとされている。そのため、SNSによるコミュニケーション形態の変化やバーチャル店舗の多用等、上の世代にはなかった価値観・ライフスタイルを、上の世代を巻き込むかたちで形成している。米国の状況が必ずしも世界を代表するとは言い切れないが、世界の金融をリードし、Fintechの中心地となっている米国の状況は注目に値する。

　このように、デジタル・ネイティブ世代の出現で金融業界・金融サービスが変わる可能性がある。金融機能を提供するのが従来の金融機関である必要はなく、また、金融機関からのお仕着せのサービスを我慢しながら利用する必要性もなくなってくる。

　一方、銀行、証券会社、保険会社など従来の伝統的な金融機関自身はFintechによって生み出されるサービスに対してどう感じているのか。PwCが2016年3月に発表した調査によれば、従来型金融機関の回答者の83％がFintech企業にビジネスの一部を奪われることを危惧しており、銀行に限っていえば95％に達すると報告されている。つまり、大多数の従来型金融機関が大きな脅威を感じているということだ（図表2-2）。なお、この調査の回答者は、世界46カ国の従来型金融機関でCEO、イノベーション部門責任者、CIO、および経営者を含む544名という。

　この結果は何を意味しているであろうか。ユーザーも金融機関もFintechが金融業界そのものの概念を変える可能性があることに気づいている。つまり、金融業界という言葉の意味が変わる。

図表2-2 大手金融機関が感じるFintechの脅威

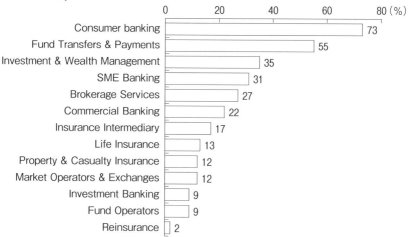

（注） 46カ国の決済、アセットおよびウェルスマネジメント、銀行、および保険を含む金融機関においてデジタルとITによる変革にかかわっている、CEO、イノベーション部門責任者、CIO、および経営者を含む544名からの回答。
（出所）「Blurred lines: How FinTech is shaping Financial Services」PwC 2016年3月

(2) 実は歴史があるFintech

次に、Fintechに関する歴史をみていきたい。

Fintechという言葉をよく目にするようになったのは、ここ数年の話だが、実はFintechは長い歴史をもつ。現在のFintechは、第三世代としてとらえられている（図表2-3）。

まず、第一世代とはメインフレームシステムによって構成された勘定系システムのことをいう。金融機関における勘定系システムとは、業務の中核を担う重要なシステムのことを指し、主に口座管理、入出金や振込み、送金処理、為替取引等を実行する。歴史的には、三和銀行（現在の三菱東京UFJ銀行）が1958年に国内で初めて導入したとされ、当初は業務効率化やコスト削減を目的に、主に事務処理分野で活用されてきたとされている。この場合のTechとは、金融機関の事業を支える大規模なシステムであった。

図表2-3　Fintechの歩み

	時　期	概　要	変　化
第一世代	1950年後半〜	勘定系システムを用い、口座管理、入出金や振込み、送金処理、為替取引等を実行	［金融機関視点］事務効率化が主目的
第二世代	1990年後半〜	銀行、証券分野において、ITを駆使した低コスト、かつ消費者目線の高効率なサービスを提供	↓
第三世代	現在	ソーシャルレンディングやクラウドファンディングに代表されるように、従来の金融機関やITベンダーのみならず、IT分野で強みを有するスタートアップ企業が多く参入	［カスタマー視点］利用しやすさが主目的

　続いて、第二世代は1990年以降のオンライン証券、ネット銀行を指す。マネックス証券は1999年、ソニー銀行とセブン銀行は2001年に設立された。これらの企業は異業種からの参入であり、ITを駆使することで低コスト、ユーザー目線での高効率なサービスの提供を訴求点にしていった。第二世代では、普及の進んだインターネットを金融機関が活用することにTechの意味が移っていった。

　いまでは金融業界では当たり前になっている第一世代や第二世代のTechだが、当時は先端のTechnologyを活用した"Fintech"であった。

　そして、これら土台があったうえで、現在のFintechが第三世代として大きな注目を浴びている。この第三世代のFintechだが、これまでのFintechと大きく異なる点は、サービスにおいてよりユーザー（一般消費者、法人）視点の色合いが濃くなってきたことだ。これまでのFintechは、どちらかというと「業務効率化」や「低コスト化」「省力化」に力点が置かれていた感が否めない。対して、現在のFintechは、ソーシャルレンディングやクラウドファンディングに代表されるように、これまでの金融機関視点での発想ではなく、あくまでもユーザー視点で、彼らの満足度を極大化するためのサービスという色合いが強いといえるのではないだろうか。また、従来型金融機関

やこれまで金融業界向けのサービスに強みを発揮していたITベンダーのみならず、IT分野で強みを有するスタートアップ企業が顧客視点での新しいサービスを武器に多く参入していることも第三世代での特徴である。

(3) Fintechの追い風

それでは現在のFintechブームはどのようにして生まれたのか。一般的には三つの要因が大きいといわれている（図表2-4）。

一つ目は、2008年のリーマンショックの余波である。サブプライムローン問題に端を発した米国初の世界的な金融不安が、金融機関の急激な業績悪化につながり、結果として大規模なリストラを必要とさせた。その際、次なる雇用の有力な受け口の一つとなったのが、Fintech企業だったといわれている。実際、2008年頃に設立されたFintech企業には、モバイル決済サービスを展開するSquareといった著名な企業がみられる。また、大手金融機関が低所得者や中小企業に対する貸付を渋ったことを好機ととらえたIT企業が、新たな発想で融資等の金融サービスに乗り出したということもFintech普及を後押しした要因とされる。加えて、政府によるその後の金融機関の救済をめぐり、米国では「Occupy Wall Street（ウォール街を占拠せよ）」を合言葉

図表2-4　Fintechの追い風

	キーワード	概　要
追い風その1	リーマンショック	金融機関による人員リストラが、Fintech企業への人材流入につながった。また、政府によるその後の金融機関の救済をめぐり、米国では既存金融機関に対する反発が広がった。
追い風その2	クラウド化	Amazon社のAWSに代表されるクラウドサービスの進展により、金融システムの初期投資が大幅に軽減された。
追い風その3	モバイルシフト	iPhoneに代表されるモバイル端末の普及により、カスタマーは24時間いつでもどこでも金融サービスに触れることが可能となった。

とした抗議活動等にみられるように、既存の金融機関に対する反発が広がったとされている。

　二つ目は、クラウド化の推進によるITコストの低下である。これまで、金融機関はセキュリティを担保するためにも基幹システムは自社データセンターで運営しており、保守開発についても自社あるいはグループ会社で行っていた。これは経済的な観点では非常に非効率であった。それが、Amazon社のAWS（Amazon Web Services）に代表されるクラウドサービスの進展により、金融システムの初期投資が大幅に軽減され、結果として金融サービスの参入障壁を引き下げたといわれている。

　三つ目は、モバイルシフトである。2007年のiPhone発売以降、消費者のモバイル化が急速に進展した。これにより、消費者は24時間いつでもどこでも金融サービスに触れることが可能となり、このことがFintechサービスの普及を後押しした（図表2-5）。

図表2-5　携帯電話契約数

	2000	2012	増加
日本	0.7	1.4	2.1
米国カナダ	1.2	3.4	2.8
欧州	3.0	7.9	2.7
アジア太平洋（日中印除く）	0.8	11.6	13.6
中国	0.9	11.0	12.9
インド	0.0	8.6	241.7
中南米およびメキシコ	0.6	6.3	10.8
ロシア地域（CIS）	0.0	4.2	83.5
アラブ	0.1	3.8	42.1
アフリカ	0.1	5.1	44.7
世界	7.4	63.2	8.6

（注）　「2000」欄および「2012」欄は携帯電話の個数（億個）、「増加」欄は「2000」欄の個数が「2012」欄において何倍になったかを示す。
（出所）「情報通信白書」総務省

また、新しいICTトレンドの一つにウェアラブル端末が挙げられているが、これら端末におけるサービスのインターフェースも進化することが考えられる。

(4) 世界のFintech投資

第三世代のFintechに対する投資は、2010年あたりから進み、アクセンチュアの調査によると、特に、2013年から2014年にかけて最も伸長している。特に、2014年は前年比3倍の12,688M$と大きく投資額が増加した。さらに、この勢いは2015年に入っても維持しており、22,265M$まで投資額が伸びた（図表2-6）。

(5) 主なFintechサービス

ここで、Fintechサービスを整理していきたい。一般的に銀行の主要業務

図表2-6　世界のFintech分野における投資状況

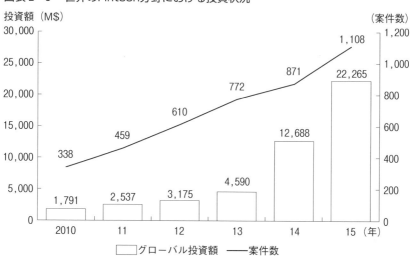

(注)　CB Insights dataに基づきアクセンチュア分析。
(出所)　「Fintech and the evolving landscape: landing points for the industry」Accenture（https://www.accenture.com/t20161011T031409__w__/us-en/_acnmedia/PDF-15/Accenture-Fintech-Evolving-Landscape.pdf#zoom=50）3頁

図表2-7　Fintechサービスの分類

Fintechサービス分類	概　要	代表的なFintechサービス
借りる／貸す	お金を借りたい人と、貸したい人をマッチングするサービス	ソーシャルレンディング、クラウドファンディング、ローン借換えアプリ、トランザクションレンディング、SMEレンディング
払う・送る／受け取る	商品・サービスに対する対価を通貨で支払う、あるいは通貨を移動させることに関するサービス	電子マネー、モバイル決済、アプリ決済、EC簡易決済、オンライン決済、オンライン送金、P2P送金
増やす	資産運用に関するサービス	ロボアドバイザー、オンライン証券
管理する	お金の出入りの管理に関するサービス	個人：PFM（Personal Finance Manegement） 法人：クラウド会計、領収書管理、経理効率化、会計・労務サービス
情報を得る	金融サービスに付随する情報サービス	個人：金融マーケット情報 法人：M&A関連情報、ビジネスマッチング
仮想通貨	硬貨や紙幣の形をもたず、特定の国家による価値の保証をもたない通貨。インターネット上のお金として流通	ビットコイン

は「融資」「決済」「為替」の三つといわれているが、ユーザー目線でFintechサービスを整理すると、「借りる／貸す」「払う・送る／受け取る」「増やす」「管理する」「情報を得る」「仮想通貨」の六つに分けられる（図表2-7）。なお、最後の「仮想通貨」だけはほか五つと異なり、以前から存在していた金融サービスの領域ではない。なお、この項目だけ他項目とレベル感が異なるように感じるが、Fintechサービスにおいて仮想通貨だけが「借

りる」「払う・送る」「増やす」「管理する」に関連するため独立させている。

a．借りる／貸す

　お金を借りたい人と、貸したい人をマッチングするサービス分野のことで、代表的なサービスは、ソーシャルレンディング、クラウドファンディング、ローン借換えアプリ、トランザクションレンディング、SMEレンディングなどである。このサービス分野に新たな技術を活用したことで、特に大きく変化したことは貸し手の多様化だ。従来は金融機関からの借入れに頼らざるをえなかった個人・法人が、ソーシャルレンディング等により代表されるサービスを活用することで、EC事業者や投資余力のある個人・法人から資金を借りることが容易になった。また、資金需要の発生から実際に借りるまでの期間が大幅に短縮されたことも、借り手側からすれば大きな魅力になっているといわれている。たとえば、アマゾンジャパン社が展開しているAmazonレンディングは、融資対象者を「Amazonマーケットプレイスでのビジネスにおいて実績のある法人の販売事業者」に絞っているものの、短期運転資金の貸付けを行っており、最大の特徴は初回の申込みからローン入金まで最短で5営業日で完了する点だ（Amazon・プレスリリース）。これにより、「お金を借りる＝金融機関」という"従来の金融の常識"は崩壊し始めている。

b．払う・送る／受け取る

　商品・サービスに対する対価を通貨で支払う、あるいは通貨の移動に関するサービス分野のことで、代表サービスは、電子マネー、モバイル決済、アプリ決済、EC簡易決済、オンライン決済、オンライン送金、P2P送金などである。これらサービスの登場はモバイル端末の普及が大きく貢献しているといわれ、ユーザーに対する具体的な便益としては、手数料負担の軽減や手続の簡素化が挙げられる。なお、国内の個人消費支出における決済手段の8割程度がいまだ現金といわれており、これらサービスの進展次第ではキャッシュレス化が大きく前進するとみられている。ここで注目すべきは電子マネーのSuica、nanaco、WAON、オンライン送金のLINE Payというように、主要なプレイヤーが従来の金融機関以外だということである。ここでも、

「送金＝金融機関」という"従来の金融の常識"が崩れている。
ｃ．増やす
　いわゆる資産運用に関するサービス分野のことで、代表サービスは、ロボアドバイザー、オンライン証券などがある。特に、後述する人工知能を活用したロボアドバイザーは数あるFintechサービスのなかでは有望な領域と注目されており、投資の活性化に大きく貢献するとみられる。なぜなら、ロボットを活用することで、これまでは一部の富裕層だけが受けてきた高度な投資ポートフォリオサービスを、それ以外の層も手軽に受けることができるからだ。また、少額分散投資が可能な点も投資の活性化に貢献すると考えられる。ちなみに、ロボットは、年齢、収入、運用期間、リスク選好性等、個人ごとの好みを把握し、独自のプログラミングに基づいた投資ポートフォリオを自動で提案してくれる。

　これは、B to Bでも活用が進んでいる。これまでも、HFT（High frequency trading）のようにコンピュータアルゴリズムを実行し、市場動向にあわせた高速取引をすることは行われてきた。ただ近年では、AIの発達により、さらに人の手を介さない取引が進んでいくことが想定される。たとえば、「Aidyia」「Bridgewater」「ルネッサンス・テクノロジーズ」がその一例だ。「Aidyia」は、すべての株式取引を人の介入なしにAIによって行うヘッジファンドを始めている。また、世界最大規模の運用会社である「Bridgewater」は、IBMでAI「ワトソン」の開発チームを率いていた人材を招き、AIチームを発足させた（以上の点については、小林・ウェブ記事が参考になる）。

　これらの動きからわかることは、サービスを提供する際に重要な投資判断に、人の経験値や勘といったものが入り込まなくなってきているということである。言い方を変えると、投資判断の主体が人から機械に置き換わってきている。

　このような動きが進むと、これまでのように人による助言を踏まえた資産運用の必要性が薄くなるため、社員を多く抱える既存金融機関は早晩対応に迫られることになるだろう。さらにいうならば、投資や運用において重要で

あった金融知識や経験が必要ではなくなる。金融機関がこれまで築いてきた参入障壁が崩れる可能性もある。従来の金融機関がもつ利点が利点ではなくなるのである。

d．管理する

お金の出入りの管理に関するサービス分野のことで、代表サービスは、個人であればPFM（Personal Finance Management）、法人であればクラウド会計、領収書管理、経理効率化、会計・労務サービスがある。

特に、PFMは従来の家計簿のように日々の支出・収入や資産の残高の記録をすべて自動で計算し、分析・表示することができるため、記録の継続性が格段に向上したとされる。そして、この継続的な記録により、融資判断の材料やピンポイントな金融サービスの提供につなげる等の動きが出てきている。この領域もサービスの主体が従来の金融機関以外に移ってきている。マネーフォワードやZaimが代表的な企業である。これまでは各金融機関が独占的にもっていた情報を、利便性の観点から消費者が主体的にデジタル世界で一元化することで金融機関のもつ特異性がなくなってきている。

e．情報を得る

金融サービスに付随する情報サービス分野のことで、たとえば金融マーケット情報や、法人であればM&A関連情報やビジネスマッチングがある。補足すると、ビジネスマッチングとは以前から金融機関が行っていた伝統的サービスのことで、事業拡大・事業強化・合理化等のさまざまな課題に対して、各金融機関の取引先をビジネスパートナーとして紹介するサービスのことだ。この領域もインターネットの発達などで、公開情報として得られる情報量が急激に拡大したことで、従来の金融機関以外のプレイヤーが参入できるようになった。ZUUなどが代表的な例である。ZUUは、従来の金融機関であれば、プライベートバンカーが富裕層に対して資産コンサルティングをする際の金融関連情報を提供している。その情報はたとえば、資産運用・保険・不動産・税金・事業承継・相続・経済（海外経済、国内経済、企業動向）などであり、多岐にわたる。また、ユーザーが自分でみたい情報を主体的にみることができる。従来の金融機関のもつ情報ギャップを埋めるという提供

価値は、ここでは意味をなさない。

f．仮想通貨

　仮想通貨は、硬貨や紙幣の形をもたず、特定の国家による価値の保証をもたない通貨のことを指し、インターネット上のお金として流通している。代表的な仮想通貨は「ビットコイン」だが、それ以外にも世界には約700種類の仮想通貨があるといわれている。たとえば、ビットコインであれば、オンライン上の取引所や両替所で米ドルや日本円と交換でき、送金も簡単にできる。また、実店舗やECサイトでビットコインでの支払を受け付けていれば、支払もビットコインで済ますことができる。さらには、価格変動が激しいことから投資商品としての側面も併せ持つ。この仮想通貨が、特に、従来の金融機関から非金融機関にサービスの主役が移っている領域である。第三世代のFintechを象徴する領域であり、金融機関という概念を大きく変える可能性がある。

(6)　Fintechサービスを支えるコア技術

　現在のFintechサービスは技術の進化により生み出されており、そのなかでもFintechを語るうえで欠かすことのできない重要な技術が三つあるといわれている。「ブロックチェーン」「人工知能」「API」だ。

a．ブロックチェーン

　ブロックチェーンは仮想通貨であるビットコインの中核をなす技術であり、世界中に点在するコンピュータにデータを分散することで、中央集権を置かずに破壊や改ざんがほぼ不可能なネットワークをつくる技術である。この技術は、サトシ・ナカモトという謎の人物が2008年に発表した「Bitcoin: A Peer-to-Peer Electronic Cash System」という論文がその端緒となっている。

　なお、ブロックチェーンという言葉は、前のブロックの情報が次のブロックに組み込まれ、それが時系列的に鎖のようにつなげられているようすをイメージしてつけられたようだ。また、一つひとつのブロックは、約10分ごとのデータの束になっており、そこに取引情報やビットコイン参加者が保有す

るコイン残高が記録されている。

b．人工知能（Artificial Intelligence）

　人工知能と言葉が学術的に定義されたのは、われわれが想定する以上に古く、1956年のダートマス会議においてである。その場で計算機科学者ジョン・マッカーシーにより命名された。以降、現在に至るまでさまざまな研究・開発がなされており、最近ではGoogle Inc.の子会社が開発した囲碁AI「アルファ碁（AlphaGo）」が世界トップクラスのプロ棋士に勝利したことが話題になった。ちなみに囲碁の手数は約10の360乗とされており、チェスの10の120乗とは比較にならないほどに複雑だ。この人工知能の分野だが、現在の予測では人間の知能を超える境目が約30年後の2045年になるという見方が一般的だ。ただし、実用化に向けては、データ量の増大とITインフラの進化が鍵になってくるといわれている。

　なお、この人工知能だが、金融分野においては、融資サービスにおける与信判断や投資アドバイス分野で既に活用され始めている。

　ちなみに、この人工知能の進歩を語るうえで欠かせないのが「深層学習（ディープラーニング）」である。「深層学習」とは、神経細胞の働きを模したニューラルネットワークを多段に重ねて、大量のデータを機械学習させる手法であり、人工ニューロンの層の数を増やして「深く」することで特に成果をあげている。これを用いることで、画像や音声認識などの複雑な問題に対しても高い精度で対応することが可能で、Google Inc.の音声認識、Apple社の音声アシスタントSiri、Microsoft Bingの画像検索がその成果である。なお、深層学習のポイントは、ニューラルネットの構造上「入力層」と「出力層」の間にある「隠れ層」と呼ばれる中間層の数を増やし、重層構造にすることだ。この隠れ層が存在することによって何段階かで認識を繰り返すことができ、色、形状、質感、全体像など複数の特徴を抽出して、より正確な識別ができるようになる。

c．API（Application Programming Interface）

　APIは特定の企業や組織のシステム機能や管理するデータを、外部からもシステムで連携できる仕組みのことである。このAPIを使うことで、事業者

サイドとしては外部サービスと連携する際のシステム開発コストの低減等が、ユーザーサイドとしてはサービス窓口の一本化等の効果が期待できる。ただし、APIの公開に向けては、セキュリティ面での担保や責任分担の明確化がきわめて重要になってくるといわれている。

現状、APIを外部公開する銀行は世界を見渡しても限られるが、そのようななかにおいて英国は政府主導で金融機関が提供するAPIのオープン化を推進している。

(7) Fintechが根づくために必要な条件

Fintechサービスは、これまで個別に管理されていた情報が、ネットワークを介すことで相互間のアクセスが容易になり、それがユーザーに対する有益なサービス提供につながっていることが多い。ただし、情報アクセスが容易になればなるほど、当然情報漏えいのリスクは高まってくる。したがって、従来以上に情報セキュリティ対策が重要になってくる。たとえば、IDやパスワードを乗っ取られるというようなセキュリティ事故も想定できるだろう。このようなリスクに対して、公益財団法人金融情報システムセンター(FISC)ではFISC・安対基準及び解説書において、「クラウド利用」と「サイバー攻撃」に関する基準を新たに盛り込んでいる。

また、マクロミル社が2016年2月に実施した調査によれば、多くのFintechサービスで「情報漏えいが怖い」と回答する消費者が多いということもわかっている（図表2-8）。

つまり、これらを踏まえると、国内におけるFintechのさらなる普及に向けては「セキュリティ」への対応が必須となってくる。具体的には、生体認証やビッグデータ分析を活用した予測的なセキュリティなど、高度なセキュリティ技術の開発・普及が望まれる。ただし、その操作が複雑ではユーザーにまったく使われないということも考えられるので、扱いやすさはあわせて考慮すべき要素になってくるだろう。

加えて、日本ならではという観点でFintechをみてみると、金融に関する日本人特有の選好性を考慮することが必要となる。たとえば、日本人の金融

図表2-8　消費者が感じるFintechサービスのイメージ

図：知っているサービスについて、イメージをそれぞれすべてお答えください（ベース：全員／n＝10,000）。

	ネットバンキング（PC）（n＝8,009）	ネットバンキング（スマホ）（n＝4,974）	暗号通貨（n＝2,035）	個人財務管理（n＝1,758）	クラウドファンディング（n＝1,631）	アプリを使った決済・送金サービス（n＝1,828）
1位	情報漏えいが怖い 46.7%	情報漏えいが怖い 50.1%	情報漏えいが怖い 35.7%	情報漏えいが怖い 33.2%	新しさを感じる 22.4%	情報漏えいが怖い 41.1%
2位	今後普及すると思う 16.7%	今後普及すると思う 16.9%	自分とは関係がない 23.4%	今後普及すると思う 14.3%	今後普及すると思う 21.7%	若者向けだと思う 20.9%
3位	セキュリティがしっかりしてそう 14.1%	若者向けだと思う 14.7%	新しさを感じる 12.5%	新しさを感じる 10.3%	情報漏えいが怖い 18.6%	今後普及すると思う 16.4%

(注)　調査は全国の20歳から69歳までの男女を対象に実施。調査期間は2016年2月4日（木）～5日（金）。有効回答数は10,000名。
(出所)　「今話題のFinTech（フィンテック）とは何か？」マクロミル社調べ　2016年4月5日リリース（https://www.macromill.com/honote/20160405/report.html）

資産の8割超が「現金・預金」「保険・年金・定型保証」であることである（図表2-9）。実はこれがFintechサービスの普及、特に「増やす」分野においてきわめて重要な論点になっていると考えられる。日本人は現金主義が多いといわれがちで、お金を貯めることに意識はあるが、増やすこと、目減りさせないことへの意識は比較的低いといわれる。ここに大きな注意点がある。それは、経済環境の動向次第で保有資産が毀損してしまうリスクを含んでいる点だ。金融がグローバル化している状況を考えると、欧米同等までとはいわないまでも、リスク分散の意識を高めることが求められる。その視点では、情報が非常に重要になり、Fintechとの相性もよい。セキュリティへの対応が進むと、これまで以上にFintechが根づいていく可能性がある。

さらに、Fintechが根づくためには、あくまでもユーザー視点で開発され

図表2-9　家計の金融資産構成（日米欧比較）

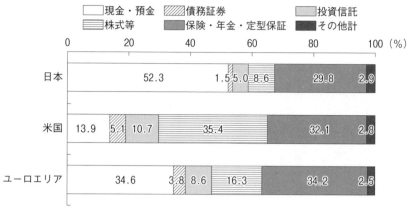

（出所）「資金循環の日米欧比較」日本銀行調査統計局　2016年12月22日（https://www.boj.or.jp/statistics/sj/sjhiq.pdf）2頁図表2

たサービスであるということも当然だが重要だ。たとえば、電子記録債権の現状が一つの示唆となるのではないだろうか。電子記録債権とは、電子債権記録機関の記録原簿への電子記録をその発生・譲渡等の要件とする、手形・小切手とも指名債権とも異なる新しい種類の債権のことだ。当初は官主導で進められ、2008年12月の電子記録債権法の施行に始まり、その後全銀行参加型の電子債権記録機関「でんさいネット」が開業するなどの動きがあった。電子記録債権は支払企業、納入企業双方に多分のメリットがあるため当初は順調に普及が進むも、本格的な普及には至っていない（図表2-10）。

また、「でんさいネット」に関しては金融審議会「決済業務等の高度化に関するワーキング・グループ」（以下「決済高度化WG」という）が以下のように言及している。

「債権流動化による資金調達の円滑化を目的とした利用について、金融機関及び企業サイドのいずれからも、でんさいネットの活用が十分に進んでいないとの指摘がある。こうした状況を踏まえ、利用者のニーズに沿った利便性の向上が必要である」（決済高度化WG報告14頁）。

こういった例を踏まえれば、これまで以上のユーザー視点での取組みがFintechには求められるだろう。

図表2-10　でんさいネットの利用者登録数推移

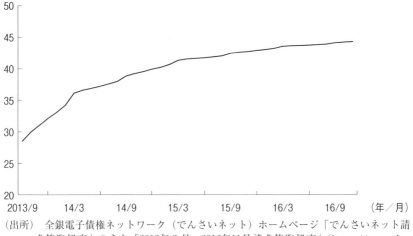

(出所) 全銀電子債権ネットワーク（でんさいネット）ホームページ「でんさいネット請求等取扱高」のうち「2013年2月～2016年11月請求等取扱高」(https://www.densai.net/pdf/201611_CSV.csv) のデータの一部を使用して筆者作成

(8) Financeにとどまらないテクノロジーの融合分野

　これまではFintech、すなわちFinance分野における技術・サービスの進化について述べてきたが、実はFinance分野に限らずその周辺でも技術との融合が進んだ分野がいくつかある。それが「保険」と「不動産」だ。

a．Insurtech

　Insurとは保険（Insurance）のことを指し、Insurtechによって伝統的な「人」の依存度が高い従来型保険ビジネスモデルの転換が予想されている。現在、Insurtechの投資分野としてはビッグデータ分析、デジタル化による顧客経験価値向上、顧客関係管理（CRM）の強化が挙げられている。特にビッグデータ分析の本命は「保険」とまでいわれており、世間の注目度は高い。詳細は法律の側面とあわせてⅢ章で説明するが、Finance以外では最も有望な分野である。

b．RETech

　REは不動産（Real Estate）のことを指し、RETechとは消費者と不動産会

社との間に存在する情報の非対称性という問題に対する解決策とみられている。不動産取引はもともと、他の金融取引などに比べて情報技術の活用が遅れていると指摘されてきた。その要因はREINS（不動産流通標準情報システム）にあるといわれている。このシステムには原則として物件情報を記載する必要があるのだが、システムを利用・閲覧できるのが指定流通機構に会員登録した不動産会社のみとなっている。それゆえに結果として、不動産会社は多くの情報を抱えている一方で、売買の主体者であるはずの消費者は情報に乏しいという状態が生まれ、情報の非対称性が生じる要因ともいわれてきた。

　また、情報の非対称性の解消という目的以外のサービスとしては、近年部屋の賃貸に関する新しいサービスが注目を浴びている。代表例がAirbnb（エアービーアンドビー）だ。Airbnbは、宿泊施設・民宿を貸し出す人向けのウェブサイトで、世界中の人と部屋の貸し借りができる。安く手軽に現地の人の家に泊まることができる画期的なサービスとして、現在は世界191カ国3万4,000以上の都市で200万以上の宿を提供しているとされる。また、日本では、2016年5月にカルチュア・コンビニエンス・クラブ（CCC）とのパートナーシップ契約を締結した。

　ただし、Airbnbを含めた民泊サービスは外国人観光客の増加に伴って不足している宿泊施設の解消策の一つとして注目されている一方で、ホスト（オーナー）や近隣住民との間のトラブルも相次いでいる。

【参考文献】
◆「巨大ヘッジファンドがついに導入を決めた人工知能。その実力を検証する　金融市場で人間はもう「不要」なのか」現代ビジネス　2016年6月16日

〔2〕　各国の動き

(1)　Fintechを経済振興につなげたい日本

　北米や英国ほどではないが、日本においてもFintechスタートアップ企業が徐々に台頭してきている。たとえば、ソーシャルレンディング分野では

maneo、決済分野ではCoiney、ロボアドバイザー分野ではお金のデザイン、PFM分野ではマネーフォワード・Zaim、仮想通貨の分野ではbitFlyerなど、ユーザー目線で定義した五つのFintechサービスすべてに国内スタートアップ企業が存在し、一定のプレゼンスを確立している。マネーフォワードに限っていえば、2012年12月にリリースした個人向け自動家計簿・資産管理ツールの利用者数が2016年9月に400万人を突破しており、Fintechを代表する企業となっている。

対して、メガバンクをはじめとした国内の大手金融機関はイノベーション推進に向けた専担組織を整備するとともに、スタートアップ企業を懐柔する動きがみられる。たとえば、三菱東京UFJ銀行は2016年2月に米国シリコンバレーのPlug and Play Tech Centerと、邦銀初のアクセラレータ・プログラムの運営において合意した。ちなみに、アクセラレータ・プログラムとは、メンターが助言・指導し、革新的なビジネスの早期立上げを支援する起業家向けプログラムのことであり、同行は本取組みを通じたオープンイノベーションの推進を目指す。

なお、このような積極的な動きは大手金融機関に限らず、地方金融機関にも当てはまる。たとえば、千葉銀行（千葉県）、北洋銀行（北海道）、中国銀行（岡山県）、伊予銀行（愛媛県）、東邦銀行（福島県）、第四銀行（新潟県）の地方銀行6行は、日本アイ・ビー・エムとFintech関連の研究開発会社「T&Iイノベーションセンター」を共同設立した。今後のFintech関連の投資コスト削減やノウハウ蓄積につなげることがねらいで、人材や資金が限られる他の地方の金融機関が同様の打ち手を講じる可能性はおおいにあるだろう。

ただし、この動きが根づき、国内金融機関がFintechを真に経営戦略・事業戦略のなかで活かしていけるかは、Ⅰ章でも述べたように経営の進化が不可欠である。経営の進化なくしては、Fintechへの取組みが広告宣伝の一種となってしまう懸念がある。

また、日本においては国・政府の動きからも目が離せない。2015年末、自民党のなかではFinTech推進議員連盟が発足された。この動きは、「日本は

この分野で大きく立ち遅れている」という危機感を生んだようで、勉強会や議論を積み重ねて、必要な法整備などにつなげていくとのことだ。なお、法整備に関して当初最も期待されていたのが、2016年の通常国会で成立した銀行法等改正法による出資規制の緩和である。ほかにも、金融庁は、「平成27事務年度金融行政方針」を踏まえ、Fintechに関する一元的な相談・情報交換窓口「FinTechサポートデスク」を2015年12月に設置した。さらには、2016年5月には、「フィンテック・ベンチャーに関する有識者会議」の初会合を開いており、同年12月現在で既に3回開催された。海外展開を視野に入れたFintechベンチャー企業の創出に向けた環境整備がさらに進む見込みだ。

　以上のような各種施策が、これまでのゆったりとした動きとは比較にならないスピードで、産業を後押しする可能性が高い。

(2)　ニューヨーク・シリコンバレーが勢いづく米国

　米国はユニコーン企業に代表されるように、企業活動が積極的な国とされている。ユニコーン企業とは、時価評価が10億ドル以上の未上場ベンチャー企業のことを指し、かつての代表的な企業としてはLending ClubとSquareが挙げられた。ただし、Lending Clubは2014年12月に、Squareは2015年1月にそれぞれ株式公開を果たしている。

　また、投資以外での足許の関心事項は規制への対応だ。Fintechサービスに危機感を抱いた米大手銀行が、米財務省に対してネット企業の融資等で規制強化を働きかけているからだ。これらの動きに対抗すべく、Amazon、Apple、Google、Intuit、Paypalの5社がFinancial Innovation Now（フィンテック推進連合）を2015年11月に立ち上げ、話題を呼んでいる。彼等は最終的にテクノロジーとイノベーションを推進するロビー活動を通じたFintechサービスのさらなる発展を思い描く。

　このように企業主導でFintechを推進してきた印象が強いが、足許では政策的にFintechを推進する動きもみられる。通貨監督庁（OCC）は、2016年3月に公表した「Supporting Responsible Innovation in the Federal Banking System」にて、責任あるイノベーションへのアプローチに係る八つの

基本理念を明記しており、今後はFintechへの取組みを支援する方向だ。

(3) 金融立国としての威信をかける英国

英国では、HSBC、Barclays、Royal Bank of Scotland：RBS、Lloyds Banking Groupが総資産ベースでみた4大銀行と称されており、圧倒的な強さを誇っている。総資産は外国金融機関を含む全金融機関の約6割を4大銀行だけで占めているとされ、なんと、国内中小企業向け金融マーケットの貸出シェアは8割を超えているといわれている。

こういった特殊事情もあり、英国では銀行間の健全な競争促進に向けた政策的な後押しが他国以上にみられる。

2014年8月には、ジョージ・オズボーン英財務相が、英国を2025年までに「global FinTech capital」として発展させることを宣言しており、財務省や金融行為監督庁（FCA）、貿易投資総省（UKTI）が具体的な取組みを発表している。たとえば、FCAは「Project Innovate」という方針を打ち出し、金融分野における消費者のためのイノベーション促進や、新しい消費者向けサービスの提供を通じた競争の促進をサポートする見通しだ。

また、FCAは国外企業との連携にも積極的で、2016年3月には豪証券投資委員会（ASIC）と各規制管轄領域におけるフィンテック・スタートアップ企業の事業拡大を促進するための事業提携契約を締結した。最近では、シンガポールと「フィンテック・ブリッジ」と呼ばれる合意を果たし、英国企業がシンガポール市場で事業を行うことや、シンガポール企業や投資家を英国に誘致することを目指していく。

2016年6月23日に英国は国民投票で、EU離脱を選択した。英国のEU離脱の影響は金融業界にも少なからず影響を与えるはずで、その動向は常に注視する必要がある。たとえば、英国金融センターのシティが現在享受しているEUパスポートを失う可能性も否定できない。EUパスポートとは、ロンドンに拠点を置く銀行が、制限を受けることなく欧州の資本市場で業務を行うことができる制度であり、EUパスポートが失われると、英国が金融市場のなかで独自の市場となってしまう可能性がある。これまでのグローバル金融の

中心としてのシティの魅力が失われることも考えられる。その場合、Fintech企業にとって英国という市場は政府の後押しがあったとしても、魅力的に映るだろうか。

ちなみに、英国ではないがユーロ圏ではルクセンブルクがFintechに関しては、最も進んでいるといわれている。同国には世界中から150以上の金融機関が進出しており、加えて楽天やAmazon社などのグローバルICT企業が欧州拠点を構えるなど、Fintechを推進するに相応しい環境が整っている。また、仮想通貨企業に対してペイメント免許を発行したヨーロッパで唯一の国としても有名だ。加えて、政府支援も積極的で、Fintechスタートアップの誘致に向けてさまざまな優遇措置を講じている。

(4) シンプルなサービス開発が進むアジア

現状、アジアにおいてはシンガポールや香港が一歩進んでいるとされており、政府の支援も手厚い。たとえば、シンガポールのヘン・スイキャット財務相は、Fintech関連ビジネスをワンストップで支援する「フィンテック局」を2016年5月に開設すると発表。今後、シンガポールをFintechのハブとして育成する考えだ。

また、中国においてはアリババグループのAlipay（支付宝）決済サービスに代表されるように、大手ITプレイヤーが中心となって大規模投資を行っている。ちなみに、Alipayは中国国内のオンライン決済サービスで50％近いシェアを誇っているとされる。

しかしながら、上記の国・地域以外ではまだまだFintech投資が積極化していないのが実態だ。ただし、スマートフォンの普及が急速に高まったように、一度利便性が認知されれば、爆発的にFintechサービスが普及する可能性は十分ある。具体的には資金移動、決済、預金等、伝統的な金融サービス分野での普及が可能性として高いだろう。インドやインドネシアをはじめ多くの国で銀行口座をもつ割合が高くないことから、従来の金融機関以外でも金融サービスを提供できる余地が十分にあるからだ（図表2-11）。

図表2-11 東アジア・太平洋地域の銀行口座をもつ割合

国・地域	成人のうち口座をもつ割合（％）
オーストラリア	99
日本	97
香港	96
シンガポール	96
韓国	94
モンゴル	92
マレーシア	81
中国	79
タイ	78
インドネシア	36
フィリピン	31
ベトナム	31
ミャンマー	23
カンボジア	22

（出所） The World Bank Group "The Global Findex Database 2014"（http://documents.worldbank.org/curated/en/187761468179367706/pdf/WPS7255.pdf）83頁のINDICATOR TABLE上のデータより筆者和訳・作成

2 Fintechの本質──目的と手段の混在

これまでは、Fintechの意味や状況を簡単に整理してきた。ここからは、Fintechとはどういうことなのかを掘り下げてみたいと思う。

〔1〕 Fintechの目的

(1) 金融の目的と機能

前述のとおり、Fintechとは金融(Finance)と技術(Technology)を掛け合わせた造語であり、「技術による金融の進化」を表している。つまり、Fintechを理解するためには、まず「金融」の目的や機能を把握する必要があるといえる。

そもそも金融と聞いて何をイメージするのだろうか。個人でいえば「住宅ローン」、企業でいえば「資金調達」「M&A」といった項目をイメージすることが多いかもしれない。おそらく勤務する企業や業務内容、もしくは年齢や収入といった個人属性によってイメージするものは異なるだろう。たとえば、個人がコンビニエンスストアで飲み物を買ってコンビニエンスストアに代金を支払うという行為も、金融の一つである。金融とは経済活動に伴い発生するごく身近なものである。昔からカネは経済の潤滑油と呼ばれるように、経済活動を円滑に進めることが金融の目的である。

次に金融の機能であるが、これは非常に幅広く関連する経済活動によって異なる。ATMによる現金の引出しや、コンビニエンスストアやECショップ

での買い物の際の代金決済、住宅ローンや融資といった資金調達、投資信託や株式投資といった余剰資金の運用まで、すべて金融の機能である。これらさまざまな金融機能（金融サービス）を、さまざまな企業（銀行、証券、保険、金融情報企業等）が、ユーザーに提供している。

(2) Fintechの目的

　金融の目的と機能は、経済活動の広がりや技術の発展にあわせて、これまでも変化してきた。古くは、貨幣の誕生により物々交換による経済取引が、貨幣による金融取引に発展した。また古代より世界各地に都市国家が成立し交易が進むと、各都市国家内で流通している貨幣の両替業務が発生した。さらに海上貿易が活発になると、両替業務のみならず海上保険が誕生した。加えて、通貨オプションをはじめとしたオプション取引も、古代ギリシア時代から発展してきている。日本でも、米相場の変動リスクをヘッジするために、江戸時代の大坂堂島で先物取引が開始され、発展した。このように、金融は経済活動の広がりによって、その姿を変化させてきた。

　また、技術的な面で、金融に大きく影響を与えたのは、コンピュータとITだろう。この二つの発展による金融の進化が、Fintechの第一、第二世代に該当する。しかし、これまでのFintechは、「業務効率化」や「低コスト化」「省力化」が主な目的とされており、受益者はあくまで従来型金融機関やITベンダーが中心であった。ソニー銀行やオンライン証券、セブン銀行のATMといった新たに金融業界に参入したプレイヤーの事例を除けば、ユーザー視点、顧客志向といった観点が抜けていたといえる。あくまで、新たなIT技術の開発が先行し、その新技術を従来型金融機関やITベンダーが利用して、既存の金融サービスの改善を進めてきた。しかしながら、第三世代といわれている今回のFintechは、ユーザー視点による金融サービスの利便性向上が進んでいる。従来型金融機関が提供してきた金融サービスを、ユーザー視点で改善することを目的としてベンチャー企業が、続々と金融事業およびその周辺事業に参入してきており、今後もさまざまなfinanceの利便性向上が期待されている。

ここまで、第三世代のFintechはユーザー視点での金融サービスの改善を目的とし、その目的を達成するためにIT技術が利用されていることから、ユーザーにとって有益な金融サービスが新たに生まれていく、と説明してきた。しかしながら逆説的ではあるが、テクノロジーの発展により利便性を向上させるケースもある。たとえば、いまでは生活に欠かすことのできないインターネットは、当初はコンピュータ等の端末間の通信技術として開発・発展した技術である。しかしながら、技術の進展による通信速度の高速化や通信料金の低下により、電子メールをはじめ、ECやSNSといったさまざまなサービスが誕生した。このように、技術やサービスは目的と手段が行ったり来たりしながら、発展していく側面があることを頭に入れておく必要もある。

　いずれにしても、Fintechの目的とは、ユーザー視点に立った金融の利便性の向上である。文字にしてみると当たり前のようにみえるかもしれないが、決して新しい技術開発だけがFintechではないことには留意したい。

〔2〕 立場による目的の違い

　ここまで金融サービス（Fintech）の目的について述べてきたが、金融サービスの目的は、サービスにかかわる立場によって異なる。ここでは、ユーザー（一般消費者・事業会社）により金融サービスを利用する目的が違うことがある点について述べる。

(1) ユーザー（一般消費者）にとっての金融サービス

　最初にユーザー（一般消費者）にとってのカネの流れを、ビジネスマンを例に確認する。まず、①給料日に勤務先企業から、給与振込口座（ここではA銀行口座）へ給与の振込みがある。そして、②③公共料金や家賃、住宅ローンの返済、クレジットカード代金の引落し等、毎月一定の期日に発生する支払に備えて、各引落口座へ預金を振り替える。また並行して、④日々の日用品の買い物や、週末の服飾品の買い物に備えて、現金をATMから引き

図表2-12　一般消費者にとっての金融サービス

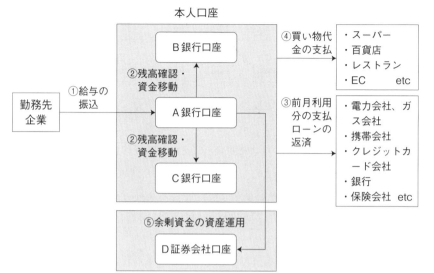

出したり、または電子マネーのチャージを行ったりする。そして、実際の買い物場面では、購入金額に応じて、現金・電子マネー・クレジットカード等を使い分けて支払をしている。さらに、⑤余剰資金については、住宅購入等の将来の支出に備えて積立預金や積立投資信託の購入として、定期預金口座へ入金をしたり、証券会社の口座へ振込みをしている。そして日々発生する、これら資金のやり取りを家計簿やExcelに記録して、銀行口座の残高が不足して支払が滞らないように管理をしている。これまで説明したユーザー（一般消費者）にとってのカネの流れをまとめたのが図表2-12となる。

このとおり、ユーザー（一般消費者）にとっての主な金融サービスとは、「ローン借入」「代金支払・資金移動」「資産運用」「資産管理」「保険」が挙げられる。これらのサービスの利便性を向上させることがFintechの目的となる。

(2) ユーザー（事業会社）にとっての金融サービス

次に事業会社にとっての金融サービスを整理する。事業会社が利用する金

融サービスは大きく二つに分かれる。一つは資金繰りに関するサービスで、もう一つは金融情報に関するサービスである。

　まず資金繰りに関するサービスは、「資金調達」「決済・送金」「運用」「管理」がある。

　最初に「資金調達」だが、資金調達も資金使途と調達方法によって各々二つずつに分かれる。まず資金使途は、一つは運転資金、二つ目が設備資金である。運転資金は、日々の資金繰りに用いられる資金であるのに対し、設備資金は長期的な事業継続に向けた設備（資産）の購入に用いられる資金である。次いで調達方法の種類として、「直接金融」と「間接金融」に分類される。「直接金融」は、主に上場企業に限定される調達方法となるが、投資家から直接資金を調達する方法である。一方、「間接金融」は銀行等を通じて、投資家から資金を調達する方法である。

　続いて「決済・送金」であるが、B to C企業であれB to B企業であれ、原材料を調達したり従業員を雇ったりして自社の商品やサービスを顧客に提供している。そのなかで、仕入れ先への代金支払や従業員への給与支払、顧客からの代金回収といった場面で「決済・送金」が発生している。

　次に「運用」であるが、これは余剰資金を短期・長期で各種資産に分配することを指す。「決済・送金」で述べた一連の資金の受払いは同じタイミングで発生するわけではない。そのためタイミングによって資金の余剰が発生するため、このような「運用」に関するサービスを利用している。

　四つ目として「管理」がある。これは、これまで述べた三つの金融サービスを含めて、決算や会計といった内容も含めた日々の資金の管理である。日々発生する仕入れ先や顧客との取引を記録し、資金ショートが発生しないように資金の受払いのタイミングや現預金残高を管理している。

　次に金融情報に関するサービスは、マーケットに関する金融情報と、企業に関する金融情報に分類される。

　まずマーケットに関する金融情報であるが、たとえば現在のビジネスはグローバルベースで行われており、多くの事業会社が海外企業と取引をしたり、自社で海外に進出したりしているケースも多い。そのため為替変動によ

り業績が変動することもあるため、為替情報の収集・管理は欠かせない業務となっている。

次に、企業に関する金融情報サービスとして、競合他社の株価情報や財務情報の入手がある。なかでも、M&A関連での利用が増えてきている。Thomson Reutersによると、2015年の日本関連公表M&A件数・金額は2,990件、22.4兆円と、金額ベースでは過去最高を記録しており、既にM&Aは企業にとり身近なテーマとなっていることがわかる。M&Aを検討するにあたり、各種データベースにアクセスし、競合他社の情報収集をしている方も多いのではないだろうか。

(3) 各金融サービスのサプライヤー

これまで説明してきた各金融サービスと、そのサービスを提供するサプライヤーについて整理したものが、図表2-13になる。横軸に金融サービスの種類とそのサービスの主要提供者、縦軸に金融サービスを利用するユーザーを並べている。まず横軸の金融サービスであるが、「金融サービス」と「金融情報サービス」の二つに分類している。「金融サービス」は、既存金融機関が提供している主要サービスを分類した。そして「金融情報サービス」では、顧客情報管理や金融情報提供といった周辺サービスを分類しており、これらサービスの提供者は金融機関に限定されないためブランクにしている。縦軸のユーザーは、大きく個人と法人に分類し、さらに法人が事業会社、金融機関、自治体・公共団体に分類している。

図表2-13 既存金融サービスの分類

		金融サービス		
		資金提供	決済	送金
定義		・受け手への融資／出資 ・受け手の債券／株式の発行／引受け	・モノやサービスの購入時における資金の受渡し	・国内での資金移動 ・海外での資金移動
サービスの主要提供者		・商業銀行・証券会社 ・信託銀行・保険会社 ・ノンバンク	・商業銀行 ・信託銀行 ・クレジットカード会社	・商業銀行 ・信託銀行
[金融サービスの受け手]	個人	・住宅ローン ・オートローン ・無担保ローン ・カードローン	・プリペイドカード ・デビットカード ・クレジットカード	・銀行振込 ・海外送金
	法人 金融機関	・コールローン ・債券発行 ・株式発行		・銀行振込 ・海外送金
	法人 事業会社	・コーポレートファイナンス ・ストラクチャードファイナンス ・債券発行 ・株式発行	・小切手 ・約束手形 ・クレジットカード	・銀行振込 ・総合振込 ・給与振込 ・海外送金
	自治体公共団体	・自治体／公共団体向けファイナンス ・PFI ・債券発行	・クレジットカード	・事業会社と同様

		金融情報サービス	
運用	リスク管理	顧客情報管理	情報提供
・受け手の資金の預り ・受け手への運用商品の販売 ・運用商品の組成	・受け手がもつさまざまなリスクの管理	・顧客情報の管理	・金融サービスに付随する情報の提供
・商業銀行・証券会社 ・信託銀行・保険会社 ・運用会社	・商業銀行・証券会社 ・信託銀行・保険会社		
・預金 ・投資信託 ・株式投資 ・デリバティブ商品	・生命保険 ・損害保険	・ネットによる口座情報照会	・資産運用アドバイザリー ・金融マーケット情報の提供
・預金 ・投資信託 ・株式投資 ・デリバティブ商品 ・保有資産の証券化	・デリバティブ取引	・個人と同様	・M&Aアドバイザリー ・金融マーケット情報の提供
・金融機関と同様	・保険 ・貿易金融 ・デリバティブ取引	・個人と同様	・M&Aアドバイザリー ・ビジネスマッチング ・海外進出支援 ・金融マーケット情報の提供
・金融機関と同様	・デリバティブ取引	・個人と同様	・PPP ・金融マーケット情報の提供

コラム

金融の歴史

(1) 世界初の貨幣

　現在発見されている硬貨のなかで最も古いのは、紀元前7世紀にリディア王国（トルコ西部）でつくられた「エレクトラム硬貨」と呼ばれる硬貨だ。お金の単位は「スタテル」と呼ばれ、硬貨の表面にはリディア王の紋章であるライオンの絵柄とその硬貨の重さが刻印されていた。また、この硬貨は紀元前600年頃には、リディア王アリュアッテス2世が貨幣としての品質を保証していたようである。ただし、それ以前の人たちも、貨幣ではないが金銀等の金属の重さで価値を量り、物資の交換等をしてきたといわれている。たとえば、古代メソポタミアでは銀と小麦が交換されていたとされる。

(2) 世界初の両替商

　古代地中海世界で東地中海岸における海上貿易で活躍したフェニキア人が両替の役目を担ったのが最初と考えられており、続いて古代ギリシア・古代ローマの都市においても両替商が出現し、外国通貨と自国通貨の両替のみならず、振替業務や貸付業務も行っていたとされている。

　また、日本での最初の両替商は天王寺屋五兵衛という大坂の商人とされている。五兵衛は江戸時代初期に大坂今橋で両替店を開いた。その後、十人両替仲間を形成するに至り、筆頭に任命された。この十人両替仲間は幕府経済政策への協力義務や仲間の監督機能を負った。ちなみに、その十人のなかにいたのが有名な鴻池善右衛門である。

(3) 世界初のオプション取引

　日本では、江戸時代から大坂堂島で米の先物市場が存在していたことが有名であるが、オプション取引の始まりはもっと古く、古代ギリシア時代までさかのぼるとされる。

　当時のギリシアは、オリーブ油がワインと並んで重要な交易品であった。そのオリーブ油の原料であるオリーブの収穫に目をつけたのが哲学者タレスだ。タレスはオリーブの豊作を予測することで、オリーブ搾油機の使用権を近隣所有者すべてから事前に予約しておいた。収穫期になると、タレスの予測は見事に的中し、大豊作により需要が増えた圧縮機を所有者から定価で借りて、需要者にプレミアムを乗せて貸出を行った。これが世界初のオプション取引といわれている。

(4) 世界初の株式取引所

　航海の失敗リスクを軽減し、効率よく資金集めをするために考え出されたのが株式会社というシステムであり、その始まりは1602年オランダ東インド会社といわれている。オランダ東インド会社が設立される以前の航海はリスクが非常に高く、一攫千金の要素が大きかった。それは航海1回ごとに出資者を募っていたからだ。したがって、1回の航海で成功すれば大きな利益が分配されていたが、一度航海が失敗すれば分配金どころか出資金すら戻ってこなかった。こういったリスクをヘッジするために生み出されたのが株式会社であり、株式会社では出資者を広く集めて、莫大な資金で複数回にわたる航海を行い、1回ではない継続した事業として利益を出そうという発想が生まれたのだ。

　そして、このオランダ東インド会社の株券や債券を売買するための取引所が同年1602年にアムステルダムに設立された。

　ちなみに、日本初の株式会社は、1873年に設立された第一国立銀行（現在のみずほ銀行）で、1878年に東京と大阪に証券取引所が開設された。

(5) 世界初の損害保険

　近代的保険がいつどこで始まったかについては諸説あるが、そのルーツは紀元前1700年代に発布されたハンムラビ法典で確認することができる。この法典のなかに、資金を借りて出発した商隊が災害に遭った、あるいは盗賊に襲われて荷を失った場合、損害は資金を貸した者が負うという規定があったとされる。

　その後、近代的保険の原型とされる取引が開始されたのが14世紀初頭の海上保険といわれている。地中海を行き交う貿易船のリスクへの備えとして、ピサやフィレンツェ等北部イタリアの諸都市で取引が始まり、14世紀中頃から後半にかけてほぼ現代と同様なかたちに整えられたといわれている。ちなみに、現存する世界最古の損害保険証券は1379年にピサで契約されたものとなっている。

(6) 世界初のバブル経済

　詳細な記録が残っているなかで、最古の金融バブルは17世紀のネーデルラント連邦共和国（現在のオランダ王国）で発生したチューリップバブルといわれている。

　当時のネーデルラントでは、富の象徴としてチューリップ栽培が人気を集めていた。何百という品種のなかには、希少なものも存在しており、なかでも最も希少で人気を集めていたチューリップが「センペル・アウグストゥス

（日本語訳では無窮の皇帝）」だ。ピーク時には一つの球根で当時、世界一不動産が高かったといわれているアムステルダムの高級住宅地で庭つきの大邸宅を購入できるほどの価値があったとされる。

　こういった希少性の高いチューリップの球根は当初愛好家が取引の中心であったが、次第にチューリップに興味のない投機家たちが熱狂したことで、誰も正当化できない価格にまで上昇していった。球根価格は1630年頃より上昇を始め、そして1637年2月に誰も買い手がつかず価格が大暴落し、混乱を巻き起こした。

(7)　近代のテクニカル分析

　テクニカル分析とは、主に株式、商品、為替等の取引市場で、将来の取引価格の変化を過去に発生した価格や出来高等の取引実績の時系列パターンから予想・分析しようとする手法のことをいう。

　現在利用されているテクニカル分析は、ダウ・ジョーンズ社の創始者である経済学者チャールズ・ヘンリー・ダウが、株価の動きに関する考え方を六つの基本法則として発表したことが始まりとされている。六つの基本法則とは、「平均はすべての事象を織り込む」「トレンドには3種類ある」「主要トレンドは3段階からなる」「平均は相互に確認されなければならない」「トレンドは出来高でも確認されなければならない」「トレンドは明確な転換シグナルが発生するまでは継続する」である。

　また、日本では江戸時代に米相場で活躍した相場師本間宗久が考案した酒田五法が有名だ。

【参考文献】
◆『金融の世界史　バブルと戦争と株式市場』新潮社
◆『貨幣の「新」世界史　ハンムラビ法典からビットコインまで』早川書房

3 立場によるFintechへの取組みの違い

〔1〕 行　政

(1) Fintechに対する各国行政の取組み

　Fintechへの注目が高まっているのは、民間だけではない。行政でもFintechへの注目は高まっており、各国、さまざまな取組みを開始・活性化している。その背景には各国にとって金融が、自国経済を支えるインフラであること、今後の新たな産業になりうると考えていることがあると想定される。

　特に金融大国と呼ばれる国・地域でその動きが活発であり、政府によるサポートや規制緩和が行われている。

　以下では、動きが活発な国を中心に、主要な国・地域の政府によるFintechへの取組みを紹介する。

a．日　本

　日本では現時点でFintechに対する行政の施策は銀行グループに対する規制緩和のほか、一定のものにとどまるようにもみえる。はたして、日本のFintechへの取組みは消極的なのであろうか。

　現時点ではFintechへの取組みに積極的な国々と比較して、日本の取組みは限定的にみえるかもしれない。しかしながら、行政の動きをみていくと、日本は行政がFintech分野の活性化を主導しようとしているようにみえる。上述のとおり、金融庁によるフィンテック・ベンチャーに関する有識者会議

の開催、経産省内で組成されたFinTech研究会による勉強会の開催、また、与党である自民党内部にFinTech推進議員連盟が発足し勉強会を行うなどの動きがみられ、今後、行政による施策が具体化することが期待される。

(a) 規制緩和

日本ではFintechに関連して大きく二つの規制が緩和された。一つは銀行による出資を規制していた銀行法の改正、もう一つは仮想通貨を正面から法制度上の概念として位置づけるための資金決済法の改正である。

1点目の銀行による出資規制の緩和については、これまでは銀行が本業以外の事業により健全性を損なうことがないようにするため、銀行またはその子会社が合算して国内の一般事業会社の議決権の5％（銀行持株会社があるグループが議決権を取得・保有する場合、15％）を超えて取得・保有することは禁じられていた。しかし、当規制は欧米諸国対比で銀行の事業の健全性を高く保つ一方で、新しいテクノロジーの登場などの事業環境の変化への対応を厳しく制限するものであり、当規制を維持することは本邦金融機関が国際的な競争に取り残されることを意味していた。

そのため、金融グループWGにおける議論を経て銀行法が改正され、銀行または銀行持株会社は、「情報通信技術その他の技術を活用した銀行業の高度化若しくは利用者の利便の向上に資する業務又はこれに資すると見込まれる業務を営む会社」については、認可を受けたうえで、現行法における上限（銀行：5％、銀行持株会社：15％）を超えて議決権の取得および保有が可能となった（銀行法等改正法。詳細については、Ⅳ章1〔1〕(2)を参照）。

これは、Fintechという視点でみると、どういう意味をもつであろうか。Fintechの目的とはユーザー視点に立った金融の利便性の向上であり、この法改正はまさにFintechの推進を意味している。この規制緩和により、銀行によるFintech企業の取込みが可能となるため、今後は金融業界の変化がますます進むと想定される。ただし、繰り返しになるが、この行政の意向をうまく活用できるかは、金融機関側の経営の進化が不可欠となろう。

2点目の仮想通貨に関する資金決済法改正については、2014年にビットコインの取引所「株式会社MTGOX」が破綻した際に顧客の資産が消滅してし

まったこと、仮想通貨がマネーローンダリングやテロリストへの資金供給手段となることを防ぐために以下の法制度上の整備がなされた。
・仮想通貨を「物品の購入・借受やサービスの提供を受ける際の対価として使用可能、かつ、購入及び売却が可能な財産的価値」などと定義
・仮想通貨交換業を登録制とし、金融庁が管轄。登録業者は顧客の財産を自己の財産と分別して管理し、公認会計士または監査法人による監査を受けることを義務づけ
・金融ADR制度の適用対象
・自主規制機関の設置

また、それとあわせて、これまで仮想通貨の取引に消費税が課せられていたものが、今回の法改正により仮想通貨に財産的価値が認められたことから消費税の課税対象外となるのでは、という憶測もあがっていたが、資金決済法の改正は税法とは関係なく、消費税法上の仮想通貨の取扱いは明確にはなっていないうえ、麻生財務大臣も2016年4月27日の衆議院財務金融委員会にて仮想通貨は消費税の課税対象となりうる旨の発言をしたため、仮想通貨が消費税の課税対象外となるかは不透明であった。

これらについて各社の思惑が飛び交うなか、金融庁が2017年度の税制改正要望にて、仮想通貨の取引について消費税の扱いを整理・明確化することを求めており、今後の議論のなかで課税対象となるか否かが明確化されていくものと思われる。

【参考文献】
◆「仮想通貨法案の国会提出（資金決済法の一部改正）について」MoneyPartners 2016年3月9日
◆「仮想通貨に係る消費税の課税関係」bitFlyer
◆衆議院　財務金融委員会会議録　2016年4月27日
◆資金決済法2条5項
◆金融庁　平成29年度税制改正要望　「「仮想通貨」に係る消費税に関する整理」

(b) サポートデスクの設置

Fintechベンチャーが技術を活かして新しく事業を開始する際にハードルとなりうるのが既存の法規制等である。Fintechベンチャーには技術や経営

のプロフェッショナルはいても、金融に関する法規制に精通する人材まで自社内で抱えている企業が多いとは考えがたい。しかし、一方でどれだけ便利なサービスであったとしても規制に抵触するような事業を行うことはできないため、法規制に触れるかどうか判断できなければ事業化が遅れる、または事業化されないこととなる。

そのため、金融庁は2015年12月に「FinTechサポートデスク」を設置し、平日の午前9時半から午後6時15分の間、Fintechをはじめとしたさまざまなイノベーションを伴う事業を営む、または新たな事業を検討中の企業からの具体的な事業や事業計画等の関連事項等について、幅広く相談を受け付けることとした。また、それ以外には、Fintechベンチャー以外も含めてFintechに関する意見・要望・提案等も受け付けるとしており、これらはFintechに関する事業環境をよりよくしていくことが目的と思われる。

【参考文献】
◆「FinTechサポートデスクの設置について」金融庁

(c) 各種組織体の設置や勉強会の実施

上述の施策のほか、省庁や政府与党のなかではFintechに関する組織体が設置され、また勉強会が開催されるなどの動きがあり、これらを踏まえて新たな規制の変更や事業活動の円滑化を図る施策が行われるものと考えられる。

既に活動し始めている主な組織体は、金融庁によるフィンテック・ベンチャーに関する有識者会議、金融審議会における金融制度ワーキング・グループ、経済産業省によるFinTech検討会合（平成27年10月から平成28年4月まではFinTech研究会）、自民党の有志議員によるFinTech推進議員連盟が挙げられる。

金融庁によるフィンテック・ベンチャーに関する有識者会議は、日本の強みを活かしつつ海外展開を視野に入れたFintechベンチャー企業の創出のために2016年4月に設置された。Fintechベンチャーの誕生や育成を促進するエコシステム実現に向けた方策の検討と、Fintechが金融業界に与える影響についての議論を目的としている。また、金融制度ワーキング・グループは

Fintech等の金融サービスをめぐる環境変化への対応について議論・検討している。銀行APIの開放の場面において、その接続先となる中間的業者に対する規制について、欧米での規制のあり方を含め、さまざまな検討を行っている。

経済産業省によるFinTech研究会は2015年に開始され、2016年に開始されたFinTech検討会合を含めて、毎回のテーマごとに異なるメンバーが参加している。同研究会の目的はFintechの動きに関して、政策上の課題や対応策を検討することである。IoTやビッグデータ、人工知能などの技術革新によりイノベーションが起こる可能性が高い。国内だけではなく、世界の動きにも目を向けて議論を行い、議論した結果に関する報告がなされる予定である。

また、政府与党である自民党有志議員によるFinTech推進議員連盟は、2015年12月に設立された。Fintechの推進に向けた勉強会の開催が中心であり、これまでの勉強会では各専門家を招き、国内外のFintech事情について理解を深めている。なお、Fintechは自民党による経済活性策の一つにも挙げられており、政府与党のFintechに対する期待と意気込みは相応に高いものと推測できる。

【参考文献】
◆「「フィンテック・ベンチャーに関する有識者会議」の設置について」金融庁
◆「FinTechの課題と今後の方向性に関する検討会合」経済産業省
◆「【自民党FinTech（フィンテック）推進議員連盟】海外のFinTech事情と日本におけるFinTechの取り組みについて共有、政策対応に向けた「勉強会」を開催！」GoodWay　2016年1月23日
◆衆議院議員　金子やすしオフィシャルサイト　活動報告「自民党 Fin Tech（フィンテック）推進議員連盟 勉強会」

b．米　　国

米国は世界のなかでもFintechベンチャーの誕生と成長が著しく、Fintechベンチャーによる資金調達額も最大である。この点だけをみると米国ではFintechベンチャーのエコシステムが構築できているようにみえる。ただし、それは政府による具体的なサポートによるものではない。

Fintechに限らず、米国では他国と比較して、IT関連のベンチャー企業の活動に対する政府のサポートが手厚いとは言いがたい。むしろ、政府の影響を排除しようとする動きが強いともいえる。米国では元来、シリコンバレーをはじめとしてITベンチャーの動きが活発であり、それらの企業に対し、エンジェル等が資金調達や経営へのサポートを行うエコシステムが構築されている。また、人材供給の観点からも米国では優秀な学生は大企業への就職ではなく起業やベンチャー企業への入社を好む文化であるため、優秀な人材を確保しやすい環境にある。こういった環境を背景に、米国のFintechベンチャーは政府のサポートがなくとも資金や人材を確保することが可能とな

図表2-14　OCCによる八つの基本理念

1．Responsible innovation（注）の促進
2．金融業界におけるResponsible innovationによるリスクや変化を受容する文化を醸成
3．OCCの専門家による知識・経験の提供
4．Responsible innovationを通じた金融サービスへのアクセスの拡大と顧客サービス改善の推奨
5．効率的なリスク管理を通じた、より安全かつ健全な金融オペレーションの実現
6．規模にかかわらずすべての銀行におけるResponsible innovation と成長戦略の融合を推奨
7．（OCCからの）情報提供を通じた銀行、ノンバンクを含む全コミュニティでの議論の促進
8．国際法など他の法律との連携（の確立）

（注）　Responsible innovationはOCCによる造語であり、以下のとおり定義されている。
　　　"The use of new or improved financial products, services, and processes to meet the evolving needs of consumers, businesses, and communities in a manner that is consistent with sound risk management and is aligned with the bank's overall business strategy."
（出所）　Office of the Comptroller of the Currency "Supporting Responsible Innovation in the Federal Banking System: An OCC Perspective"（https://www.occ.gov/publications/publications-by-type/other-publications-reports/pub-responsible-innovation-banking-system-occ-perspective.pdf）5頁をもとに筆者和訳

り、自分たちで地盤を築いているものと思われる。また、足許ではシリコンバレーに限らず金融に関する人材が豊富なニューヨークでもFintechベンチャーの動きが活発化してきている。

　そのような環境下で、先述のとおり米国のOCCは2015年から2016年にかけて銀行やFintech企業に対して情報収集を行った。収集した情報をもとに「銀行システムにおける責任ある技術革新を支援するために」と題したレポートを2016年3月に公表し、技術革新を理解し評価するための枠組みについての八つの原則を示した（図表2-14）。そのうえで、OCCは図表2-15の9項目についてのコメントを一般に求めた。OCCは寄せられた意見をもとに、Fintechに対する監督・規制の枠組みを構築していく。一方で、金融機

図表2-15　OCCによる九つの問いかけ

1．新規技術や金融革新に関し、中小銀行ではどのような課題を抱えているか？
2．（中小銀行含む）あらゆる規模の機関がResponsible innovationを導入するには、OCCは何をすべきか？
3．OCCは連邦銀行システムのなかで、イノベーションの監視・評価プロセスをどのように改善できるか？
4．OCC内の中央イノベーションオフィスはResponsible Innovationの利潤に関するオープンな、迅速な、継続的な議論をどのように促進すべきか？
5．OCCは、銀行とノンバンクとの連携に関する要望実現のため、どのようにノンバンクをサポートすることができるか？
6．地域銀行によるイノベーションの取込みに対し、ほかにどのようなツールやリソースが必要になるか？
7．Responsible innovationの促進に対し、その他どのようなサポートが必要か？　OCCは現状のResponsible innovationの促進に対する方針をどう見直すべきか？
8．最も効果的な情報提供のあるべき姿（情報内容・提供スタイル）とは何か？
9．イノベーション（促進）に対し、OCCは何を考慮すべきか？

（出所）　Office of the Comptroller of the Currency "Supporting Responsible Innovation in the Federal Banking System: An OCC Perspective"（https://www.occ.gov/publications/publications-by-type/other-publications-reports/pub-responsible-innovation-banking-system-occ-perspective.pdf）11頁をもとに筆者和訳

関による財務省への規制強化の働きかけやそれに対するIT企業によるFintech推進連合ができるなど、規制に対する水面下の動きが活発化していることもあり、米国で本格的な規制が成立するのはこれからになると思われる。

また、OCCは2016年12月2日にオンライン融資等のサービスを提供しているFintech企業に対して銀行設立許可書（Bank Charter）を発行する意向を表明し、本件に関して一般から意見を募っている。なお、銀行とはいってもあくまで特別目的銀行（Special Purpose National Bank）としての扱いであり、銀行のすべての業務を行うことができるわけではないが、このような動きのもとでさまざまな基準が明確化されることで事業運営の複雑さやそれに伴うコストが減少するものと思われる。それによってFintechビジネスの活性化が期待されるとともに、規制下に置くことでFintechビジネスを金融業としての管理下に置くことが可能になると思われる。

c．英　　国

英国では2014年8月に前財務大臣のジョージ・オズボーン氏が、英国を2025年までに「global FinTech capital」とすることを宣言した。これは、国をあげてFintechに対する支援を行うことを明確に示している。その動きのなか、FCAによる「Project Innovate」や、他国との提携による提携国での市場開拓や英国への提携国企業および投資家の誘致などを進めている。FCAは英国の金融業界について「寡占状態にあり、競争が少ないことが問題」と認識しており、Fintechベンチャーのような既存金融機関に対する競争者の参入を歓迎している。これも、Fintechベンチャーにとって好ましい環境を実現している一因である。

また、その一方で、キャメロン政権は2010年末にロンドン東部におけるTech City構想を打ち出しており、もともとインターネット、テクノロジーやデジタル産業等が集まるロンドン東部を英国版シリコンバレーへと発展させるため、UKTIによるTCIO（テック・シティ促進機構）の設立をはじめさまざまな公的支援を行っている。

(a) Project Innovate

2014年10月よりFCAがイノベーション推進イニシアチブ「Project Innovate」を展開。消費者の利益となるイノベーションの促進および創造的破壊を通じた競争促進を目的としている。企業が提案する革新的ビジネスに対して各種規制の観点から迅速にフィードバックを行うこと、イノベーションの妨げになる構造的な課題に対処することをその柱としている。それらの施策については2016年4月時点で200社以上の企業にサポートが実施されるなど、順調に活用が進んでいる。

Project Innovateの具体的な内容としては、現時点で大きく三つの施策が挙げられ、一つ目の「Innovation Hub」ではイノベーターたちに対して、規制の枠組みの理解を促し、どうすれば規制に対応できるかといった手助けや、認可された事業に対しては1年間を上限として専用のコンタクトをとる等している。

また、二つ目の「Advice Unit」では、自動化された、低コストでの投資助言を行うモデルの発展を図る企業に対して、規制に関する2種類のフィードバックを行う。一つは適格要件（Eligibility Criteria、図表2-16）を満たした企業へ事業モデルに関する個別のフィードバック（Individual regulatory feedback）、もう一つは個別企業と培った経験を全社へと公表する（Published resources for all firms）、といったことを提供していく。

三つ目の「Regulatory Sandbox」の詳細は後述するが、限定された範囲内において、既存の規制の制約を受けずに事業を展開することを可能とするものである。これによって、その事業がどのような影響を与えうるかを理解し、それを踏まえてその後の規制の制定を進めていくことが可能となるため、Fintech事業者とFCAの双方にとってメリットのある施策であるといえる。

【参考文献】
◆「政府の支援で経済振興が図られているロンドン内の地区について～テクノロジー産業の集積地「テック・シティ」など」自治体国際化協会ロンドン事務所マンスリートピック　2013年12月
◆Tech City UKホームページ
◆「Project Innovate and Innovation Hub」、「Advice Unit」FCAホームページ

図表2-16　Advice Unitの対象となるためのEligibility Criteria

Criteria	Positive indicators	Negative indicators
Potential to deliver lower cost advice to unserved or underserved consumers	・Model caters for consumers who do not have significant wealth or income. ・Model serves consumer segments that are likely to benefit from advice but where existing supply/demand-side barriers currently limit take up. ・Firm has considered its target market and the number of consumers that might gain access to advice as a result of the proposition.	・Model is targeted at wealthier consumers or 'niche' consumer segments. ・Model is targeted at consumer segments where there is no evidence of supply/demand-side barriers limiting take up. ・The consumer segmentation and target market analysis is unclear.
Genuine consumer benefit	・Model is innovative. ・Model is likely to deliver lower cost advice for target market consumers. ・Firm can demonstrate how advice model is likely to deliver positive outcomes for targeted consumers. ・Model is not likely to have a detrimental impact on competition within the relevant/related markets.	・Many similar models exist and offer similar/lower costs to the consumer than the model proposed. ・The model offsets the lower cost of advice by charging higher product costs to consumers.
Automated advice proposition	・Core element(s) of the advice journey are automated. For example, collecting fact find information, risk profiling, suitability assessment etc.	・Core proposition focussed on services not catered for by the Advice Unit. ・Limited parts of the model are automated.
Clarity of proposal	・Firm has developed a clear proposal that outlines the consumer journey, consumer outcomes and how potential risks will be mitigated.	・The proposal is not clearly defined. ・No regard has been given to regulatory obligations and the specific areas where Advice Unit input is

	・Firm has considered and taken a view on how regulations may apply to their business model.	required.
Sector	・Focused on the sectors identified by FAMR where new and more cost-effective ways of delivering advice are desired: investments, pensions（accumulation/decumulation）and protection.	・The model is not focussed on delivering advice in one of the sectors listed.
Need for regulatory input	・Model raises regulatory questions with the regulatory framework which are novel/difficult for firm to resolve through existing FCA rules and guidance.	・The model does not raise novel or difficult regulatory questions.

（出所） Financial Conduct Authority "Eligibility Criteria"（https://www.fca.org.uk/firms/project-innovate-and-innovation-hub/advice-unit/eligibility-criteria-advice-unit）

(b) アジア地域との提携関係の構築

　英国は自国のみでなく、他国との協調も進めている。特にアジア地域における協力には積極的である。詳細は後述するが、シンガポール、韓国とはFinTech BridgeというFintech分野に関する提携を行っており、欧州地域のみでなく、成長が続くアジア地域においても金融立国としての立場を拡大したいものとみられる。

　ただし、一方で英国のEU脱退によって、アジア諸国からみた英国の魅力は相応に低下することが考えられ、その場合には提携先の拡大には相応に苦戦することが予測される。

　ロンドンはもともと、金融都市としての立ち位置を確立しており、それに加えて上記の取組みがロンドンの欧州でのFintech分野におけるハブとしての位置づけを確立したと思われた。しかし、2016年6月に英国はEUからの離脱が確定したため、英国は欧州市場へのアクセスという利便性が失われる

こととなる見込みであり、欧州のFintech先進国としての英国の立ち位置は今後不透明となっている。ただし、Brexitまではまだ2年の猶予があること、英国政府によるFintechへの意欲が失われたとも考えがたいことから、一概に英国の立ち位置が急低下するとは言い切れず、今後の動向を注視していくべきであろう。

d．アジア諸国

(a) シンガポール

政策によって金融が急成長しアジアの金融ハブとなったシンガポールでも金融管理局（MAS）が中心となってFintechに対する取組みが活発化している。

2015年8月にはMAS内にFintechの専門組織（FTIG）が設立され、FTIGが産業の規制動向を調査し、それらの調整を図っている。そのトップに当たる最高金融技術責任者（CFTO）にはCitibankで消費者イノベーションネットワークのグローバル責任者を務めていたモハンティ氏を迎え入れたほか、5年間で2億2,500万シンガポールドルの予算を設定し、Fintech企業を創出・誘致することを掲げている。

また、Ⅰ章でも触れたが、シンガポールは英国とFintechに関して協働することで合意している。英国FCAとシンガポールMASが調印した、FinTech Bridgeと呼ばれるこの合意では各国企業が互いの国でビジネスを開始することや、投資家などを誘致することをサポートする内容となっている。これらによって、金融大国2国の合意により、Fintechのエコシステムがより強固となっていくことが期待される。

(b) 香　港

アジアでは日本やシンガポールのほかに、香港においてもFintechに対する政府の取組みは活発である。香港は自らをアジアにおけるFintechのハブとすることを企図し、各種施策を図っている。

香港政府は2015年4月にFintechに関する運営グループを設置した。さらに、2016年度予算にて金融の各種監督当局が各企業と連携し、Fintechのプラットフォームを整備することとした。そのなかに香港金融管理局（HKMA）

によるFintech専門部署（FFO）の立上げや、香港のSFCによるFintechアドバイザー・グループの結成、Fintechスタートアップを支援する「Fintechコンタクトポイント」を立ち上げる等の動きがみられる。

それ以外にもスタートアップ企業の育成プログラムやFintech国際イベント開催のほか、スタートアップに提供している香港のサイバーポートハブ内のスペースの拡大、等の動きがある。

しかし、一方で中国本土ではP2Pプラットフォームに関して規制強化の動きがあるなど、他国と異なる一面がみられる。Fintech分野の促進には規制の緩和と、自国の消費者の消費行動等を踏まえた適切な規制の設定の両方が必要と想定されるが、香港においては規制の設定は中国の動向に左右される可能性が高く、先行きに不透明さが残るといえるだろう。

【参考文献】
◆「香港でFinTechの動きが活発化　政府などが支援」ZUU online　2016年3月5日
◆「香港におけるFinTechへの対応」国際通貨研究所　2016年5月23日

e．ド　イ　ツ

ドイツでは政府の目線はFintechよりもIndustrie 4.0に向いているのか、Fintechベンチャーに対するドイツ政府の目立った動きはみられない。一方で、フランクフルトではドイツのヘッセン州がFintech振興策を主導している。ドイツ取引所が取引所内にFintechスタートアップ向けの事務所スペースを確保しており、同取引所内ではOpen Innovation Forumを運営している。

また、ドイツ取引所は2016年3月にロンドン取引所との合併を公表していることから、欧州のFintech中心地からFintechベンチャーへのサポートや官民協働に関する知見や方法等もノウハウとしてもたらされる可能性があり、ドイツにおけるFintech支援の活性化が起こりうると考えられる。

【参考文献】
◆「Deutsche Bourse opens up to fintech startups」Finextra　2016年2月24日

(2) 関連規制

a．日　本

　上述のとおり、日本では、Fintechに注目が集まる以前は銀行法により金融機関（銀行および銀行持株会社）が国内一般事業会社の議決権の5％（銀行持株会社は15％）を超えて保有することを禁止し、また、銀行は銀行法により銀行の付随業務その他法令上許容された一定の業務以外の業務を手掛けることはできなかった。しかし、世界の金融機関がFintechベンチャーの買収や自社のシステム部門の強化を進めるなか、当ルールを維持していては国内の銀行がテクノロジーの発展を自行に取り込むことはできず、テクノロジーの進化に対応する世界の金融機関に対して競争優位性をもつことができず、将来的には競争力に大きな差をつけられることが容易に想像できる。

　そのため、金融庁は金融グループWGにて有識者たちからの意見を聴取し、それを踏まえて規制の改正について検討を行った。その結果、当ルールは見直されることとなり、2016年3月に「情報通信技術の進展等の環境変化に対応するための銀行法等の一部を改正する法律案」（銀行法等改正法の案）が国会に提出され、同年4月の衆議院本会議、5月の参議院本会議にて可決され、法案が成立した。今後は政省令案の公表とそれに対するパブリックコメントの募集を経て、法律の公布から1年以内に改正法が施行される見込みである。

　この法案が成立したことにより、同法の施行後は銀行または銀行持株会社は内閣総理大臣の認可を得たうえで金融関連IT企業等の議決権について基準となる議決権比率を超えて議決権を取得・保有することが認められることとなる（詳細については、Ⅳ章1〔1〕(2)を参照）。これによって、銀行による株式保有規制のない英国ほどではないものの、少なくともFintech分野に関しては米国と同等の環境になったといえるのではないだろうか。

b．英　国

(a) 金融機関による出資規制

　金融機関による一般事業会社の株式保有について、英国では原則、対象会

社の業種に関係なく100％まで議決権を取得および保有することができる。そのため、かつての日本のように金融機関がFintechベンチャーを自社の傘下に置くことで技術を取り入れようとしても法規制上不可能、といった制約はない。そのため、金融機関は自社のビジネスに必要なFintech技術や将来的に有望と思われる技術があれば、その技術をもつ／開発している対象企業を傘下に収めることによって能動的に獲得することが可能である。

(b) 事業に関する規制

先述のとおり、Fintechベンチャーが事業を開始するにあたり、大きな障害となりうるのが各種法規制である。そこで、英国ではProject Innovateの一環として、Regulatory Sandbox（以下この「(2) 関連規制」において「Sandbox」という）という「通常の金融規制の影響を直ちに受けることなく、革新的な商品やサービスなどをテストできる環境」をつくり、2016年5月に導入した。

Sandboxは既存の金融規制の全面適用を免除されるかわりに、各サービスに応じた限定的な承認を受け、その範囲内で試験的なサービスを提供することができる制度である。

ただし、Sandboxはすべての企業が対象となるわけではなく、Sandboxの適用対象となる権利をもつ企業は英国の金融サービス市場にイノベーションをもたらす企業に限定され、かつ、適用対象となるためにはFCAに事前に申請して個別に認定を受ける必要がある。具体的には、以下のステップを経てサービスの開始が可能となる。

① Sandboxを利用したい企業によるFCAへの申請
② FCAによる適用可否の判断
③ 成果の測定等のテスト方法に関してFCAと申請企業が協働で検討
④ FCAによるSandbox適用の認可
⑤ テストの実施とモニタリング
⑥ 申請企業による最終報告書の作成とFCAによるレビュー
⑦ Sandbox外でのサービス開始

Fintech企業にとっては自社のビジネスが各種規制に抵触するかどうかは

事業の開始・運営における大きなハードルである。そのため、これまでFintech企業は自社のビジネスが規制に抵触しうるかどうか、また抵触しそうな場合はどう対応するべきかについては重要な課題である一方、自社内でそれらに対応できる人材を確保することは容易ではない。そのため、Fintechベンチャーは、金融規制に精通した大手金融機関の出身者や大手金融機関等からサポートを受けること等で各種規制に対応していた。

　一方で、各国政府は、Fintechに対して規制面からどのような対応をすべきか、という問題を抱えている。過度に規制すればイノベーションの芽を摘むことになり、一方でまったく関与せずに野放図にしてしまうと消費者に対して損害を引き起こすことや不正に活用されるといった事態も起こりうる。それに対してSandboxは「限定された範囲における規制免除」という選択肢を各国に示したことになる。英国以外では、オーストラリアのASICが英国に続いて同制度の設立を計画しており、オーストラリア以外の他国もそれに続く可能性がある。

　規制免除を検討する際、どの規制をどのように免除するかが重要になってくるが、新しい金融サービスへのニーズは各国の消費傾向等によっても異なる。そのため、他国の事例は必ずしも参考にならず、各国の事情も踏まえて各国政府が個別に検討する必要がある。そこで、Sandboxのように場所とサービス内容を絞ったテストが可能となれば、それは政府にとって使い勝手がよく、それによりFintechベンチャーにとっても有益な制度となるだろう。

【参考文献】
◆「産業・金融・IT融合（FinTech）に関する参考データ集」経済産業省　2016年4月
◆「Regulatory sandbox」FCAホームページ

c．米　　国

　米国では世界経済に大きな影響を与えたリーマンショックを経て、金融機関に対する規制が大きく強化された。もともと、米国では1933年に施行されたグラス＝スティーガル法により銀行と証券業の分離や銀行持株会社に対する規制が定められていたが、リーマンショック以前までは規制緩和の方向に

進み、1999年に施行されたグラム＝リーチ＝ブライリー法によって法的に銀行・証券・保険の相互参入が可能となった。

しかし、リーマンショックによって個別の金融機関が巨大になりすぎたためにその問題が金融市場全体に影響を及ぼすことが問題視され、金融システムのリスク最小化や監視システムの構築などを目的にドッド＝フランク法が制定された。

そのようななか、Fintechの拡大とともに新しい法規制を制定する動きも出てきている。しかし、米国におけるFintechの法規制にはさまざまな課題があり、米国の金融機関Silicon Valley Bankは米国におけるFintechへの法規制の課題について以下の点を挙げている。

「Fintechの監督機関が定まっていないためどの機関の法規制に従うべきか不明」「各監督機関は様々な側面から法律を策定するため、従うべき法規制がわからない」「既存の法規制はその多くがIT発展以前に制定されたものであるため、Fintechのビジネスモデルに即さない」「Fintech企業の多くがベンチャー企業であり、エンジニアを含む少人数で法規制に対応する必要がある」といった具合である。これを受けてFintechに関する法規制がどういう方向に進むのかは注目すべきである。

また、Fintechベンチャーに対しては既存の法規制で取締りが行われたことがあり、2008年11月に米国証券取引委員会（Securities and Exchange Commission、以下「SEC」という）はP2P融資企業Prosperに対して金融商品取引業として登録されていないことから業務一時停止命令を出している。

P2P型融資に関しては、2012年4月にJOBS法が成立したことで未公開企業が適格投資家以外の一般投資家から資本を調達するクラウドファンディングが認められた。なお、同法ではスタートアップ企業が調達できる金額は上限100万ドル、かつSECによって承認された取引窓口を通すこと、株主数は2,000人以下とすることが条件となる。また、それに加えてJOBS法では、すべてのクラウドファンディングサイトは単一の証券取引協会に加入しなければならないと定めている。

一方で、金融機関に対する業務規制は以前の日本のように強くはなく、金

融持株会社であれば、金融業務の補完業務としてFRBが認可した業務に限って銀行による参入が可能であり、議決権の保有についても審査は要するが5％以上の保有も可能であり、比較的金融機関の自由度は高い。そのため、制度上は金融機関によるFintechベンチャーの取込みは容易であるといえる。

※FRBはその事業が「補完的」であるといえるか、その業務が銀行の健全性や金融システムの安定にリスクを及ぼさないかを個別に判断。

【参考文献】
◆「産業・金融・IT融合（FinTech）に関する参考データ集」経済産業省　2016年4月
◆「JOBS〔雇用創出〕法にオバマ大統領が署名―業界はクラウド・ファンディングの自主ルール制定を急ぐ」TechCrunch Japan　2012年4月6日
◆「米国における金融制度改革法の概要」日本銀行　2000年1月

d．シンガポール

　シンガポールでは金融機関による株式の保有は1銘柄につき自己資本の2％までに制限されているほか、当局が許可する場合を除いて一般事業会社の株式の50％超を保有することはできない。

　また、英国と同様にSandboxを導入しており、事業面を含めた規制の設定・緩和については今後、議論が進んでいくものと想定される。日本の金融機関、事業会社のなかにも、すでにそのSandboxの利用に向けて取組みを始めているものがある。

【参考文献】
◆「産業・金融・IT融合（FinTech）に関する　参考データ集」経済産業省　2016年4月

e．ドイツ（サービスや事業の側面からの記載を充実する）

　ドイツも英国と同様に、金融機関による一般事業会社の株式保有について、対象会社の業種に関係なく100％まで議決権を取得および保有することができる。そのため、金融機関がFintechベンチャーの技術を取り込むにあたっての障害とはならず、ドイツは金融機関にとってFintechベンチャーの取込みが容易な地域の一つといえる。

　また、上述のとおり、ドイツ取引所とロンドン取引所の経営統合、英国に

よるEU脱退等によりドイツが欧州のFintech分野に占める立ち位置が大きく変わる可能性もあり、その際は英国と同様にSandboxを採用する等の事業環境の変化もありうるかもしれない。

【参考文献】
◆「産業・金融・IT融合（FinTech）に関する参考データ集」経済産業省　2016年4月

〔2〕　金融機関（保険・証券・信託会社を含む）

(1)　各金融機関の取組先進事例

　既存金融機関は既にFintechテクノロジーの発展とそれによる顧客の流れの変化を防ぐことは不可能と判断し、抑制から取込みに舵を切っている。

　これらの動きには、金融分野に関する事業環境の整備やアドバイザーとしてFintechベンチャーを大手金融機関がサポートする場を設けるアクセラレータ・プログラムや、Fintechベンチャーを対象としたベンチャーキャピタルの設立、大手金融機関が主体となって行う、コア技術の研究等がある（図表2-17）。

　これらの取組みを通して、有望なFintechベンチャーを育成するとともに、自行サービスへの取組みによる新たなビジネスチャンスの獲得を図っている。

　また、銀行サービスをより利便性の高いものとするため、一部銀行では他社とのAPI連携を行っているが、銀行業界全体としてもオープンAPIに関する検討を進めており、2016年10月には一般社団法人全国銀行協会にて銀行業界、IT業界、Fintech業界団体、弁護士、学者、金融庁、消費者団体をメンバーとする「オープンAPIのあり方に関する検討会」が設置された。同検討会では論点ごとの段階的な取りまとめを行っていく予定であり、それによってオープンAPIが進むことで消費者にとってより利便性の高いサービスが生まれることが期待される。

図表2-17　大手金融機関によるFintechベンチャーとの協業事例

形式	金融機関	協業対象	協業の概要
支援型	メガバンク3行	国内外のFintechベンチャー	アクセラレータ・プログラムによる各種支援
提携・協働型	大手証券	AI	共同研究による株価変動予測
	メガバンク、地方銀行	クラウド会計	新たな金融サービスの共同開発
	メガバンク、大手証券	ブロックチェーン	コンソーシアムによる共同研究
	地方銀行	PFM	提携による銀行顧客へのサービス拡充
	損害保険	データ解析	テレマティクス保険の開発
出資型	メガバンク	PFM	出資による銀行顧客へのサービス拡充
	大手損保	ベンチャーキャピタル	先端技術をもつ企業へ投資するVCへの出資を通じた技術開拓
	ノンバンク	モバイル決済	決済システムや端末などの開発

(2) テクノロジーの発展や規制緩和による金融の概念の変化

　大手金融機関はFintechベンチャーの取込みを図る動きがみられるが、テクノロジーの発展や政府による規制緩和等によって既存の金融サービスがまったく新しいサービスにとってかわられる可能性も出てきている。既に国内でも仮想通貨が法律上の概念として明確に位置づけられ、グローバルではブロックチェーン技術による取引手段の革新等を目的とした動きもみられる。

　金融サービスの面においても、たとえば、融資機能については、現時点では銀行が融資先の対象としていないような企業や、銀行では対応できない短期資金への貸付などをFintechベンチャーが担うことによる直接的な影響は限定的と推測される。しかし、それによって中小企業の銀行との接点の減少

や、それに伴う将来的な取引の減少や個人ローンの減少が起こりうる。それによって、銀行口座に預金する必要性が減少し、銀行の収益源である資金運用の原資が減少することで資金運用収益が減少することや、運用収益を増やすためのファイナンスによる資金調達原価の増加といったことも考えられる。

(3) 金融機関は過去の延長線上ではない戦略を練る必要がある

先述のとおり、Fintechテクノロジーの進化やそれに伴う規制緩和によって、いますぐではなくとも、中長期的には金融機関の担うべき役割が大きく変化する可能性がある。そのとき、これまでの延長線上でビジネスを展開している金融機関は淘汰され、変化に対応した金融機関しか生き残れない、といったことは十分に考えうる。

そのため、既存金融機関はこれまでの金融サービスの枠にとらわれず、今後の金融がどうなっていくのかを真剣に検討し、そのなかで自らができることは何かを考えていくべきタイミングだと考えられる。

【参考文献】
◆「産業・金融・IT融合(FinTech)に関する参考データ集」経済産業省 2016年4月
◆「「オープンAPIのあり方に関する検討会」の設置について」一般社団法人全国銀行協会

〔3〕 テクノロジー関連企業

(1) Fintechのテクノロジー

先述のとおり、Fintechサービスは大きく①借りる、②払う・送る／受け取る、③増やす、④管理する、⑤情報を得る、⑥仮想通貨の五つに分けられる。各Fintechベンチャーはこれらのサービスのいずれかに特化し、独自のサービスを提供している。

(2) Fintechに対する企業の動き

　当初はFintechベンチャー個別の動きが多くみられたが、政府や大手金融機関によるサポートが充実してきたことで、それらのサポートプログラムを活用するケースもみられる。

　一方で、既に相応の顧客基盤をもつ企業においては、大手金融機関からサポートを受ける立場ではなく、独自に金融サービスの提供や規制への取組みをしたり、金融機関と協働したりするケースもみられる。

　前者の例では、米国ではFinancial Innovation Nowという業界団体が立ち上げられている。同団体はFintechを推進するAmazon、Apple、Google、Intuit、PaypalといったIT有力企業5社が協力し、Fintechの推進に関する企業にとって有利な政策をするためのロビー活動を行うと同時に、大手金融機関によるFintech業界に対する規制強化の動きに対抗している。米国の議員は年配の議員が多いため、最新テクノロジーが金融市場の安全性・利便性を向上させること、それらのテクノロジーに対して現在の法規制が対応できていないため、その解消に理解を求めている。

　後者の例では、マネーフォワードが複数の国内金融機関との業務提携をしている。マネーフォワードは自動家計簿・資産管理サービス「マネーフォワード」等を運営しており、金融機関との連携によってユーザーは自らの銀行口座やクレジットカードの支出を管理することが可能となる。マネーフォワードのアプリは銀行、クレジットカード、ポイントやマイルだけでなく、証券やFX等も含む2,580社以上の金融機関に対応している。

　また、マネーフォワードは複数の地方銀行と提携を進めているが、各行の顧客向けに機能や情報を拡充したサービスの開発を進める等、地方銀行にとってもメリットを提供することで金融機関との共存を進めている。

【参考文献】
◆「米国におけるフィンテックに関する取り組みの現状」JETROニューヨーク便り2016年2月
◆「アップル、グーグルら5社「フィンテック推進連合」を結成」ForbesJAPAN 2015年11月12日

◆Financial Innovation nowホームページ

〔4〕 金融情報企業

(1) 個人による金融情報取得欲求の高まり

　株式市場の再上昇やNISAの導入、日本郵政の大型IPO等により、個人投資家数は足許で増加傾向にあり（図表2-18）、それに伴って個人による金融情報の取得ニーズは増加している。また、運用に関心があるものの投資検討時間を確保することが困難な個人投資家層は専門家による判断に対する需要が強く、金融商品保有者のうち投資信託を保有する投資家の比率も2015年度には約5ppt上昇している（図表2-19）。これらを踏まえると、金融情報に関するニーズはこれまで以上の高まりをみせることが予想される。

　しかし、その一方で、個人投資家と金融市場をつなぐ橋渡し役となる証券会社の営業員や運用を受託する信託銀行等は基本的に運用残高数千万円～数

図表2-18　個人投資家の口座数

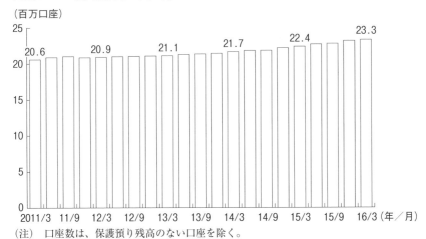

(注)　口座数は、保護預り残高のない口座を除く。
(出所)　「全国証券会社主要勘定及び顧客口座数等」日本証券業協会（http://www.jsda.or.jp/shiryo/toukei/kanjyo/）に掲載されているデータの一部を使用して筆者作成

図表 2-19　金融商品保有者における投資信託の保有状況

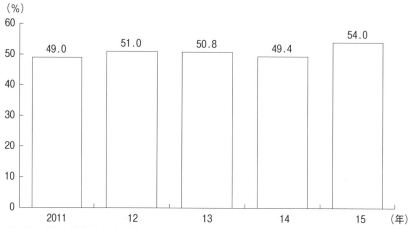

（出所）「個人投資家の証券投資に関する意識調査報告書」日本証券業協会　平成27年10月（http://www.jsda.or.jp/shiryo/chousa/kojn_isiki/files/20141010honbun.pdf）16頁図表5

億円の大口顧客への対応が中心となるため、小口運用をしている投資家にとって、金融情報の取得は容易ではない。また、それに加えて、証券会社の営業員はそのビジネスの仕組み上、企業の資金調達におけるアンダーライターとして引き受けた株式や社債等は自社引受額分を売り切る必要があるため、必ずしも各投資家にとって最適とはいえない金融商品を提示してくることもありうる。そのため、少額からでもオンラインで投資アドバイスの提供や運用を受託するサービスが提供されている。

　Fintechベンチャーでは、たとえば、A社はロボアドバイザーを活用して顧客ごとにポートフォリオを作成し、顧客の資産運用を行うサービスを提供している。同社は全世界で数千ものETFを運用することで、低コストながら多様な運用を行い、また、顧客のリスク選好やライフステージにあわせて数百種類以上のポートフォリオのなかから最適なポートフォリオを提供している。ほかにも、同社は販売手数料を徴収せず、運用報酬として運用残高の数％（年率）を毎月徴収することで中立性を確保している。

【参考文献】
◆「産業・金融・IT融合(FinTech)に関する参考データ集」経済産業省　2016年4月

(2) 機関投資家は複雑な情報に対するニーズが強い

　証券会社をはじめとした各種金融機関や各事業法人等は金融関連の基礎情報やローデータをBloombergやQUICK等のベンダーから取得することが可能であり、それらをもとにした分析も自分たちで行うことが可能だが、それらが容易になったことで、加工が容易な形式でのデータ取得や大量のデータ分析、またはこれまでのベンダーからは取得不可能な情報を取得するニーズが高まってきた。

　そういったニーズに対して、米国のB社は中小規模の金融機関や機関投資家に対して統合的なポートフォリオ管理ツールや分析ツール等、ビッグデータ分析サービスを提供している。Web上で市場データとポートフォリオデータを入力し、それらのデータを統合、分析するほか、その結果を視覚的にわかりやすくグラフ化するツール等の機能を提供し、これによって大量のデータを分析するための金銭的・時間的コストの軽減が可能となった。

　また、欧州のC社はオンライン上における金融市場に対する投資家の感情を分析し、市場動向を予測するサービスを提供している。分析対象は主にソーシャルネットワークであるTwitterであり、たとえば、ニューヨーク取引所やNasdaq市場で取引されている株式や金融商品の価格情報等に関するTweetを収集し、金融市場に関するSNS上の反応を分析している。金融市場では投資家、特に個人投資家と機関投資家では取得できる情報に差があることや、各投資家の思惑などによって価格が形成されることから、一定の理論に基づいて株式価値を算出する各種バリュエーションとは株価が乖離することが少なくない。

　そこで、C社のようなサービスを活用して投資家心理を分析することで、市場データのみでは測ることのできない、投資家心理による価格の変動を踏まえた投資戦略を構築することができる。

これらのように、機関投資家に対しては市場や企業の財務情報に関するローデータの取得のみでなく、そこからもう一歩踏み込んだ関連情報や情報の分析結果を提供するサービスが提供されている。

【参考文献】
◆「産業・金融・IT融合（FinTech）に関する参考データ集」経済産業省　2016年4月
◆finAsolホームページ

(3) 金融の概念の広がりで、今後は取り扱う情報の量と種類がさらに増加するのではないか。その場合、テクノロジーのもつ意味は大きい

これまで、自らの金融資産に関する情報はサービスの提供主体の違いから、それぞれが銀行、証券会社、カード会社、保険会社等に分散して保管されており、それらの金融資産の情報を一体化して資産運用を行うことはまれだった。

しかし、Fintechテクノロジーの発展により情報の収集および管理が容易になり、個人の銀行口座・証券口座・保険・クレジットカード等の情報が統合されたことで、別個にとらえられていた情報を一括で比較・検討することが可能となってきている。また、機関投資家にとっては分散していた市場データや企業の財務情報等の情報をまとめて取得・加工することが可能となったことで、これまでよりも広範かつより深みのある情報が有用となってくることが想定される。

そのなかにおいて、情報を効率的かつ意味のある単位で取得および加工するためにはサービスの視点は当然のことながら、技術的な側面が必要となることから、今後も技術のさらなる進化とそれによるサービスの発展が望まれる。

〔5〕 ユーザー（法人・個人）

(1) 個人ユーザーにとどまらないFintechサービス

　FintechというとPayPal等の決済サービスやマネーフォワードのような資産管理サービス等、個人ユーザーの利便性を向上させるサービスの印象が一般的には強い。Fintechベンチャーは自らが「世の中のこういった点が不便だ」という想いや「ここを改善すればもっと便利になるのに」といった考えをもとに着想しているケースが少なくなく、事実として、近年のFintechサービスのうち、大きくフォーカスされたものや大口の資金調達を達成したサービスはBtoCを対象としているものが多い。

　しかし、Fintechサービスがもたらす恩恵はBtoCビジネスにとどまらず、BtoBビジネスにおいても利便性のあるサービスが着実に生まれてきている。

(2) 法人では融資、クラウド経理が中心

　法人向けFintechサービスでは主に、融資サービスと企業の家計簿ともいえるクラウド会計システムが中心といえる。特に銀行を介さずに資金を得る手段ができるようになったことは、銀行からの資金調達が困難だった企業や、短期の運転資金を必要としていた小売事業者等にとっては非常に有用なサービスが提供されることとなった。

　たとえば、EC企業は自社のECにて商品を出品している事業者に対し、短期間で与信を判断し、融資を実行する事業性融資サービスを提供している（図表2-20）。同サービスでは融資を受けたい企業の過去の取引情報をもとに自動的に与信判断がなされるため、判断に要する時間が短期間であることに加え、融資の回収を、ECを通じて購入者が支払う金額から返済額を控除した額を出品者（債務者）への支払額から除いて支払うことで、融資を回収できなくなるリスクを最小化している。

　その他にはクラウドファンディングやオンライン家計簿・クラウド会計シ

図表 2-20　EC事業者による事業性融資サービスの概要

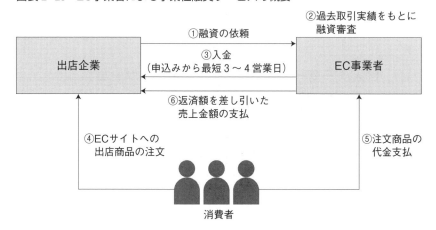

ステムに登録することでノンバンクからスピード融資を得られるようなサービスも開始されている。

　クラウドファンディングは大別すると資金提供者に対するリターンのかたちで、金銭的リターンの伴わない「寄付型」、プロジェクトが提供する物品やサービスを受ける権利等を得られる「購入型」、金銭的リターンが得られる「投資型」や「融資型」に分類される。

　投資型においては米国で着実に融資額を積み上げる企業も出てきており、融資額が日本における地方銀行上位行の貸出金額と同程度の水準の企業もみられる。投資型サービスを提供するＤ社（図表2-21）は資金を借りたい人と資金を貸したい人をマッチングさせるものであり、広義では銀行と同様のビジネスである。資金を借りたい人が自身の情報をＤ社に登録し、Ｄ社がそれをもとに独自ロジックを用いて審査を行い、格付を設定する。融資の金利は格付水準をもとに設定されるため、資金を運用したい貸し手はそれをもとにリスク許容度と運用利回りを踏まえて貸し手の選択および分散投資が可能となる。

　なお、同社のビジネスはプラットフォームの提供であり自己資金を融資しているわけではないため、貸出金利ではなく利用者からの手数料から収益を

図表2-21　D社サービスの仕組み

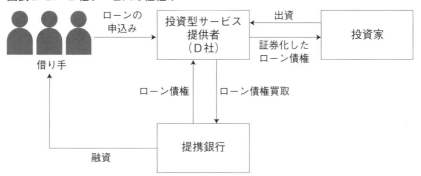

（出所）ビジネス＋IT：レンディングクラブは「ソーシャルレンディング」で銀行にイノベーションを起こせるか、Lending Club社HPを参考に筆者作成

得ている。借り手からは融資金額に一定の手数料率を乗じた組成手数料を、投資家からは融資金額に一定の手数料率を乗じた年間サービス料を徴収している。

(3) 個人では資産管理、決済、融資、保険が中心

上述のとおり、個人に向けたサービスでは多様なサービスが提供され、投資サービスや個人向けP2P融資サービス、オンライン家計簿などの資産管理のほか、オンライン決済手段の提供やP2P保険等が提供されている。

特に、オンライン決済手段においては既にグローバルに展開しているPayPalのほか、国内では商店がクレジットカード専用端末を導入せずともモバイル端末でクレジットカード決済を受け入れるための読み取り機と決済システムを提供するサービスをCoineyが提供している。このサービスはこれまでクレジットカード専用端末の導入に伴う初期コストが原因で端末を導入せず、クレジットカードを導入していなかった中小企業や個人事業主の店舗でも初期コストをほとんど必要とせずにクレジットカード決済を受け入れることが可能となる。

また、P2P保険においては、英国企業が、小規模で新しい保険商品を設定することを可能とした。同社では新たな保険商品を同社のサイト上に提示す

ると、ユーザーがその商品に対して加入意思を表明する。加入意思のあるユーザーが一定数集まった場合に同社は「商品化を保険会社に依頼」「ロイズ保険に引き受けを依頼」「ニーズを満たす既存商品を割安に調達」のいずれかを行う。これによって、既存の保険ではカバーされない保険商品を組成・加入することが可能となった。

【参考文献】
◆「産業・金融・IT融合（FinTech）に関する参考データ集」経済産業省　2016年4月

> コラム

海外のレギュラトリー・サンドボックス

　Sandboxは直訳すると「砂場」だが、元来はソフトウェアのテスト環境の一種を表す用語で、他のプログラムに影響されずに当該ソフトウェアのみを独立して評価、モニタリングすることのできるテスト環境を意味する。
　Fintechにおいても最新のサービスやテクノロジーを実験的、機動的に試行するための金融監督上の枠組みであるレギュラトリー・サンドボックス（Regulatory Sandbox）の導入が一部の国で開始されている。たとえば、金融機関がブロックチェーンを含むシステムの構築・運用を開始する場合に、レギュラトリー・サンドボックスが用いられること等が想定される。日本においても国家戦略特区や産業競争力強化法に基づくグレーゾーン解消制度および企業実証特例制度等の既存の枠組みがある一方、日本政府は、成長戦略の一環としてレギュラトリー・サンドボックスの導入への取組みを開始している。
　そこで、本コラムにおいては、レギュラトリー・サンドボックスのあり方を検討するにあたり参考となる、現状における英国FCA等の諸外国の取組みを紹介する。
　図表２-22はレギュラトリー・サンドボックスに対する各国当局の取組みを示したものである。各制度共通の理解として、レギュラトリー・サンドボックスは、期間や提供される顧客の範囲などを限定することにより、革新的な商品、サービス、ビジネスモデル、販売の仕組みを規制違反に問われることなく、ただし消費者保護を意識しながら試行する制度である。各国とも自国がFintechを振興することにより金融センターになることを標榜している。また、ASICはFCAおよびMASとFintechスタートアップの紹介を内容に含むCooperation Agreementを締結し、MASもFCAとの間でRegulatory Cooperation Agreementを締結するなど、各国当局間の連携も進んでいる。
　なお、米国は、レギュラトリー・サンドボックスというかたちではないが、2016年２月に消費者金融保護局（Consumer Financial Protection Bureau、CFPB）がノーアクションレター・ポリシーを公表している。この新しいポリシーのもとでは、消費者にとりメリットのある革新的な金融商品やサービスで規制上の取扱いが不透明なものについてCFPBがノーアクションレターを発行できることになっている。

図表2-22　レギュラトリー・サンドボックスに対する各国当局の取組み

	英国	シンガポール	オーストラリア	アブダビ
担当官庁およびウェブサイト	金融行為規制機構 Financial Conduct Authority (FCA) https://www.the-fca.org.uk/	シンガポール金融管理局 Monetary Authority of Singapore (MAS) http://www.mas.gov.sg/	オーストラリア証券投資委員会 Australian Securities & Investments Commission (ASIC) http://asic.gov.au/	Financial Services Regulatory Authority (FSRA) ※Abu Dhabi Global Market (ADGM) の一部局 http://adgm.com/
特色	・Project Innovateでは Fintech スタートアップに対する助言、許認可申請のサポート等を行っており、regulatory sandboxは Project Innovateの一部として位置づけられる。 ・テーラーメードの許認可プロセス、既存の規制の枠組みに適合しにくいアイディアを有する参加者への個別指導、規制に反する可能性のある参加者についての規制の変更（ただし法律を変更することはできない）、ノーアクションレターの発行等、いくつかのオプションが用意されている。	・テスト期間中、MASは通常であれば参加者に適用される法規制を緩和することにより適切な支援をする。 ・期間終了後、所定の成果が得られた場合で、参加者が関連法規制を遵守できる場合は、より広いスケールで事業活動を開始することになる。	・Innovation Hubではインフォーマル形式による Fintech スタートアップに対する助言、指針の策定等を行っており、regulatory sandboxは追加的な施策として位置づけられる。 ・Fintech licensing exemptionは、12カ月のテスト期間中において Corporations Act 2001および National Consumer Credit Protection Act 2009上のライセンスなしで商品またはサービスをテストすることを可能とする。	・制度名はRegulatory Laboratory (RegLab) ・テスト期間は2年間。 ・テスト期間中、通常の規制ではなく参加者のビジネスモデルおよび消費者や金融システムに与える影響などのリスクに応じたテーラーメードのルールが適用される（"blank sheet"アプローチ） ・期間終了後、一定の基準を満たした参加者は通常の規制監督下に置かれるか、あるいは金融機関への事業譲渡等の出口戦略を選択する。
沿革	・2015年11月に報告書「Regulatory Sandbox」が公表された。 ・2016年の第一次 regulatory sandboxには69件の申請があり、うち24件が適格要件を充足するものとされた。	・2016年6月より regulatory sandboxを開始。 ・2016年11月に「FinTech regulatory sandbox guidelines」が公表された。	・2016年12月に「Regulatory Guide 257 Testing fintech products and services without holding an AFS or credit license」が公表された。	・2016年11月に「FinTech Regulatory Laboratory Guidance」が公表された。

> コラム

Fintechに関するよもやま話(1)

株式会社リノシス　代表取締役　神谷勇樹氏との鼎談
出席者：神谷氏、松田、鈴木

松田「神谷さん、お久しぶり？です。今日はFintechについて、ご意見をうかがおうと思って参りました」

神谷氏「金融は専門ではないのですが、いいですか？？？」

松田「もちろんです。デジタルマーケティングの専門家としてのご意見をうかがえますか。最近、FintechがBuzz Wordになっているように思っています。技術論が先行して、何ができるかの議論が、それほど深まっていないように思います」

神谷氏「わかりました。流通や外食が専門なので、まずは流通や外食の視点でお話しできればと思います。日本では流通や外食の現場ではまだまだ現金主義が強いので、Fintechという言葉はわかるもののピンとこないというのが正直なところです。クレジットカードの利用がまだまだ少ないということもあります」

松田「確かに、私も海外では少額でもクレジットカード決済を行いますが、日本では現金を使うことが多いです」

神谷氏「Fintechという意味では、金融に関するデータ活用はまだまだこれからかなと思っています。そのため、ブロックチェーンといわれても……という感じがあるのは事実です。少額決済で現金の利用が多いと、データの収集・活用が限定的になってしまうのではないかと思います」

松田「なるほど。金融がご専門ではないということは知っていますが、あえて金融という視点ではどうでしょうか」

神谷氏「地銀のFintech担当の方と話す機会もあるのですが、「Fintechをやれ」といわれ「何をすればいいのか」と悩んでいる人が多くいます」

松田「金融以外で、Fintechとの親和性が高そうな業界はありますでしょうか」

神谷氏「やはり、トランザクションが多く発生する業界でしょうか。そういう意味では流通や小売りは親和性が高いと思います。ただ、現時点では、チャネルという視点では店舗のある流通や外食は有望だと思いますが、そ

もそも現場に人がいなくて、業務負荷を下げる方向にあるので、Fintechだといって、現場主導で新たな攻めの事業を行っていくのは厳しいと思っています。もちろん、効率化という視点ではありうると思いますが……」

松田「本来はいろいろできそうだが、制約が多いということですか？」

神谷氏「そうです。集客した顧客への新たなサービス提供というと、いろいろなことができそうですが、それが現場の負荷増加につながるのであれば厳しいと思います」

鈴木「実際、議論が進んでいますが、レシートの電子化とかはどうでしょうか。金融との親和性が高そうに思います。ただ、規格がいろいろあると普及しにくいのではないかと思っています」

神谷氏「レシートの電子化は進むと思います。ただ、先生がおっしゃるように規格が複数あると、ここでは使える、ここでは使えないとかで使い勝手が悪くなるのではないでしょうか。ICカードや電子マネーも普及はしていますが、同じことがいえると思います。新たなサービス提供という視点では、1社単独ではなくいろいろな企業の連携が重要になると思います。その場合、データ連携の仕組みをどう構築していくかが鍵になると思います」

松田「データ連携という視点では、現在はSNSなどで従来取れなかった個人的な情報なども取れるようになっています。これらを活用することで、金融でも新しい動きが起こせるのではないかと思っているのですが」

神谷氏「それはあると思います。ただ、与信判断など金融事業に活かそうと思った場合には、従来とは異なる軸や基準の考え方をしていかないと、うまく活用できないと思います」

松田「たしかに従来と比べてインプットできる情報が変わっているので、事業そのもの、特にリスクに関しての考え方は変える必要があるのかもしれません。新しい軸や基準で金融事業を考えることについては、金融業界でも議論は出てきていると思うのですが、なかなか進んでいません。なぜだと思いますか？」

神谷氏「金融業界側だけではなく、顧客側のデジタルに対する感度も影響しているかもしれません。いくらデジタルを活用して便利になるといっても、顧客側でそれを活用しようと思わなければ、結局は使われないと思います。デジタルを活用することに抵抗のない顧客層に向けたサービス開発が必要ではないでしょうか」

松田「なるほど。当たり前ですが、顧客層に応じたFintechがあるということ

とですね。金融機関の顧客セグメンテーションの粒度は、ほかの業界に比べて粗いと感じています」

神谷氏「デジタルの活用という視点では、セグメンテーションをきちんとしないとダメだと思います」

松田「そこにFintechを活用した異業種参入のチャンスがある気がします。従来の金融機関のセグメンテーションでは、認識しきれないニーズがあるのではないかと。規模を追うのではなく、きらりと光る企業を目指すのであれば、特定の顧客層に従来の金融機関が出せない価値を提供できるのではないでしょうか」

神谷氏「さらに、今後は時間の経過とともに、デジタル活用のケイパビリティが高まっていくので、顧客側のデジタル活用への意識のハードルが下がっていくと思います。そうなると、金融事業でデジタルを活用することが、大きなチャンスにつながると思います」

松田「金融業界がテクノロジーをうまく活用するための肝はなんでしょうか」

神谷氏「従来の発想に縛られないことではないでしょうか。業界的に、いままでの発想や常識に縛られがちですが、積極的にテクノロジーの活用を進める意識をもつことでしょう」

松田「他業界と比べて、そもそもテクノロジーへの関心が低かったのかもしれません。基幹システムなど必要不可欠なシステムへの関心はあるが、積極的に使うことへの関心が低いという感じでしょうか。効果や実体がみえにくいものについては、積極的に取り組もうとしないというか。したがって、突然Fintechといわれても何をしていいかわからないと」

神谷氏「そうですね。そこは国民性も関係しているのかもしれません。デジタルマーケティングもそうですが、形がみえにくいものに対しての価値認識が低い印象です。なので、行政が一歩踏み込んで、仕組みとして進めていくことが重要かもしれません」

松田「日本の場合、モノづくりが強い一方で、そうかもしれません。今後は、民間では意識変革を進めていくこと、行政では民間が動きやすい、もしくは動きたくなる仕組みをつくることがFintech活用の鍵ですね」

ビジネスと法務の視点からみたFintech

Ⅱ章で述べたように、各社が各々の立場からFintechへの取組みを進めている。本章では、各金融サービスにおいてFintechがどのように利用されているか、またFintechを利用するにあたり法務の視点から検討すべき法令上のポイントや留意点について述べる。
　「融資」「決済・送金」「資産運用」「資産管理」「会計・経理」「仮想通貨」の順番で述べていく。

図表3-1　Fintechサービスの分類

			金融サービス		
			資金提供	決　済	送　金
定義			・受け手への融資／出資 ・受け手の債券／株式の発行／引受け	・モノやサービスの購入時における資金の受渡し	・国内での資金移動 ・海外での資金移動
[金融サービスの受け手]	個人		・クラウドファンディング ・ソーシャルレンディング ・ローン借換支援	・電子マネー ・ペイロールカード（国際デビットカード） ・CLO	・SMS送金（エムペザ） ・SMS海外送金（ドコモ） ・NET決済による海外送金（TransferWise）
	法人	金融機関	・クラウドファンディング		
		事業会社	・クラウドファンディング ・ソーシャルレンディング ・トランザクションレンディング	・電子マネー ・ペイロールカード ・経費用クレジットカード ・モバイル決済、アプリ決済（Square, Apple）	・NET決済による海外送金
		公共団体	・クラウドファンディング	・ペイロールカード ・経費用クレジットカード	

1 融　資

　融資サービスにおいてFintechを活用したサービスは、資金の貸し手が多数である「クラウドファンディング」「ソーシャルレンディング」と、貸し手が特定の金融機関や企業である「トランザクションレンディング」に分類される。

		金融情報サービス	
運　用	リスク管理	顧客情報管理	情報提供
・受け手の資金の預り ・受け手への運用商品の販売 ・運用商品の組成	・受け手がもつさまざまなリスクの管理	・顧客情報の管理	・金融サービスに付随する情報の提供
・ネット証券 ・ソーシャルレンディングへの投資 ・ロボアドバイザー（THEO）	・ネット保険 ・テレマティクス	・PFM	・個人向けの経済金融メディア（ZUU）
		・会計経理支援	・M&Aマッチング支援（SPEEDA）
・ソーシャルレンディングへの投資 ・ロボアドバイザー		・会計経理支援	・事業会社向けの経済金融情報メディア（SPEEDA） ・M&Aマッチング支援
		・会計経理支援	

〔1〕 ビジネスの視点から

(1) クラウドファンディング
　　（寄付型、購入型、株式型、ファンド型、融資型）

　クラウドファンディングとは、「crowd（群衆）」と「funding（資金調達）」を掛け合わせた造語である。クラウドファンディングサービス提供会社が、資金の出し手と受け手を仲介する仕組みとなっている。

　このクラウドファンディングは、資金提供の方法により「寄付型」「購入型」「株式型」「ファンド型」「融資型」に分類される（「株式型」「ファンド型」をあわせて「投資型」ということもある）。「寄付型」は、資金の調達者（わかりやすく表現するため、この(1)において「受け手」という）として個人やNPO、自治体が環境保全や復興支援のための資金調達を目的とし、資金の提供者（わかりやすく表現するため、この(1)において「出し手」という）は当該目的の達成を期待するがリターンは求めないという特徴がある。「購入型」は、資金の受け手として起業家やクリエイターが製品開発のための資金調達を目的とし、資金の出し手として投資家が当該製品の購入権や製品開発への支援を目的としている。「融資型」と「株式型」、「ファンド型」では、受け手は事業主（企業・個人）であり、事業のための資金調達を目的としている。そして出し手は、配当や利息、キャピタルゲイン（株価の値上り）を見返りとしている。「融資型」と「ファンド型」「株式型」のクラウドファンディングは、資金の出し手である投資家にとって金銭的なリターンがあるため、資産運用という側面ももっている。「投資型」（「株式型」と「ファンド型」）や「融資型」の具体的なスキームについては、下記(2)を参照されたい。

　クラウドファンディングにおいて、Fintechが活用されているのは、出し手と受け手をマッチングさせるためのプラットフォームの運営や、受け手のデフォルト率の算定といった場面である。それにより、これまで事業の性質上の問題や、事業フェーズのタイミングの問題で、資金調達を希望していて

も資金調達ができなかった受け手に対して、新たな手段として浸透してきている。また資金の出し手にとっては、理念への共感や商品開発への参画といった精神的な価値や、銀行預金等にはない高い利回りという金銭的な価値が受け入れられている。しかしながら、現状、既存金融機関によるクラウドファンディング事業への参入はいまだにみられていない。そのため今後のさらなる市場拡大に向けて、既存金融機関が参入していない原因（参入できない原因）の特定およびその対応が必要になってくると考えられる。

(2) ソーシャルレンディング

ソーシャルレンディングは、前記(1)のクラウドファンディングの「融資型」とほぼ同義であるとされている。通常の銀行融資は、貸し手と借り手が１対１の関係であるのに対し、ソーシャルレンディングは、貸し手と借り手が、多数対１の関係であるのが大きな特徴となっている（個人の貸し手と借り手による融資の仲介が中心であり、個人対個人という意味でP2P（peer to peer）レンディングとも呼ばれているが、現在では個人だけでなく機関投資家が貸し手となるケースも多いため、マーケットプレイスレンディングという名称で呼ばれることもある）。

資金の流れとして、銀行融資もソーシャルレンディングも、多数の資金提供者から集めた資金を企業に融資している点では同様である。しかし、貸出がデフォルトした場合、銀行融資とソーシャルレンディングで、資金提供者の資金の保証について異なっている。銀行融資では資金仲介者である銀行が資金提供者である預金者の預金を基本的に保証するのに対し、ソーシャルレンディングでは資金仲介者であるサービス提供企業は資金提供者の資金を保証はしていないため全額返金されない可能性がある。

ソーシャルレンディングを提供する企業として、最も有名なのは、米国のLending Clubである。ローンの累計組成額は2016年９月時点で22,659百万米ドル、2016年第３四半期の組成額は1,972百万米ドルと、利用者が大きく拡大していることがわかる。また日本においても、SBIホールディングスやmaneoといった企業がサービスを提供している。

(3) トランザクションレンディング

　トランザクションレンディングとは、日々の売上情報やSNS上の情報等の取引情報により、借り手の信用度を審査して貸出をするサービスである。トランザクションレンディングにおいて、Fintechが活用されているのは、借り手の取引情報の収集および、その情報分析、借り手のデフォルト率の算定といった場面である。

　従来の銀行融資では、当該借り手の事業内容、決算書や半期ごとの試算表といった過去の財務情報、企業や代表者の定性情報といった情報をもとに、借り手の信用度を審査して融資の可否や貸出条件を判断している。そのため設立・開業間もない場合や、直近決算で赤字を出してしまった事業主、EC業者など不動産等の担保提供可能な資産を有していない事業主は、銀行融資を受けづらいという問題があった。一方、トランザクションレンディングは、前述のような取引情報をベースに審査をするため、事業フェーズのタイミング上の問題や事業の性質上の問題で、銀行融資を受けられなかった事業主にとって、新たな資金調達手段となっている。

　このトランザクションレンディングの提供者として注目されているのは、既存金融機関とECサイト運営事業者の二つである。既存金融機関は、後述の会計・経理サービスを提供しているFintech企業と提携して、これまで入手できなかった（もしくは入手するタイミングが限られていた）事業主の日々の売上情報や会計情報を収集することで、従来の情報だけでは融資判断ができなかった事業主に対して、融資を提供することが可能となった。またECサイト運営事業者は、自社ECサイトに出店している事業主に対して、日々の売上状況等をもとに融資可否や融資条件を判断し、事業主から融資申込みをされる前にPC画面上に融資の案内を表示する等、積極的なサービス展開をしている。

　特にAmazonや楽天は積極的に本サービスを展開しているが、その理由として融資の回収懸念が低い点が挙げられる。Amazonや楽天は、出店者の物品を自社倉庫に保管しているケースもあり、仮に融資が返済されなかった場

合は、それら物品を差し押さえることも可能であるため、融資の回収懸念が低い。

一方、既存金融機関による参入例は一部の地域銀行に限られている。メガバンクをはじめ既存金融機関が参入していない理由として、データの整備が追い付いていない点が考えられる。従来までの情報収集サイクルは年数回から多くて月1回程度で、そのタイミングで担当者が信用度を判定し直す仕組みとなっている。一方、トランザクションレンディングは日々発生する取引情報を収集・蓄積し、取引先の信用度を判定する必要があるため、既存金融機関は新たなデータ整備態勢を構築する必要がある。

〔2〕 法務の視点から

(1) クラウドファンディング運営業者に必要とされる業法上の対応

a.「融資型」クラウドファンディングに必要な登録等

日本では、業として反復継続的に金銭の貸付けを行うためには貸金業の登録を受けることが必要とされている(貸金業法3条)。

資金の提供者が自ら貸金業の登録を受けなければならない事態を避けるため、日本における「融資型」のクラウドファンディングの場合、資金の提供者から借り手に直接貸付けが行われるのではなく、まず運営業者が貸金業者としての登録を行う。そして、資金の提供者はその運営会社と匿名組合契約を結んで出資をし、運営業者がその出資金をもとに借り手に金銭を貸し付けるというかたちをとる(図表3-2)。

そのため、「融資型」のクラウドファンディングを適法に行うためには、運営業者は金銭の貸付けを業として行うため貸金業者としての登録が必要となる。また、匿名組合における持分はみなし有価証券となり(金商法2条2項5号)、運営業者による貸付けのための原資を募集する行為は、一般的には有価証券の自己募集を業として行うことに該当するため(同条8項7号

図表3-2　融資型クラウドファンディングのスキーム

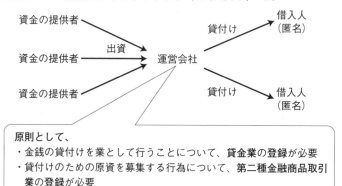

へ）、運営業者は、第二種金融商品取引業者としての登録を受けることが必要となる。

それぞれの登録の要件は厳しく、また、ファンドの組成・募集等の場面においても一定の書類の作成においてコストが見込まれるため、クラウドファンディングのような比較的資金規模の小さなスキームを運用する場合には、新規参入のハードルが上がってしまっているといえる。

b．「融資型」クラウドファンディングに必要な資金提供者の貸金業法対応

さらに、「融資型」クラウドファンディングの場合、次の理由から、資金提供者の貸金業法対応が必要となる。

以前、国内において、個々の不動産物件の概要をホームページ上に明示していた事業者（資金提供者と匿名組合契約を締結し、当該出資金の融資を希望する企業またはプロジェクトに融資するという「融資型」のクラウドファンディングのスキームを採用していた）が、監督当局より、①借入先の匿名性の確保および②一つの募集案件から2人以上の借入先へ融資することを求められ、当該①および②の対応を行わない場合、資金提供者は貸金業者としての登録をする必要があると指摘されたケースがある（図表3-3）。これは、資金提供者が特定の借入先を認識して資金提供を行う場合には、特定の借入先に融資しているものと同視され、当該資金提供者につき貸金業者としての登録が必

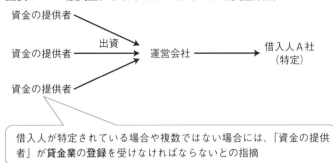

図表3-3　融資型クラウドファンディングと貸金業法

要とされる可能性があることを意味する。

そして、「融資型」のクラウドファンディングを行う場合、資金提供者が貸金業登録を有していることはまれである。したがって、資金提供者が貸金業登録を受けなければならない事態を回避するための貸金業法対応として、借入先が誰であるかが資金提供者にわからないようにする措置を講じ、そのような借入先複数に対して貸付けを行うというスキームがとられているようである。

融資先を実名で公表することや1社だけの貸付先に貸付けを行うことが投資家にとってメリットとなる場合もありうると思われる。しかし、上記貸金業法対応を行う限り、「融資型」のクラウドファンディングにおいてそのようなメリットのあるスキームを採用することは困難である点に留意する必要がある。

c．「投資型」クラウドファンディングに必要な登録等

「投資型」クラウドファンディング（「株式型」「ファンド型」）を行う場合、上記a．の「融資型」のスキームと異なり、資金の調達者に対して直接的な出資を行うことになる。その出資の方法として、株式への出資を募る場合（「株式型」）には第一種金融商品取引業の登録が、匿名組合出資を募る場合（「ファンド型」）には第二種金融商品取引業の登録が、それぞれ必要となるのが原則である。

この点について、規制緩和の一環として、少額のクラウドファンディングについては、株式型については第一種少額電子募集取扱業の登録を、ファンド型については第二種少額電子募集取扱業の登録を、それぞれ受けるのみで足り、その際の資本金規制が緩やかなものとされている。もっとも、相応の行為規制が適用される点には留意が必要である。
　現状、株式型についてはコストとベネフィットのバランスがとれず、ほとんどがファンド型とされているが、そのファンド型についてもメリットが小さいため、普及が進んでいないといわれている。

(2) 上限金利等の規制の影響

　外国では、実質年率が30％以上に設定された融資案件が収益の柱となっているケースも見受けられる。
　しかし、日本には利息制限法および出資法上の上限金利規制が存在し、貸付金額に応じて貸付利息が15％から20％に制限されており、それ以上の金利を設定した融資はこれらの法律に違反するものとして行政処分や刑事罰の対象となる。そのため、海外で採用されているような高利率のビジネスモデルを採用することはできない。
　また、少額短期融資のようなビジネスモデルを採用する場合においても、実質年率ベースで計算した場合に上限金利規制に抵触しないかについて留意が必要となる。
　さらに、貸付先が個人となる場合には、貸金業法上のいわゆる総量規制にも配慮が必要となる。
　これらについては、後記Ⅳ章1〔3〕を参照されたい。

(3) トランザクションレンディングと近時の銀行法改正について

　Ⅳ章1〔1〕(2)ｂ．のとおり、改正銀行法は、「情報通信技術その他の技術を活用した当該銀行の営む銀行業の高度化若しくは当該銀行の利用者の利便の向上に資する業務又はこれに資すると見込まれる業務を営む会社」（以下

「新類型会社」という）を子会社対象会社の類型に追加し（改正銀行法16条の3第1項12号の3、52条の23第1項11号の3）、銀行・銀行持株会社が認可を受けることを条件に、いわゆる5％ルール・15％ルールに縛られない新類型会社への出資を可能としている。

　金融グループWGでは、ECモール（電子商取引市場）運営会社への出資等を行い、ECモール出店者の商流に関する情報を融資審査に活用することなどが想定されていた（金融グループWG報告12頁、湯山ほか26頁（注8））。これは、トランザクションレンディングを想定したものであり、そのようなECモール運営会社への出資がどのような場合に認可されることになるのかが注目される。

2 決済・送金

 決済は、「代金決済」「国内為替取引（国内送金）」「海外送金」に分類される。さらに、クレジットカード決済情報を利用したマーケティング手法として、「Card Linked Offer」（CLO）も浸透してきている。
 以下では、まず代金決済について述べ（〔1〕）、次に、それに関連するペイロールカードとCLOについて記載する（〔2〕および〔3〕）。そして、最後に、送金（国内為替取引と海外送金）について述べる（〔4〕）。

〔1〕 代金決済（前払い、即時払い、後払い）

(1) ビジネスの視点から

 代金決済とは、モノやサービスの購入時における資金のやり取りを指すが、さらに細かく分類すると、実際に資金を支払うタイミングによって「前払い」「即時払い」「後払い」の三つに分類される。

a．前払い

 「前払い」とは、事前に代金を支払っておき、モノやサービスの購入時に前払いしてある代金から支払う方法である。具体的なサービスとして、過去にはテレフォンカードやパスネット等のプリペイドカードや、百貨店等の商品券が主流であった。現在は、各種の「電子マネー」が主流となっている。
 日本国内の「電子マネー」は、Felicaというソニー等が開発した技術がベースとされており、初めて展開されたサービスは「Edy（現在は楽天

Edy）」で、開始されたのは2001年11月となっている。また同時期に、JR東日本が「Suica」をIC乗車券としてサービスを正式に開始し、2004年3月よりショッピングサービスを開始している。さらに、2007年に「PASMO」や「nanaco」「WAON」といった交通系・流通系の新たな電子マネーのサービスが開始されたこともあり、使用可能な駅や店舗が大きく拡大し普及が進んだ。さらに、ECやオンラインゲーム内の課金時といったインターネット上の商取引においても、電子マネーは広く浸透している。図表3-4に示した日本銀行が発表している電子マネー計数（件数、金額）を確認すると、2008年時点で10億5,300万件、7,581億円であったが、2015年時点で46億7,800万件、4兆6,443億円と、件数ベースで4倍強、金額ベースで6倍強拡大して

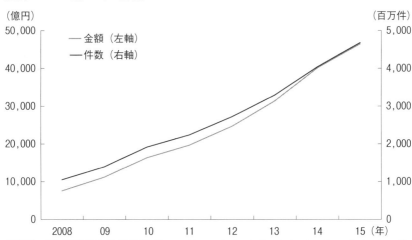

図表3-4　電子マネー計数

（出所）「決済動向」日本銀行（https://www.boj.or.jp/statistics/set/kess/index.htm/）に掲載されている「公表データ」のうち「電子マネー」に関するものを使用して筆者作成＊

　　＊プリペイド方式のうちIC型の電子マネーが対象。本調査は、調査対象先8社（具体的には、専業系：楽天Edy株式会社〈楽天Edy〉、鉄道会社などが発行する交通系：九州旅客鉄道株式会社〈SUGOCA〉、西日本旅客鉄道株式会社〈ICOCA〉、株式会社パスモ〈PASMO〉、東日本旅客鉄道株式会社〈Suica〉、北海道旅客鉄道株式会社〈Kitaca〉、小売流通企業が発行する流通系：イオン株式会社〈WAON〉、株式会社セブン・カードサービス〈nanaco〉）から提供されたデータを集計したもの。交通系については、乗車や乗車券購入に利用されたものは含めていない。

おり、電子マネーの広がりを確認することができる。一方で、1件当りの金額は2008年時点で720円であったものが、2014年で994円、2015年で993円と1,000円弱のレンジで安定してきたといえる。

　このように普及が進んでいる電子マネーであるが、課題も抱えている。一つ目は、複数の電子マネーが存在する一方、電子マネー間での資金移動は制限されており、利用する店舗やシーンによって使い分ける必要がある点である。電子マネーは特定企業が発行しているため、自社店舗では競合他社の電子マネーは利用できないケースもあり、ユーザーの利便性は二の次となっている点には注意が必要である。二つ目は、電子マネーに紐づいた情報の取扱いである。2013年に「Suica」を発行するJR東日本が、「Suica」の乗降履歴データを日立製作所に販売した際に、利用者からプライバシーに反する等の強い反発の動きが起きた。データ自体は個人を特定することができないように加工されたものであったが、データの取扱いに関して利用者への十分な説明がされておらず、また問題発生時の対応も不十分であったことから反発につながった。改正個人情報保護法の施行後は、電子マネーに紐づいた情報を匿名加工情報として活用する際に、同法上の匿名加工情報の取扱いに関する諸規定を遵守する必要がある。詳細については、後記Ⅴ章4〔4〕を参照されたい。

b．即時払い

　「即時払い」とは、モノやサービスの購入時にその場で資金が決済される支払方法である。その具体例が現金での支払と「デビットカード」である。

　「デビットカード」とは、決済時にカードに登録した銀行口座に決済端末を通じてアクセスし、銀行口座から代金を直接引き落とすサービスである。しかしながら、この「デビットカード」は、日本では「J-Debit」と呼ばれるサービスが2000年より提供されているが、現金払いを選ぶ比率が他国と比較しても高いといわれているため、加盟店数および利用者の面からも十分には普及していない。一方、海外では、VISAやMaster Cardといった国際ブランドのイシュアーが提供するデビットカードサービスが広く浸透している。日本においても、三菱東京UFJ銀行やりそな銀行、地方銀行がVISAと

連携して、銀行キャッシュカードにVISAデビットカード機能をつけたカードの発行を始めている。

さらに海外ではデビットカードを用いてレジで銀行口座から現金を引き出す「キャッシュアウト」というサービスも利用されている。また海外でデビットカードが普及してきた理由として、2008年の金融危機後の企業のリストラの影響で、クレジットカード利用ができなくなった人が増えたことも挙げられている。デビットカードは、即時決済であるためカード発行会社に与信リスクが発生しないことから、事前審査が不要である点も普及を後押ししたと考えられる。

日本における今後の課題として、デビットカード対応端末の整備が挙げられる。2014年6月に政府が発表した「日本再興戦略改訂2014」において、「2020年東京オリンピック・パラリンピックの開催等を踏まえ、キャッシュレス決済の普及による決済の利便性・効率性向上を図る」と記載されている。また続く2014年12月に「キャッシュレス化に向けた方策」が政府から出され、そのなかに訪日外国人向けの利便性向上について記載されている。訪日外国人のなかにはデビットカード利用者も多く存在すると考えられ、彼らのニーズに対応するためにもデビットカード対応端末の整備が求められている。

c. 後払い

「後払い」とは、購入時には資金を支払わずに、後日支払う方法である。代表的な例として、「口座振替」と「クレジットカード」という方法がある。

(a) 口座振替

「口座振替」とは、サービス利用者がサービス提供者に対して、あらかじめサービス利用代金は所定日に利用者が指定した銀行口座から引き落とし、提供者の銀行口座に振り込む仕組みである。サービス利用時に利用代金を決済せず、所定日にまとめて支払うことになるため、「後払い」の決済手段として分類している。「口座振替」が利用される具体的なシーンとして、クレジットカードや電気・ガス、携帯電話といった恒常的に利用するサービスの利用代金や、税金や社会保険料といった支払期日があらかじめ定められている支払がある。

(b) クレジットカード

「クレジットカード」は、前述の「プリペイドカード」や「デビットカード」と比較して、事前にカード発行会社であるイシュアーによる審査が必要な点が大きな特徴である。

クレジットカード取引の流れは図表3-5のとおりである。

国際ブランドを頂点に、まず「イシュアー（カード発行会社）」「アクワイアラー（加盟店管理会社）」に分かれる。そして「イシュアー」の先に「カード会員」、「アクワイアラー」の先に「加盟店」がいる。また「国際ブランド」―「イシュアー」―「アクワイアラー」―「加盟店」をつなぐネットワークを構築し、ネットワークを利用するための専用端末を開発販売している企業がいる。「イシュアー」がカード会員を集め、申込者の収入や信用情報をもとに審査を行い、信用度に応じて与信枠が設定されたクレジットカードを発行する。一方、「アクワイアラー」が加盟店の確保と管理をしている。「アクワイアラー」は、飲食店や小売店といった加盟店（またはその代理店）の開拓をし、加盟の申込みがあった場合は審査を実施する。審査に通過した加盟店は、ネットワークへ加入し利用するために専用端末を購入する。カード会員が加盟店でクレジットカードを利用したいと申し出て、加盟店は

図表3-5　クレジットカード取引の流れ

専用端末を用いてネットワークを介してカード会社へ通信し、当該カードが有効か、また決済可能か等を確認し、当該取引を決済する。そして一定期日ごとに、カード会員には利用金額の引落しの連絡が、加盟店にはクレジットカード決済代金の入金がされる。

　以上がクレジットカード取引の一般的な流れであるが、カード会員および加盟店にとっていくつかの課題があるとされている。まずカード会員の課題の一つ目は、そもそもカード会員になれない層もいることである。信用情報に問題がある層と、従来までカード会員であったが定年退職等により収入が減少してカードをもてなくなった層がいるといわれている。二つ目は、加盟店の情報セキュリティ態勢に不安を覚えていることである。加盟店のなかには、中小規模の商店やEC事業者も多く、十分な情報管理態勢が整っていないケースもみられるため、クレジットカード決済を控えるカード会員もみられる。

　加盟店にとっての課題の一つ目は、小規模商店等はカード会社の審査基準に達せず加盟店となれない点。二つ目は、加盟店となれた場合でも、小規模商店にとって導入コスト（端末購入代金）およびランニングコスト負担（カード会社への支払手数料）が大きい点である。三つ目は、カード会社から加盟店への入金は1カ月程度ごとであり、加盟店にとって資金繰り負担が発生する点である。読者のみなさんも、小規模商店が加盟店になっておらずクレジットカードが利用できない、また導入されていても小規模商店側が顧客に現金払いを依頼する、という経験があるのではないだろうか。

d．その他のFintechを活用した代金決済サービス
　　──オンライン決済、モバイル決済、NFC決済

　クレジットカード取引における上記 c .(b)に記載の課題を解決するために誕生したFintechを活用したサービスとして、1998年に創業した米国PayPalによる「オンライン決済」サービスがある。サービスの仕組みは、ユーザー（法人、個人とも含む）がPayPal内に口座をつくり、PayPal内の互いの口座を通じて、資金のやり取りやクレジットカードでの送金をするものである。この仕組みであればPayPalが資金授受を仲介するため、ユーザー同士でクレ

ジットカード番号や口座番号を伝えずに決済が可能となった。この仕組みにより、カード会員および加盟店双方の利便性が高まった結果、世界中でユーザーを獲得しており、PayPalホームページによると、総アカウント数は2億2,000万に達し、さらに増加中である。

　もう一つのFintechを活用したサービスとして、2009年に設立された米国Squareによる「モバイル決済」サービスがある。Squareは、スマートフォンやタブレット端末のイヤフォンジャックに差し込んで使用するクレジットカード決済端末の発売と、レジアプリの提供をしている。この端末は1,000円程度で購入可能で、かつカード会社への支払手数料も3.25%程度と、従来の手数料率と比較して低くなっている。また加盟店審査の仕組みを事前審査ではなく途上審査とし、さらに加盟店への入金サイクルを速めることで、小規模加盟店でも導入しやすい仕組みとなっている。このSquareによるサービス開始以降、他企業も同様のサービス提供を開始しており、日本国内においても、2012年にCoineyと楽天が、2013年にPayPalが参入した。しかしながら、「端末価格」「手数料率」「途上審査」「入金サイクル」による差異化が困難となり、PayPalは2016年1月にサービス提供を停止している。

　またAppleやGoogle、Samsungといったスマートフォンやos開発をしている企業が、「Apple Pay」「Android Pay」「Samsung Pay」といったNFC決済サービスの展開を進めている。NFCとはNear Field Communicationの略であるが、手元のスマートフォンにクレジットカード情報を登録し、小売店の店頭でスマートフォンをかざすだけで決済が完了する仕組みとなっている。特徴的なのが、トークナイゼーションという技術により、カード支払用に生成したデータを用いて決済をするため、スマートフォン内に登録されたクレジットカード情報を小売店にも提供しない点である。また「Apple Pay」では、サービス提供者であるAppleも、取引情報を保存しないと公表しており、利用者にとって個人情報を収集・漏えいされるのでは、という不安を払拭する取組みもみられる。

(2) 法務の視点から

前払いである電子マネーの発行については、資金決済法に定められる「前払式支払手段」に係る各種規制を検討する必要がある。詳細については、後記Ⅳ章1〔2〕(2)を参照されたい。

即時払いであるデビットカードによる支払は、支払者の銀行預金口座から加盟店への送金の指図と整理されている。キャッシュアウトサービスについては、銀行法令上、「預金の払出し」の外部委託と整理することの可能性の指摘とともに、ATMと違って、人の手を介して現金の交付がなされることを踏まえた体制整備が必要である（決済高度化WG報告12頁）。

後払いであるクレジットカード取引については、割賦販売法に定められる、包括信用購入あっせん、クレジットカード番号等の管理、および（改正割賦販売法施行後は）クレジットカード番号等取扱契約締結事業に係る各種規制を検討する必要がある。詳細は、後記Ⅳ章1〔5〕を参照されたい。なお、口座振替については、①料金等の支払を口座振替によって行う旨の収納企業と債務者である預金者の間の契約、②料金等の支払を委託する預金者と振替金融機関の間の契約、③収納企業と振替金融機関の間の料金等の収納事務を委託する契約の三面契約によって行われると考えられるが、資金の移動を伴うことから、後記Ⅳ章1〔2〕(3) b .(c)の収納代行・代金引換等と同様に、為替取引に該当する可能性に留意する必要がある。

〔2〕 ペイロールカード

(1) ビジネスの視点から

ペイロールカードとは、プリペイドカードの一つで「給与支払用のプリペイドカード」である。雇用主が従業員へ給与を支払う新たな手段として、米国を中心に広まってきている。

雇用主から従業員への給与支払方法は、日本では銀行振込が一般的であ

る。一方、米国では、銀行口座を保有していない従業員もいるため、これまで彼らには給与支払のために小切手を渡す方法がとられていた。しかしながら、小切手による支払は、雇用主にとっては小切手発行代がかかり、従業員には現金への交換の手間や、現金を保管しなければならないためセキュリティ面に不安がある、といった課題がある。これらの課題に対して、ペイロールカードによる給与支払は、雇用主と従業員双方にメリットがある手段として、小切手で支払う方法を代替してきている。特に、VisaやMaster Cardといった国際ブランドが発行するペイロールカードは、同ブランドのクレジットカードが使用できる店舗では、クレジットカード同様にカードでの支払が可能で、現金で支払をする必要はない。さらに現金が必要なときはATMで引き出すこともできる。「ペイロールカードによる給与支払」と「小切手による給与支払」の特徴を比較すると、図表3-6のようになる。既に米国では、ウォルマートやマクドナルドといった大企業でも導入されている。さらにペイロールカードの仕組みは公共分野の場面でも利用されており、政府による各種給付金の支払に用いられている（Touryalai・ウェブ記事）。

日本においても、2015年9月に、民間企業から厚生労働省に対して、ペイロールカードによる給与支払を認めるよう規制緩和検討の要望が出される等、ペイロールカード導入の動きがみられる一方で、導入がスムーズにいか

図表3-6　ペイロールカードと小切手それぞれによる給与支払の特徴

	ペイロールカード支払	小切手支払
雇用主	・支払手数料、支払事務コストが相対的に安い	・小切手発行代、支払事務コストが相対的に高い
労働者	・街中にあるATMで現金の引出しが可能 ・盗難等の紛失時に補償制度がある ・国際ブランドの加盟店舗やオンラインショッピングで利用が可能	・銀行で現金に交換する時間と手数料が発生 ・盗難等の紛失時に補償されない

ない事例も出ている。2014年12月に大阪市は、三井住友カードと富士通総研と提携し、前年に成立した生活保護法改正を踏まえて、生活保護受給者の生計状況の適切な把握を目的に、生活保護費の支給において、全国で初めてプリペイドカード方式をモデル的に実施すると発表した（大阪市・報道発表資料）。この方式によるメリットとして、利用者は利用明細を活用することで家計管理が可能、実施機関（区保健福祉センター）においては必要に応じて金銭管理支援を行うことが可能といった点が挙げられていた。しかし2016年4月、大阪市はペイロールカードによる支払希望者は65世帯にとどまっており、「利用者数の低迷」を理由に同モデル事業を本格実施することを取りやめたと報道されている。同報道によると、生活保護受給者から「カードを使えるような店には行かない」「生活を監視される」といった反発があったとされている（毎日新聞・プリペイド制記事）。この事例から、今後の普及に向けた課題として、利用可能店舗の拡大と周知、個人情報の取扱方法が挙げられる。

(2) 法務の視点から

日本においては、労働基準法24条1項本文により、原則として賃金は通貨（貨幣）で支払わなければならず、通貨以外のものによるいわゆる現物給与は禁止されている。銀行その他の金融機関に対する労働者の預貯金口座への振込みまたは証券会社の所定の要件を満たした証券口座への払込みは例外的に許容されており（同法施行規則7条の2第1項）、このほか、法令または労働協約に別段の定めがある場合にも、通貨以外のものによる支払が認められる（同法24条1項ただし書）。しかし、法令にはペイロールカードによる給与支払を許容する別段の定めはないので、法令が改正されるか、または労働協約に別段の定めを置かない限り、当該給与支払を行うことはできない。この点について、法令改正の必要性を指摘する声もある。

賃金と同様に、生活保護法31条1項本文により生活扶助は金銭給付が原則であり、同項ただし書により、現物給付は「これによることができないとき、これによることが適当でないとき、その他保護の目的を達するために必

要があるとき」に例外的に許容される。もっとも、大阪市の上記モデル事業はこれらの場合に該当せず、またそもそもプリペイドカード自体は現物給付（同法6条5項）ではなく、当該モデル事業は同法31条1項に反していた可能性がある。さらに、実施機関による金銭管理支援については、生活保護受給者のプライバシー権等（憲法13条）の侵害となる問題点も指摘されていた（日弁連会長声明）。

〔3〕 CLO

(1) ビジネスの視点から

　クレジットカード決済が広がるなかで、クレジットカード決済のデータを使用した新しいサービスが次々と生まれており、なかでもCLOというマーケティング手法が注目を集めている。CLOとは、「Card Linked Offer」の略で、クレジットカードを活用した新たなマーケティング手法である。

　具体的には、クレジットカード会員の属性情報や購買履歴、位置情報を活用して特定の商品やサービスの購入可能性が高い会員を選定し、ポイント付与やキャッシュバック等の特典情報をターゲティングした会員へ配信し、会員による当該商品・サービスのカードでの購入を促すものである。図表3－7のように、クレジットカード会員、加盟店、カード会社のそれぞれに

図表3－7　CLOを利用するインセンティブ

カード会員	従来までのクーポンの印刷提示もしくはスマートフォンでのクーポン画面提示といった手間がなく、クレジットカードで購入するだけで優遇を受けることが可能
加盟店	新たな機器等の導入は必要なく、特典の原資の負担のみで購入可能性が高い顧客へアプローチが可能であり、自社の商品・サービスの売上増加が見込まれる
カード発行会社	会員のクレジットカード利用率向上および加盟店の売上増加に伴う手数料、また加盟店から集客に関する手数料の増加が見込まれる

CLOを利用するインセンティブがあるとされ、新たなマーケティング手法として浸透してきている。

既に米国では、国際ブランド兼カード発行会社（イシュアー）でもあるAmerican Expressや、CLO分野のベンチャー企業であるCardlytics、PFMサービス提供企業であるMX Technologiesといった企業がCLOサービスを提供している。American Expressは自社のカード会員と加盟店を対象に実施しており、特にカード会員のSNSアカウントとカード情報を連携させている点に特徴がある。Cardlyticsは、1,500以上の金融機関と提携し1億2,000万以上の銀行口座を対象にサービスを展開している。そしてMX Technologiesは、自社が展開するPFMサービス「MONEY DESKTOP」内にCLOサービスを展開している。

日本でも一部ではあるが、CLOサービスの提供が始まっている。2013年6月、カード発行会社であるクレディセゾンは、CLO分野のベンチャー企業カンムと自社のインターネット会員に向けて「セゾンCard Linked Offer」としてCLOサービスを開始し、2014年7月から、スマートフォンアプリの提供を開始しCLOサービスを拡充している。2014年7月に野村総合研究所（NRI）とセディナ社が、2014年10月にJCBがCLOサービスの実証実験を開始している。また2015年10月に大日本印刷と日本ユニシスが地方スーパーのイズミと共同で、国内初のCLOサービスを活用したキャンペーン手法を試行している（以上については、池谷・ウェブ記事、野村総研・ニュースリリース、JCB・ニュースリリース、大日本印刷・ニュースリリースを参考にした）。今後は、米国のようにPFMサービスと連携させたCLOサービスが展開されていくことが予想される。

(2) 法務の視点から

CLOは、個人の属性情報や購買履歴、位置情報を活用してサービスを提供しようとするサービスである。そのため、個人情報保護法に関するいくつかの論点を考慮する必要があり、また、その他関連する法的な留意点についても検討が必要となる。改正個人情報保護法の詳細はⅤ章4を参照されたい

が、ここでは、特にCLOとの関係性が深い点を記載し、また、その他関連する法的な留意点についても触れる。

そのような法的検討にあたって、次のような視点も重要である。

クレジットカードに関するビッグデータの利活用について、この分野の技術やプレイヤーの変化は速い。そのなかで、個人情報活用にあたっては、同意の取得により、あるいは個人情報に当たらないように統計的な加工をすることにより、その活用や提供を進め、現行の制度のもとでもできることがあれば、特にスピーディーに実施に移すことが期待されている。

また、プライバシーの確保や、データの利活用を求めない主体への配慮が必要であることを考慮しつつ、同意の取得や約款の確認等による、消費者等への負担を減らしうる仕組みづくりが求められる（そこでは、業界団体の取組み、個社の規約の新設・変更だけでなく、個別のアプリの操作に伴う負担感を減らすための仕組みづくりも含まれる）。

a．個人情報の利用目的の変更

以上のような背景のなかでは、事業環境の変化に即応できるよう、利用目的の変更も、迅速に、かつ利用者の負担感が少ないかたちで実施できることが望ましい。

この点について、個人情報保護法は、事業者は、個人情報の利用の目的をできる限り特定し、利用目的を変更する場合には変更前の利用目的と相当の関連性を有すると合理的に認められる範囲を超えてはならない（同法15条1項）としている。しかし、2015年の個人情報保護法改正により、利用目的変更の要件として、「相当の関連性を有する」という点が「関連性を有する」へと改正され、変更が許容されうる場合が広がる点が重要である。

利用目的に関連して、クレジットカードを含めた信用情報（支払能力に関する情報）については、割賦販売法による指定信用情報機関または経済産業大臣の承認を得た業務を提供する者が取り扱うこととされており、割賦販売法において消費者の同意を得ずにクレジットカード会社が支払能力調査以外の目的のために使用することを禁止している。したがって、そのような情報は、現在の制度下では、CLOにおいて使用できないことになるので、その

点にも留意が必要である。

　ただし、他方で、指定信用情報機関が、データの利活用について一定の役割を果たすような仕組みづくりも期待されており、今後の動向を注視する必要がある。

ｂ．個人情報の第三者提供について

　クレジットカード産業側からみた場合にも、送客ビジネスの進展、小口融資、加盟店企業に対するコンサルティング機能の提供など、ビッグデータやFintech事業者のサービスをうまく活用していくことがきわめて重要となっている。

　データのCLOは、現時点では、クレジットカード会社が、自らが現に保有している情報のみに基づいて行うマーケティングが基本となっているが、今後は、データを小売事業者と共有することを通じて、提携する小売事業者やメーカーが保有する商品データなどの情報も総合的に活用し、品揃え・チャネル選択等マーケティング戦略全般への活用が想定される。

　その意味で、クレジットカードの情報も、信用分野以外の情報と組み合わせて使われることが想定されるが、そのような情報の組合せをするために、個人データの第三者提供を行うことが必要となる場合がある（信用分野については、本稿執筆時点（2016年12月1日。以下このⅢ章において同じ）におけるガイドライン上、オプト・アウトを利用しないこととされている）。そのためには、個人情報保護法上、原則として本人の同意の取得が必要となることに留意する必要がある。そして、本稿執筆時点において個人情報保護法のもとでの経済産業分野のガイドラインにおいては、口頭やメール受信によって当該同意を取得することが認められているが、割賦販売法の適用事業者等に関連する信用分野や金融分野のガイドラインにおいては、書面による同意取得が必要であり（ただし、電磁的記録等による場合も許容されうる）、要件に差異が生じている。

　このような点について、上記ａ．の点とも共通するが、個人情報の利用目的の変更や追加などを行う際に個人の同意を取得する方法や、利用目的との関係で個人のあらためての同意を得ずとも利用が許容される範囲について、

金融分野やその他の分野との平仄も踏まえ、法令・ガイドライン等において第三者提供に関して整備されることが期待される。

　また、信用分野の情報のなかには、その他の分野の企業が保有する流通データと変わらないものも含まれており、信用分野に含まれる情報の範囲の明確化の余地がないかについても、今後検討が進められることが期待されている。

c．匿名加工情報について

　CLOを行う場合には、個人情報・（割賦販売法における）信用情報の範囲や、匿名加工情報（ビッグデータを想定して2015年の個人情報保護法改正によって新設された概念であり、その第三者提供が個人情報の第三者提供の場合よりも緩やかに認められる）についても考慮が必要である。改正個人情報保護法施行令、個人情報保護委員会規則および事業分野ごとのガイドラインないしそれに代替するルールが関係することになる。

　クレジットカードのビッグデータの利活用を進めるにあたり、個人情報保護法以外にも、プライバシー権への配慮が必要になり、情報の利用権・収益の帰属についての考え方の整理が必要になる可能性もある。それらに関する議論についてはV章4を参照されたい。

〔4〕 送　　金

(1)　ビジネスの視点から

　送金サービスとは、送金依頼者が金融機関に対し自身の口座から資金を引き落とし受領者の銀行口座へ送金するよう依頼し、依頼を受けた金融機関が送金先の金融機関へ資金を送付し、送金先の金融機関が受領者の口座へ入金する仕組みである。そして、送金依頼者と受領者の口座がともに同じ国内である場合を「振込み（国内送金）」、送金依頼者と受領者の口座のいずれかの所在が海外にある場合を「海外送金」とされる。

　この「振込み（国内送金）」と「海外送金」サービスには、二つの課題が

存在する。

　一つ目の課題は、利用者が限定されている点である。「振込み（国内送金）」「海外送金」とも既存の金融機関が構築したネットワークを利用して行うため、銀行口座を保有していることを前提としたサービスである。そのため先進国でも低所得者層や国内で金融機関サービスが行き渡っていない途上国の一部においては、「振込み（国内送金）」「海外送金」サービスを利用できない層が存在する。

　二つ目の課題は、「海外送金」サービスには多額の手数料が発生する点である。「海外送金」で発生する手数料は大きく二つあり、為替両替手数料と送金手数料である。まず為替両替手数料であるが、「振込み（国内送金）」で使用される通貨種類は基本的に同国内の通貨となり発生はしない。しかし「海外送金」の場合は、送金依頼者と受領者が使用する通貨が異なる場合が多く、「日本円→米ドル」といった両替が必要となり手数料が発生する。また送金手数料も、日本国内における「振込み（国内送金）」であれば多くても数百円で済むが、日本から米国への「海外送金」では送金手数料に数千円かかることも珍しくない。

　これら課題を解消するために誕生した、Fintechを活用したサービスが「モバイル送金」と「C2C海外送金」「仮想通貨を利用した海外送金」である。

　「モバイル送金」とは、銀行口座ではなく携帯電話のアカウントを用いた少額送金サービスである。GSMアソシエーションの「State of the Industry 2014 Mobile Financial Services for the Unbanked」によると、途上国で銀行口座を保有していない人は25億人いるといわれている。しかしながら銀行口座を保有していなくとも、1億人以上の人は携帯電話を保有している。そして、世界89カ国で255の「モバイル送金」サービスが提供されている（GSMA・ウェブ記事）。このサービスの仕組みを、図表3-8にまとめた。まず、送金依頼者が携帯通信会社の営業所やその代理店へ赴き送金代金と手数料を支払う。そして、受領者へSMSを送信する。受領者は最寄りの携帯通信会社の営業所等で送金者から送られてきたSMSを提示すると、資金を受領することができる。このサービスとして有名なのが、Vodafone系列の携

図表 3-8 モバイル送金サービスの仕組み

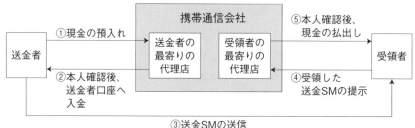

帯通信会社サファリコムがケニアで提供する「エムペサ」である。「エムペサ」は2007年のサービス開始以来、アフリカの他地域だけでなく欧州にも広がっている（上田・日本経済新聞記事、Readwrite.jp・ウェブ記事）。この「モバイル送金」は、日本においても、2009年に携帯通信会社であるドコモがみずほ銀行を所属銀行とした「銀行代理業」の許可を取得して、「ドコモケータイ送金」を開始している。さらに2014年には、LINEアプリを運営するLINEが、モバイル送金サービスとして「LINE PAY」の提供を開始している。

「C2C海外送金」とは、海外送金利用者をマッチングすることで、海外送金を国内送金に代替し、低コストで海外送金を実現するサービスである。「米国へ海外送金したい日本在住のAさん」と「日本へ海外送金したい米国在住のCさん」の2人がいたとするケースで図表3-9と図表3-10に既存の海外送金サービスとC2C海外送金サービスの概要をまとめた。

通常の海外送金であれば、AさんとCさんはそれぞれで海外送金を実施していた。しかし「C2C海外送金」の仕組みを用いて、AさんとCさんのニーズをマッチングさせると、この二つの海外送金取引を、「日本在住のAさんが、Dさんの日本の口座に送金」「米国在住のCさんが、Bさんの米国の口座に送金」に組み替えることが可能となる。その結果、通貨の両替が不要となり、また仲介する金融機関数が少なくなることで、為替両替手数料と送金手数料の削減が進み、低コストでの海外送金が実現される。このサービスを提供している有名な企業として、2010年に英国で創業した「TransferWise」がある（土橋・ウェブ記事が参考になる）。現在は、類似サービスを提供する

図表3-9　C2C海外送金サービスの概要①

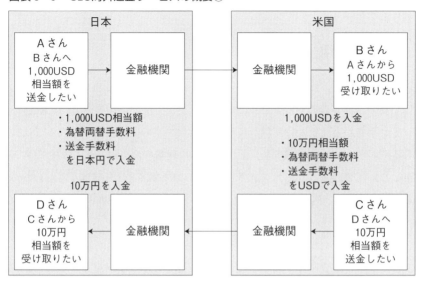

図表3-10　C2C海外送金サービスの概要②

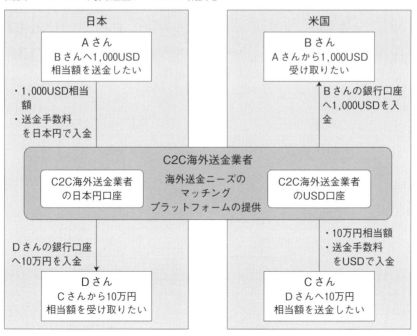

企業も多く誕生しており、今後は利用者を囲い込むための競争が激しくなることが予想される。

(2) 法務の視点から

　日本において、銀行以外の者が送金サービスを提供する場合には、原則として資金移動業者の登録が必要となる（資金決済法2条2項）。一方、銀行から送金業務の委託を受ける場合には、銀行代理業の許可が必要となることがある（銀行法52条の36第1項）。また、銀行代理業の許可は不要な場合でも、銀行の外部委託先として、委託された業務の的確な遂行を確保するための措置を講じることが必要となることがある（銀行法12条の2第2項、同法施行規則13条の6の8参照）。

　資金移動業者については、①送金額の上限が100万円相当額に限定されること、②一定の資産保全義務が課されることなどの規制が存在することに留意が必要である。詳細については、Ⅳ章1〔2〕(3)（特にb.(b)およびd.）を参照されたい。

　銀行代理業者または銀行の外部委託先については、その営む銀行代理業または委託された業務に関し、一定の態勢整備義務等が課されることに留意が必要である。詳細については、Ⅳ章1〔1〕(3)～(5)を参照されたい。

3 資産運用

〔1〕 ビジネスの視点から

　資産運用とは、利用者がもつ資金や不動産といった資産を殖やしていくことを目的に、預金や投資をすることである。日々の新聞やニュースでも、株価の値動きやNISA制度、年金問題といった資産運用に関する話題がよく取り上げられているので関心をもっている人は多いだろう。しかしながら、実際に資産運用を真剣にされている人はどの程度いるのだろうか。

　日本政府は、2000年前後から「貯蓄から投資へ」と唱え、金融機関もそれに沿うかたちで運用商品の販売を進めてきたが、依然として日本は他国と比較して資産運用に消極的である。日米欧の家計の金融資産に占めるリスク性資産（債券・投資信託・株式等）の比率を比較すると、日本15.1%、米国51.2%、ユーロエリア28.7%と、日本が最も低い水準にある*。この背景には、「日本人の安全性を重視する国民性」「中間層の金融リテラシーの不足」といった点があるといわれている。

＊出所：「資金循環の日米欧比較」日本銀行調査統計局　2016年12月22日（https://www.boj.or.jp/statistics/sj/sjhiq.pdf）2頁図表2

　そもそも適切な資産運用をするためには、利用者の年齢や収入、保有資産の金額や種類、運用目的、リスク選好度といったさまざまな条件に沿って、運用内容を決める必要がある。これらの利用者ごとに異なる情報を集め、その利用者に適した運用内容（ポートフォリオ）を提案するためには、非常にコストがかかる。そのため、金融機関が資産運用の提案活動をするターゲッ

トは、コストに見合う収益が期待できる、一定以上の金融資産を保有する層（いわゆる富裕層）が中心となっていた。その結果、中間層は資産運用に接する機会は限定的となり、金融リテラシーが向上しないという構造になってしまった。

　このような背景のもと、資産運用提案にかかるコストを削減し中間層にも資産運用サービスを利用してもらうために、Fintechを活用して生まれたサービスが、「ロボアドバイザー」である。

　「ロボアドバイザー」とは、「利用者の情報収集～適切な資産運用提案」という、これまで金融機関の担当者が担っていた業務を、AIを搭載したロボ（コンピュータ）に代替するサービスである。具体的には、利用者の年齢や保有資産や投資経験、リスク選好度といった10個程度の質問から、利用者のリスク許容度を判定し、その結果に応じて国内外のETFから適切なポートフォリオを提案してくれるサービスである。既に日本でも、お金のデザインが提供する「THEO」やみずほ銀行の「SMART FOLIO」などのサービスがある。また資産運用提案のアルゴリズム自体を、金融機関へ提供する企業も生まれている。

　これまで金融機関の担当者が担っていた業務をロボに代替し資産運用提案にかかるコストを削減し、10万円程度の金額から投資を始められる仕組みになっており、中間層を含めた広い層に資産運用が広がることが期待されている。

〔2〕 法務の視点から

(1) 投資助言業務と投資一任業務との関係

　有価証券の価値等やその価値等の分析に基づく投資判断に関するサービスは、投資助言業務または投資一任業務に該当する可能性がある。両者は、①投資判断の全部または一部の一任があるか否か、②投資権限の委任があるか否かにより区別され、これらがある場合は投資一任業務に該当することにな

る。

仮に、ロボアドバイザーのサービスが、

① 具体的な運用商品の銘柄の組合せなどのアドバイスを伴わないポートフォリオの提案（株式、債券、投資信託などの投資組入資産の種類に関するアドバイス）にとどまる場合は、有価証券の価値等やその価値等の分析に基づく投資判断を行っていないとして、投資助言や投資一任業務には該当しない可能性が高いと考えられる。

② 一方で、ポートフォリオに組み入れるべき具体的な運用商品の銘柄についてもアドバイスを行う場合は、投資助言業務に該当する可能性が高いと思われる。

③ また、アドバイスにとどまらず、取引の実行まで行う場合は、投資一任業務に該当するものと思われる。その場合でも、個々の取引実行の際に、顧客の確認が求められるなど、ロボアドバイザーに投資実行権限が与えられていないと評価できるような場合は、投資一任業務ではなく、投資助言業務に該当すると評価される場合もありうる。

Ⅳ章1〔4〕(2)a.に記載のとおり、投資助言業務に係る投資助言・代理業の登録と投資一任業務に係る投資運用業の登録では、その要件には差があるため、提供されるサービスがいずれに該当するのか、サービスの具体的な内容を精査したうえで慎重に検討する必要がある。

(2) 第一種金融商品取引業との関係

ロボアドバイザーのサービス提供者が自社において顧客の口座開設を行い、取引実行の過程で、顧客のために金融商品取引所（証券取引所）や他の証券会社に対して有価証券の発注を行う場合は、第一種金融商品取引業に該当する可能性がある。仮に該当した場合は、自己資本要件（金商法46条の6）などの厳しい要件の充足が求められる。金商法の適用に関してはⅣ章1〔4〕を参照されたい。

4 資産管理
(Personal Financial Management、PFM)

〔1〕 ビジネスの視点から

　これまでの資産管理は、各金融機関の通帳履歴やクレジットカードの利用明細、日々の買い物のレシートの記録を、紙の家計簿やExcelシート、PCの家計簿ソフトに個人で入力することが一般的であった。しかし、日々のやり取りを継続して記録していくことは、大変な労力で困難である。幼少時に、お小遣い帳をつけることに挑戦したが、三日坊主となってしまった方も多いのではないだろうか。

　スマートフォンの普及やデータ収集・保管コストの低減といった外部環境の変化もあり、資産管理におけるFintechを活用したサービスにPFMがある。これまで個人が自身で家計簿やExcelに記録していた日々の資金のやり取りを、自動的にアプリに記録・集計してくれるサービスである。

　PFMサービスの流れを図表3-11で示した。まずユーザーがスマートフォンにPFMアプリをダウンロードし、そのアプリに金融機関の口座番号や、クレジットカード番号、電子マネー番号等を登録する。次に、アプリ提供会社は、登録された情報を用いて、金融機関等の各社からユーザーの取引情報を収集し、ユーザーの資産や負債（次月のクレジットカードの支払代金等）を一元化し一覧可能にする。また、ユーザーは日々の資金のやり取りのうち、現金での支払分を直接入力もしくはレシートをスマートフォンカメラで撮影し、PFMアプリに記録するという流れとなっている。

　以上により、ユーザーは、月々の収支や資産状況の把握が可能となるこ

図表3-11　PFMサービスの流れ

PFMサービス

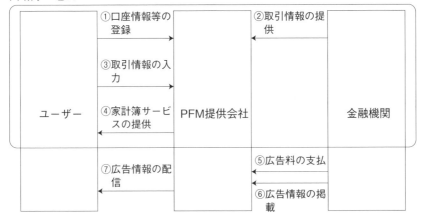

と、また他ユーザーの収支と自身の収支を比較することが可能となり、節約につながるとされている。

　PFMサービス提供会社にとっての収入源は二つに分けられる。一つはユーザーからのサービス利用料である。PFMサービス提供会社は基本的な家計簿サービスは無料で提供しているが、一部機能は有料で提供している。もう一つの収入源は、金融機関からの広告収入である。PFMサービス提供会社は、PFMアプリ上に金融サービスに関する広告記事を掲載し、金融機関から広告収入を得ている。

　このPFMサービスの特徴として、PFM提供会社が各金融機関から自動的に口座残高や取引情報を収集してくれる点にある。この特徴を支えているのが、アカウントアグリゲーション（account aggregation）と呼ばれる技術である。利用者からオンライン上に口座をもつ金融機関のウェブサイトにログインするためのIDとパスワードを預かり、ウェブスクレイピングというウェブサイトから情報を抽出する技術を用いて、複数の金融機関の口座情報や取引情報を収集・集計している。この技術自体は、さまざまなPFM提供会社で用いられているものであるが、利用者にとって自身のインターネットバンクのIDとパスワードをPFM提供会社へ預けることに抵抗を感じる点を指摘

する声もある。日本国内でPFMサービスを提供している、マネーフォワードのHP上に公開されているブログ（浅野・ウェブ記事）にも、不安を覚える利用者がいる点が指摘されている。

　また、今後のPFMサービスのさらなる普及のためには、金融機関によるAPIの公開化が鍵を握っているといわれている。APIの公開化自体については前述のとおりであるが、APIの公開化によりPFM提供会社は利用者からIDやパスワードを預かることなく、利用者の口座情報等を取得することが可能となる。既に、PFMサービスに限らず金融機関やSIer側でAPI公開化の動きがみられている。マネーフォワードは、2015年8月に、住信SBIネット銀行が提供する接続APIを用いた公式連携をすると発表。2015年10月に、みずほ銀行とLINEがLINEアプリを利用した口座情報の照会サービスを開始した。また2015年10月に、NTTデータが、同社が金融機関向けに提供している共同利用型の個人向けインターネットバンキングサービスに、Fintechサービスと接続するためのAPI連携サービスを提供すると発表し、2016年2月に静岡銀行に対して同サービスの提供を開始した。これらAPI公開化が進むことで、現在利用者が抱えている不安が払拭されるとともに、PFMサービス上から銀行振込や投資信託の購入が可能になる等、サービスの改善が図られ、PFMサービスのさらなる普及が見込まれる。

　現在のPFMサービスがここまで浸透した理由を整理するとともに、さらに一歩踏み込んで、今後のPFMサービスの展開を考えてみる。

　現在のPFMサービスがここまで浸透してきた理由として、ユーザーの抱える二つの大きな不満を改善したからである。一つ目の不満は、これまで金融機関ごとに金融資産の情報が分散されていて管理に手間がかかっていた点。二つ目は、日々の資金収支の記録に手間がかかっていた点である。この二つの不満を改善し、日々の資金移動や株式、投資信託といった金融資産を一覧可能としたことで、ユーザーの利便性が大きく向上し、多くのユーザーを獲得してきた。

　しかしながら、現在のPFMサービスで管理可能な資産は金融資産に限られており、それ以外の資産の管理はできていない。金融資産と並んで金額が

大きい不動産や自動車の資産価値を把握したいというニーズは大きいと考えられる。特に、不動産はⅡ章1〔1〕(8)b.で触れたように、RETechにより不動産情報の開示が進むことが見込まれており、Fintechとの融合が進んでいくと考えられる。このように今後は、金融資産のみならず個人資産全体へ適用が進んでいき、PFMサービスからPAMサービス（Personal Asset Management）へと、発展していくのではないだろうか。

　その一方で、二つの課題が考えられる。一つ目は、金融資産以外の資産は統一された価格算定方法が乏しい点である。不動産価格の算定方法にも、原価法、収益還元法、取引事例比較法といった方法があり、売買価格の算定や固定資産税額の算定といった目的に応じて、利用される算出方法は異なる。実際の不動産売買においても、複数の方法で価格を算出し、その後は相対（交渉）で売買価格が決定されている。そのためPFMサービスへ適用する際には、算出根拠を明確にするとともに、参考価格としての表示、もしくは価格レンジの表示といった方法が現実的と考えられる。二つ目の課題として、ユーザーが個人情報をどこまで開示してくれるか、という点である。この課題には二つの側面がある。一つ目は、情報セキュリティの面である。個人資産の情報を集約するほど利便性は高まるものの、それに伴い情報セキュリティに関する要求も高まることが考えられ、サービス提供会社も情報セキュリティの高度化のための投資が必要になるであろう。二つ目の側面は、日本人の気質である。日本人は昔からカネに関する話題を表立って行うことを避ける気質がある。そのため、個人資産をつまびらかにすることに抵抗を覚え、PFMサービスに登録するのは一部の資産のみという利用をする可能性も考えられる。この点については、ユーザーの声としっかり向き合い、あくまでユーザー視点でのサービス開発を進めることが求められるであろう。

〔2〕 法務の視点から

(1) アカウントアグリゲーションの技術に関連する問題点

アカウントアグリゲーションの技術については、利用者から金融機関のウェブサイトにログインするためのIDとパスワードを預かることに関するいくつかの論点がある。

刑事法の観点からは、不正アクセス禁止法に違反しないかが問題になりうるが、利用者の承諾を得てIDとパスワードを受領する行為は、不正アクセス禁止法2条4項1号において「不正アクセス行為」に当たらないこととされている。

また、民事法の観点からは、金融機関がIDやパスワードの第三者への譲渡や貸与を禁止する利用規約を制定しアクセスコントロールを図ろうとしているにもかかわらず、PFM事業者が金融機関の情報を取得することが不法行為に当たるのではないかが問題となりうる。PFM事業者は、ユーザーにアカウントアグリゲーションができるシステムを提供しているだけであり、ユーザー「自身」が金融機関から情報取得するというサービスであると整理し（利用規約もそのように定め）、金融機関のアクセスコントロールを侵害しないと整理している場合が多い。なお、金融機関へのアクセス集中により、金融機関のシステムに負荷がかかる場合や、PFM事業者による特定のIPアドレスからのアクセスが集中する場合には、サイバー攻撃を行っている者と区別がつかない場合があるといった問題が指摘されることもあり、PFM事業者側としては、一度にアクセスする口座を限定するなどの配慮を検討する必要がある。

金融制度ワーキング・グループ（以下「金融制度WG」という）においては、上記の点に加え、金融規制法の観点から、アカウントスクレイピング（一般に、ウェブページのHTMLデータを解析し、データの抽出や加工を施す方法により、必要なデータを収集する手法）を禁止すべきか、また禁止しないとし

ても銀行との契約の締結に基づいて行うことを必要とすべきかが議論されている。この議論を踏まえて法整備の動向にも注視が必要である。

(2) 個人情報保護、情報の利活用に関連する問題点

PFM事業者は、利用者のメールアドレス、金融機関の口座情報等さまざまな情報を取得することがあるが、その情報に個人情報保護法が適用されるかという問題がある。現行の個人情報保護法2条1項でも、個人情報には「他の情報と容易に照合することができ、それにより特定の個人を識別することができることとなるものを含む」とされているので、その情報だけでは「個人情報」に当たらないもの（たとえば、個人名などの情報を含まないメールアドレス）であったとしても、それと他の情報とを「容易に照合」し個人を識別できる場合は「個人情報」に該当することになるため、このような観点が重要となる。

また、PFM事業者においては、利用者の個人情報を匿名化して作成したビッグデータを活用したサービスを想定している場合が少なくない。そうすると、個人情報保護法上の匿名加工情報の処理などの点に留意し、利用規約・プライバシーポリシー等を含め、情報の利活用ができるようにするための規定や社内体制を整備することが必要になる。

現在は顕在化していない場合もあるが、将来的には、PFM事業者が複数の事業主体が保有する情報を収集し、それを用いた事業（たとえば、複数の金融機関の取引履歴も踏まえたコンサルティングやサジェスチョン（提案）サービス）を行う場合に、情報の利用権・収益の帰属についての考え方の整理が必要になる可能性もある。

以上の個人情報保護法やデータの利活用に関する議論については、Ⅴ章4を参照されたい。

なお、上記に加えて、金融制度WGにおいては、金融機関の口座情報等を取り扱うPFM事業者等を欧州のPSD2におけるAISP（「PSD2」「AISP」については、Ⅳ章のコラム「EUのPSD2」を参照）に相当する事業者ととらえ、PFM事業者等について登録制を導入することが検討されている。この議論

についても念頭に置きながら法整備の動向を注視する必要がある。

(3) セキュリティ

　PFM事業者は、利用者が複数の金融機関等を利用していることやその内容を示す情報を保有している。仮にその情報流出が生じた場合は、PFM事業だけでなく、ひいてはFintechに対する国民の信頼を失いかねない。この意味で、上記(2)の個人情報とそれ以外の情報を保護するためのセキュリティの体制をどのように構築すべきかが、非常に重要かつ核心的な問題となる。

　金融機関の情報システムとその安全性については、FISC（公益財団法人金融情報システムセンター）が、Fintechをテーマとした有識者検討会を開催している。今後、リスクベース・アプローチを含めた新たな安全対策の考え方をFISC安全対策基準に盛り込むことに加え、情報システムの安全性という意味でのFintech事業者その他の外部委託先の管理の考え方も再整理されることが予定されている。他方で、Fintech事業者側ではどのようなセキュリティ管理を行うべきであるのかという点も問題となり、一般社団法人全国銀行協会、FISCおよび一般社団法人FinTech協会において現在検討されている。

(4) API

　また、金融機関が提供するAPIを利用することにより、今後PFM事業者のアプリで個人認証を済ませるだけで金融機関の口座情報にアクセスできるようになり、金融機関の口座へのアクセスの利便性が促進されると想定されている。

　API公開に関しては、銀行がAPI公開により収益を得る場合の業務範囲規制との関係も問題となりうるという指摘もある。銀行の業務範囲は法令で規定された一定の業務に限定されるこの点との関連で、そもそもAPIを銀行や銀行の委託を受けたITベンダーが作成してこれをFintech事業者に提供し、Fintech事業者からその利用料金の支払を受けることが、銀行の業務範囲に含まれないのではないかと指摘されることもあるが、含まれると解釈される

ことが一般的である。

　また、外部委託先管理（セキュリティ対策を含む）をどのように考えるかという点も重要である。外部委託先管理についてはⅣ章1〔1〕(4)において述べるが、銀行APIの提供を受けたFintech事業者は銀行の外部委託先に該当せず外部委託先としての監督を受けない場合が多いと考えられる。

　また、銀行代理業についてはⅣ章1〔1〕(3)において述べるが、銀行代理業は、銀行の固有業務（為替取引、貸付け、預金の受入れ等）を内容とする契約の締結の代理・媒介を銀行のために行う営業である。本稿執筆時点では、Fintech事業者が銀行とレベニューシェアをした場合や、Fintech事業者が銀行側の口座開設や融資審査の補助として開設・融資申込書に自社が保有する情報を転記した場合などに、銀行代理業に該当する可能性があるため、銀行側のメリットも考慮したさまざまなビジネスモデルの構築が難しいという問題がある。また、銀行代理業者となった場合に兼業の承認を受ける必要があるなど、Fintech事業者にとって負担が大きいとの指摘もある。このため、金融制度WGにおいても、銀行代理業の解釈の明確化、見直しを一つのテーマとして議論されている。

　なお、銀行代理業の規制とは別に、金融制度WGにおいて、上記のとおりPFM事業者等に対して登録制の規制を課すべきではないかという点が議論されている。法整備に向けた検討が行われているが、金融機関およびFintech事業者の事業を促進するようなものとなることが望まれる。

　さらに、APIについての現時点でのビジネス上の重要なテーマは、API作成・共有・普及、およびAPIに起因または関連する利用者保護・トラブル等に係るコストを、金融機関・Fintech事業者・ITベンダーなどの関係者がどのように負担するかという点である。

　最後に、銀行が保有する情報を用いてFintech事業者がサービスを提供し、それによる収益が生じた場合に、その収益を誰にどのように分配するかという点である。そして、このようなビジネス上のテーマにも、金融機関の業務範囲規制や、セキュリティ対策を含む中間的業者規制の問題などの整理の結果が影響を及ぼす可能性がある。

(5) その他の問題

　PFM事業者が利用者に対して投資アドバイスや資産運用等のサービスを提供する場合には、金商法上の投資助言・代理業または投資運用業の登録を受けるべき場合があるが、金商法についてはⅣ章1〔4〕を参照されたい。

　また、たとえば、PFM事業者が、送金や貸付け等のサービスを提供する場合には、銀行法上の銀行業の免許、銀行代理業の許可、資金決済法上の資金移動業の登録、貸金業法上の貸金業の登録を受ける必要があるサービスかどうかを検討すべき場合がある。これらについては、Ⅳ章1〔1〕、〔2〕(3)および〔3〕(1)a .(b)を参照されたい。

5 会計・経理

〔1〕 ビジネスの視点から

　通常、企業（含む個人事業主）では、商品・サービスの販売や原材料の調達、従業員への給与支払等、さまざまな取引を行っており、それに伴い資金のやり取りが発生している。それら取引情報を記録・保存し、一定期間ごとに集計することで、自らの財務情報を把握し経営の意思決定に用いている。このように、会計・経理業務は企業の経営資源であるカネを管理するための重要な業務であることは間違いない。

　しかしながら、この会計・経理業務を実施すること自体が、企業にとって重荷になっていることも少なくない。特に、経営資源が限られている中小企業やベンチャー企業、個人事業主にとって、会計・経理専任の担当者を確保することは大きな負担となっている。また、会計・経理業務を行うための業務支援パッケージソフトを利用するためには、会計・経理に関する知識が必要であり、また税制改正等があった場合は、それにあわせてソフトをアップデートする必要があるなど、さまざまな労力を必要としていた。そして、企業内で処理しきれない仕訳業務や決算業務は、税理士や会計士に外注をして対応をしているのが実態であった。

　前記4で、個人の資産管理サービスとしてPFMについて触れたが、企業の会計・経理業務においても、Fintechを利用した業務効率化サービスが誕生している。この「会計・経理業務支援」サービスでは、PFMでも利用されているアカウントアグリケーションという技術を利用して当該企業の取引

情報を収集するとともに、それら取引情報を自動的に仕訳・集計をして、決算書や財務レポートの作成まで対応している。さらに、取引情報や仕訳情報に基づき、請求書や見積書の作成、売掛金や買掛金の管理・消込といった、付随業務も対応しているプランもある。加えて、これらサービスはクラウドベースで提供されていることから随時アップデートが可能である。そのため、細かい機能改善から税制改正への対応が即座に反映され、常に最新のサービスを利用することが可能となっている。これら「会計・経理業務支援」サービスとして、日本ではフリーが提供する「freee」や、マネーフォワードの「MFクラウド会計」の導入が進んでいる。特に「freee」は既に60万社（2016年5月時点）に導入されている。

〔2〕 法務の視点から

アカウントアグリゲーションの技術に関連する問題点およびAPI・セキュリティに関する問題点は、PFMについて前記4〔2〕において記載したとおりであるので、そちらを参照されたい。

個人情報保護、情報の利活用に関連する問題点については、PFMと異なり、会計・経理支援事業者が取得するのは中小企業・ベンチャー企業等の会社情報であるので、個人情報ではない情報が多い。しかし、これらの情報に個人情報が含まれないわけではなく、むしろ従業員の情報といった個人情報に該当するものが含まれる場合もあることに留意が必要である。そのため、前記4〔2〕のPFMの個人情報保護、情報の利活用に関連する法的な問題点・検討内容は、ここにも当てはまりうる。

会計・経理支援事業者特有の問題点としては、当該事業者が専門家のサービスを代替する部分があり、これら各専門家の類型ごとの業法の規制が問題となりうる。たとえば、Fintechサービスとして提供できる範囲の問題について、決算書類の作成業務は公認会計士法上の公認会計士や監査法人の独占業務ではないので、Fintechサービスの提供に関し、同法上の規制はないことになる。他方で、税理士法上、税務書類の作成および申告業務は税理士お

よび税理士法人の独占業務とされている。そのため、各事業者が提供しようとするFintechサービスを提供できるかどうかについては、そのような業法に照らして慎重に検討する必要がある。

6 仮想通貨

〔1〕 仮想通貨とその機能

　そもそも通貨とは、貨幣の一部であり、貨幣が一定の経済範囲内で流通した（通用する）ものが通貨である。つまり通貨であるためには、貨幣であることが必要である。そのため通貨を理解するためには、まず貨幣とは何かを理解する必要がある。貨幣とは、『大辞林〔第三版〕』によると、「商品の交換価値を表し、商品を交換する際に媒介物として用いられ、同時に価値貯蔵の手段となるもの」と定義されている。つまり、通貨とは、「価値尺度機能」「流通機能」「価値貯蔵機能」を持ち合わせている媒介物であり、一定の範囲内で流通している貨幣である。

　次に、仮想通貨の位置づけを整理する。仮想通貨とは、既存の日本円や米ドルといった法定通貨ではない（＝国家の信認を得ていない）通貨の総称である。現在、仮想通貨として最も有名なものは「ビットコイン」であるが、定義は明確ではない。たとえば、オンラインゲーム内での独自通貨や、Suicaなどの電子マネーまでを含んで仮想通貨とする見方もある。つまり、広義の解釈では、法定通貨のように通貨の価値を国家もしくはその国の中央銀行が保証していないという条件を満たせば、それは仮想通貨とみなすことができる。したがって、仮想通貨は利用者が信認をしていれば企業でも個人でも発行主体は問わない。たとえば、オンラインゲーム内の通貨であればゲーム運営会社が発行主体であり、Suicaであれば東日本旅客鉄道がそれである。

　ただし、いま挙げた通貨と異なり「ビットコイン」には発行主体そのもの

が存在しない。つまり、誰かが「価値尺度機能」「流通機能」「価値貯蔵機能」を担保しているわけではない。これは、これまでの通貨の歴史をみてきてもきわめて大きな変曲点といえるだろう。

なお、改正資金決済法は、「不特定の者を相手方として購入及び売却を行うことができる財産的価値」であることなどの各種要素を満たすものを仮想通貨と定義した。これにより、今後同法が適用される仮想通貨ビジネスを行うにあたっては、同法の規制に沿って検討する必要がある。

また、仮想通貨に対しては、三菱東京UFJ銀行が独自の仮想通貨MUFGコインの発行を明らかにするなど、既存金融機関の関心度も高い。MUFGコインは、三菱東京UFJ銀行の口座にある預金を、1円1MUFGコインとして交換できる。ユーザーは、このMUFGコインを使ってユーザー間の送金や海外でコインを外貨として引き出せる、あるいはその際の手数料が安いことが大きな特徴だ。ただし、このMUFGコインは、厳密にいえば現時点では改正資金決済法上の仮想通貨には該当しない（詳細については、Ⅳ章1〔2〕(4) a . (a)を参照）。

このように、仮想通貨は中核技術であるブロックチェーンとともに金融サービスの活性化に大きく寄与することが期待されるが、一方で乗り越えなければならない課題も多い。その代表が即時性への対応だ。たとえば、ビットコインは支払がされてから取引結果が承認されるのに10分程度の時間を要する設計になっているため、その場ですぐに取引を完了することができない。

ちなみに、株式会社MTGOXの破綻によって、国内ではビットコインに対するネガティブイメージが植えつけられた面もあるが、ビットコインの仕組みそのものが否定されたわけではなく、不正を働いた一業者が破綻しただけととらえるのが一般的な解釈だ。これは、一金融機関の破綻と考えが似ている。一銀行が倒産し、預けていたお金が取り戻せなくなったのとほぼ同質であり、銀行の経営責任は問われても、通貨の信用自体は何ら問われることがないのと同じだ。

なお、MTGOX社は2009年に設立されたトレーディングカードの交換所が

起源で、その後ビットコイン事業に転換し、一時は最大級の取引量を誇ったビットコイン交換所だ。その同社が、2014年2月、システムエラー発生に対するメンテナンスのための一時的な措置として、ビットコインの引出しを停止し、同月に東京地方裁判所に民事再生申立手続を行った。同年4月には、東京地方裁判所が破産手続開始決定をなした。当初のMTGOX社の主張では、サーバがハッキングされどこかに盗まれたという内容であったが、警視庁の調べでは、内部関係者が抜き取った疑いも出てきたため、2015年8月に業務上横領容疑でMTGOX社の最高経営責任者（CEO）であるマルク・カルプレス容疑者を再逮捕した。

〔2〕 法務の視点から

　仮想通貨については、上記〔1〕においても触れたが、改正資金決済法により定義され、これを法定通貨と交換する交換所は、同法により登録を受ける必要があるなどの規制に服することになった。

　交換所以外のビジネスの観点からは、仮想通貨の利用場面はさまざまなものがありうるので、その利用場面に応じて適用されうる法令を検討する必要がある。たとえば、仮想通貨が資金移動の手段として利用される場合は、為替取引該当性を検討する必要があり、仮想通貨に関するデリバティブ取引の法律上の位置づけ（刑罰法令（賭博罪）の適用の可能性を含む）に留意する必要がある。また、仮想通貨取引が課税対象となるのかという点や、会計上の取扱いについても、今後の課題となる。これらの詳細についてはⅣ章1〔2〕(4)を参照されたい。

7 保　　険

　Ⅱ章で簡単に触れたが、Fintechと同じような概念の言葉にInsurtech（インシュアテック）という言葉があり、これは保険（Insurance）とテクノロジー（Technology）を掛け合わせた造語である。

　そもそも保険とは福沢諭吉の言葉を借りれば、「一人の災難を大勢が分かち、わずかの金を捨てて大難を逃れる制度」のことであり、将来起こるかもしれない危険に対し、予測される事故発生の確率に見合った一定の保険料を加入者が公平に分担し、万一の事故に対して備える相互扶助の精神から生まれた助け合いのことである。このような考えに基づいた商品が保険商品だが、これまでは将来の保険支払額が少ない「評価の高い人」と、保険支払額が多い「評価の低い人」の判別がむずかしかったために、評価の低い人の保険支払額を評価の高い人の保険料でカバーすることで成り立っていた。当然、一部評価の高い人からしてみれば既存の算定方法はおおいに不満であり、この不満解消の一つの方法として今後ビッグデータ分析が用いられる可能性が高い。ビッグデータ分析では、これまで重視されてきた「性別」「年齢」に加え、運動などの生活習慣、食生活、健康状態など多種多様なデータが扱われることになる。結果、これからの医療保険や損害保険をはじめとした保険商品全般は、評価の高い人にはより安く、評価の低い人にはより高く、適正な商品提供につながってくるだろう。

　このビッグデータ分析を活用したInsurtechによる具体的なサービスとしては「テレマティクス保険」が注目されつつある。国土交通省の資料によると既に欧米（特に英国や米国）ではこのテレマティクス保険が浸透しつつあ

り、2020年には契約件数が自動車保険の約3割を占めると予測されている。そもそもテレマティクスとは、自動車などの移動体に通信システムを組み合わせて、リアルタイムに情報サービスを提供することをいい、通信（Telecommunication）と情報科学（Informatics）を組み合わせた造語とされる。このテレマティクスを利用し、走行距離や運転特性といった運転者ごとの運転情報を取得・分析し、その情報をもとに保険料を算定する自動車保険がテレマティクス保険だ。なお、日本では、国土交通省が2014年に将来の自動車ビッグデータの活用に関する重要テーマとしてテレマティクス保険の普及を提言している。金融分野と同様、保険分野においても、Insurtechを活用したサービスが実用化され始めており、商品設計、アンダーライティング、マーケティングなどの各段階において、ベンチャー企業や先端技術企業などの先端技術情報を取り入れる試みが実施されつつある。

　また、このInsurtechという分野は何も保険商品に限った話ではない。それは「予防」「診断・治療」「予後」の分野である。これらはデジタルヘルスととらえられており、たとえば、個々人の生活パターンや過去の治療履歴等、多岐にわたる情報を分析することで、発症を防ぐといったことも検討が進められている。ただし、詳細は後述するが、本格的な普及にあたっては、個々人の健康に関する情報を収集・分析にする際のセキュリティやプライバシーへの対応が課題となってくる。

　以下では、生命保険と損害保険に分けて、Insurtechの検討に際して、実際に問題となりうる点について検討する（鈴木ほか・インステック34頁以下参照）。

〔1〕 生命保険

(1) 医療データに関する個人情報保護法上の留意点

　保険会社がビッグデータを活用する生命保険を提供する場合、個人情報保護法に留意する必要がある。なお、保険業法上の問題点については、Ⅳ章1

〔6〕において詳述する。

a．取得について

現行の個人情報保護法においては、医療情報についての特別な規定はない。

他方、2015年9月に成立した改正個人情報保護法（全面施行日は2017年5月30日が予定されている）では、「要配慮個人情報」（同法2条3項）の定義が追加され、本人の同意を得ない要配慮個人情報の取得が禁止された（同法17条2項）。同法においては、多くの点が政令または個人情報保護委員会規則で規定されるところ、改正個人情報保護法施行令によれば、「本人に対して医師その他医療に関連する職務に従事する者……により行われた疾病の予防及び早期発見のための健康診断その他の検査……の結果」（同法施行令2条2号）などが「要配慮個人情報」として定められており、疾病の予防や早期発見を目的として行われた検査の結果はこの「要配慮個人情報」に含まれることとされている（個人情報保護委員会・個人情報保護法ガイドライン（通則編）2-3要配慮個人情報(8)）。したがって、医療情報については、その内容によっては、本人の同意を得なければそもそも取得できない可能性があることに留意が必要である。

また、生命保険においては、場合によっては個人の行動の履歴（ライフログ）を収集することとなるが、当該収集についての法的な規制のあり方も検討されており、今後規制される可能性がある（EUの一般データ保護規則には既にプロファイリングに関する規定がある）。これに関連して、当該収集がプライバシー権・肖像権等の権利を侵害しないための要件が問題となる可能性がある。

b．利活用について

改正個人情報保護法のもとでは、本人が容易に知りうる状態に置き、必要事項を個人情報保護委員会に届け出る等の所定の手続を経ることにより、本人の同意なく個人情報を第三者に提供すること（第三者提供）ができる（いわゆる「オプト・アウト」）。ただし、要配慮個人情報は本人の同意なく第三者提供をすることができない（同法23条2項）。

また、同法では、「匿名加工情報」（同法2条9項）の定義が設けられ、特

定性を低減させる加工を行った「匿名加工情報」に該当する情報は、第三者提供にあたり本人の同意が不要とされた。匿名加工情報については、経済産業省が経産省・匿名加工情報作成マニュアルを公表している。具体的なユースケースを用いて、匿名加工情報を作成するための具体的な手順や方法について記載されており、実際に匿名加工情報を作成するに際しては実務上非常に参考になるが、改正個人情報保護法の法文の解釈を示すものではないことに留意が必要である。

c．データの権利保護、収益分配について

データの所有権は成立しないことから、現行法では、①データ自体については、営業秘密（不正競争防止法2条6項）に該当する場合あるいは不法行為（民法709条）が成立する場合に法的保護が与えられる場合があるにすぎない。②データベースについても、前記営業秘密・不法行為についての救済のほかには、発明が含まれる場合に特許として保護を受けられる場合があり、データベース著作権としての保護の対象となる場合があるにすぎない。しかも、①②いずれについても、管理の状況・態様によっては、秘密管理性の要件が充足されず不正競争防止法上の「営業秘密」と認められない場合があるため、同法に基づく保護を受けられない可能性があることにも注意を要する。

ビッグデータによる収益分配については、各当事者間の合意に基づく、契約ベースでの調整が必要になる（たとえば、経産省・契約ガイドラインが参考となりうる）。

(2) デジタルヘルス

また、情報通信技術や電子データなどのデジタルを活用し、これを健康管理や疾病予防、介護、医療などに役立てる「デジタルヘルス」が注目を浴びている。ここでも、次のような法的問題点が指摘される。

たとえば、コンピュータやアプリに組み込まれたプログラムを利用する場面では、人の疾病の診断、治療もしくは予防に使用されること、または人の身体の構造もしくは機能に影響を及ぼすことが目的とされているプログラムが医療機器に該当しうるため、注意が必要である（薬機法2条4項）。

また、検査・測定（たとえば採血）を、人を介して行うことにも規制がある。本人が自己検査を行うことが許容されうるとしても、医師でない事業者が行った場合には、無免許で医業（医師法17条）を行ったことになってしまう。事業者は、検査結果が基準値内にあることの通知はなしうるが、これに基づいて診断し、健康であると断定することはできない。

　その他、コンピュータやアプリが自動的に健康状態についての情報を取得するような場合には、「本人に対して医師その他医療に関連する職務に従事する者……により行われた疾病の予防及び早期発見のための健康診断その他の検査……の結果」として「要配慮個人情報」に該当しないかという点が問題となる可能性もある。上記個人情報保護委員会・個人情報保護法ガイドライン（通則編）2-3要配慮個人情報(8)においては、「身長、体重、血圧、脈拍、体温等の個人の健康に関する情報を、健康診断、診療等の事業及びそれに関する業務とは関係ない方法により知り得た場合」は「本人に対して医師その他医療に関連する職務に従事する者……により行われた疾病の予防及び早期発見のための健康診断その他の検査……の結果」には該当しないとされていることから、基本的には問題になることはないものと考えられるが、仮にコンピュータやアプリによる情報取得が診療等の事業に関して行われたと判断される場合には、これらによって取得された健康状態についての情報が要配慮個人情報に該当し、いわゆるオプト・アウト方式によりデータを保険会社に転送することは許されず、本人の個別同意が必要となる可能性もあるため、注意が必要である。

〔2〕 損害保険（テレマティクス保険について）

　テレマティクス（Telematics）とは、テレコミュニケーション（Telecommunication）とインフォマティクス（Informatics）を掛け合わせた造語である。テレマティクス保険としては、車載搭載センサーで走行距離やアクセル・ブレーキの使用法といった運転データを収集し、自動車の運転時間帯、燃費、走行距離、運転の巧拙に応じて保険料を決定する自動車保険などがある。ま

た、住宅にIoTセンサーを取り付けて、火災や盗難、破損事故等のリスクを感知し、収集したデータを保険料率の決定に活用する取組みも開始されている。

　テレマティクス保険においても、保険会社に提供される運転データ等の情報が法的保護の対象となるかという問題が生じうる。

　この点、上記内容の運転データは、それ自体では「特定の個人を識別することができる」情報（改正個人情報保護法2条1項1号）には該当しないと考えられる。また、改正個人情報保護法では、「個人識別符号」が含まれる情報も個人情報に該当することが明確にされ（同項2号）、このなかに「歩行の際の姿勢及び両腕の動作、歩幅その他の歩行の態様」（改正個人情報保護法施行令1条1号ホ）等の身体の特徴を変換した符号が含まれることが同法施行令において示されているところ、運転データは、身体の特徴それ自体ではないことから、運転データが電子計算機の用に供するために文字、番号、記号その他の符号に変換されていた場合においても、個人情報には含まれず、改正個人情報保護法上の規制が適用されないように思われる。

　しかしながら、保険会社に対して提供される運転データ等に運転者の位置情報が含まれる場合は留意が必要である。すなわち、位置情報単独では「特定の個人を識別することができる」情報ではなく、個人情報に該当しないと考えられるが、その場合であっても、位置情報が、「他の情報と容易に照合することができ、それにより特定の個人を識別することができる」場合には、個人情報に該当すると考えられる（改正個人情報保護法2条1項1号）。そのため、保険会社に対して運転者の位置情報についても提供される場合は、個人情報の提供として、改正個人情報保護法上の規制が適用される場合があると考えられる。また、上記〔1〕(1)a.において述べたとおり、運転データも、個人の行動の履歴として、別の観点（たとえばプライバシー、通信の秘密等）から、その収集が規制される可能性も否定できない。

コラム

自動運転と新しい自動車保険

　2016年3月23日に発表された経済産業省・国土交通省の自動走行ビジネス検討会・今後の取組方針によれば、2020〜30年頃に自動走行の実用化を目指して、早ければ2018年までに高速道路での自動走行、2020年頃から専用駐車場等での自動バレーパーキング、2020年以降に夜間長距離輸送等における後続車両無人の隊列走行等が予定されている。自動走行が実用化された場合、とりわけ、レベル3の段階（システムが要請したときのみ運転者が対応することを想定しているというレベル）の場合では部分的に、またいわゆるレベル4の段階（加速・操舵・制動をすべてシステムが行い、ドライバーがまったく関与しないというレベル）においては、刑事・民事責任、行政法規上の義務などについても新たな検討が必要となる点が指摘されている（日本能率協会総合研究所・自動走行報告書。特に「第4章　自動走行についての法律上・運用上の課題」参照）。

　このような責任分担の見直しが行われると、自動車保険も、とりわけ自動運転に関する民事上の責任分担の見直しによる直接的な影響を受け、保険料・保険商品自体の見直しを迫られるなど、多大な影響が生じる可能性がある。日本損害保険協会・自動運転の法的課題についてにおいては次のような指摘がなされている。まず、レベル3（加速・操舵・制動をすべてシステムが行い、システムが要請したときのみドライバーが対応するというレベル）までであれば、自動車損害賠償保障法3条により自動車運行供用者が責任を負う等の現行法の考え方が妥当すると考えられる。これがレベル4に至ると、そもそもドライバーという概念はなく、レベル4の自動運転は従来の自動車とは別のものとしてとらえるべきと整理されており、損害賠償責任のあり方については、自動車の安全基準、利用者の義務、免許制度など、自動車に関する法令等を抜本的に見直したうえで議論する必要がある。

　この点については、今後の活発な議論が待たれるところである。

> コラム

Fintechに関するよもやま話(2)

株式会社ZUU 代表取締役社長兼CEO　冨田和成氏との鼎談
出席者：冨田氏、松田、鈴木

松田「冨田さん、今日はよろしくお願いします。金融の最前線をみられているお立場から、いろいろとFintechに関するお話しをおうかがいできればと思っています」

冨田氏「こちらこそ、よろしくお願いします」

松田「早速ですが、日本におけるFintechの課題について、どのように感じられていますか？」

冨田氏「日本におけるFintechの大きな課題は、顧客が金融×テクノロジーという概念に慣れていくことでしょうか。最先端のテクノロジーは日本に入ってきています。また、テクノロジーを活用したサービスも日本で進化しています。ただ、そういったテクノロジーやサービスに関する情報取得の格差が顧客によって大きい印象です。したがって、テクノロジー進化の環境を活用できている人がまだまだ少数派であるために、事業としての進展がまだ遅いと思っています。Fintechに関する課題は国によってさまざまで、たとえば、シンガポールはテクノロジーに対するケイパビリティの平均値が高いため、顧客側でのテクノロジーの活用に関するハードルは低い印象があります。ただ、一方で起業マインドが育っていないので、シンガポール発のサービスなどは出てこない」

松田「なるほど。日本では、今後Fintechはどのように発展していくと思われますか？」

冨田氏「日本では、まだ最先端というよりもちょっと先端という感じでのサービスがまずは広がっていくのではないでしょうか。従来の金融サービスにテクノロジーを活用して、少し便利にしたようなものが受け入れられていくと思います。まだ最先端のテクノロジーやサービスが普及するには土壌が育っていないと感じています」

松田「金融企業内部での視点だといかがでしょうか」

冨田氏「オペレーションとディストリビューションへのインパクトが大きいと思います。保険業界がわかりやすいですが、ディストリビューション機

能がシンプルになってくると思っています。より顧客ニーズに注力できるようになるのではないでしょうか。バックにある金融機能そのものと顧客接点が分離されてくる可能性があると思っています。保険だと「ほけんの窓口」などのサービスが出てきていますが、それが金融全体に広がると想像するのがわかりやすいでしょうか。そうすると、必ずしも、金融機関がオペレーションすべてを行う必要がなくなってきます。いうなれば、メーカー機能と営業機能が分離されるのではないでしょうか。結果、オペレーションが大きく変わる可能性があります」

松田「おもしろいですね。たしかに最近だと金融取引を行う際に、総合サービスが提供可能かを選択理由とする人は少ないかもしれません。とろうと思えばウェブでいろいろな情報がとれるわけですし、サービスも個別に最適なものを選択できるようになっています」

冨田氏「従来の金融機関の優位性が保てなくなってくる可能性があると思います」

松田「証券会社の取組みはいかがでしょうか。あまり話題として出てこない印象があります」

冨田氏「たしかにそうかもしれません。銀行と比べて、証券会社のほうがさらに手数料商売であり、株式の対面販売とネット販売のようにコンフリクトが起こりにくいということも一因でしょう」

鈴木「証券会社の内部業務でのテクノロジーの活用はいかがでしょうか。テクノロジーを活用したレギュレーション順守への対応などは進んできている印象はあります」

冨田氏「それはあると思います。レギュレーション以外でも、いわゆる証券マンはタブレットを配布されています。それによって、ナレッジシェアなども進めています。また、社内日報へのAI活用で会話のなかのキーワードからビジネス機会の発掘をしている例などもあります」

松田「従業員に関するコンフリクト、すなわちテクノロジーの活用による従業員の削減の影響はいかがですか？」

冨田氏「そこを脅威と考える人は少ないのではないでしょうか。逆に、テクノロジーをより活用する立場になろうとする人は出てくるとは思いますが。そういう意味では、テクノロジーの活用に対する危機感はあるかもしれません。もっとテクノロジーを活用しなければならないという人が出てきているのは事実です。テクノロジーの活用で1人の担当者が担当しうる顧客数が増えるので、より優秀な人とそうでない人の差が広がるかもしれ

ません」
松田「そういうテクノロジーに対する意識の高い人が、もっと活躍できるようにならなければならないですね。また、金融機関のほうはテクノロジーの活用で従業員の働き方や求められるケイパビリティが変わってくるのでしょうね。これは金融業界にとっては大きな変革となりますね」
冨田氏「まさに、いまのFintechに関して、もっと議論すべきなのは金融業界の経営の視点でしょうね。テクノロジー論ではなく、Fintechが本当に意味するところを、きちんと理解すべきステージにきていると思います」

Fintechに関する法務1
金融規制法

Ⅲ章でみたように、Fintech が Finance（金融）とTechnology（テクノロジー）の融合分野であることから、Fintechビジネスには銀行法、資金決済法をはじめとするさまざまな金融規制法が関係する。

　そこで、本章では、Fintechを行う場合にかかわる金融規制法を中心にマネーローンダリング・租税徴収に関する規制を含め検討する。

金融規制法の概要

〔1〕 銀 行 法

(1) 銀行法の概要

　銀行法は旧法を全面改正して1982年から施行されたものであり、時代の流れの変化に応じて改正がなされる。銀行法1条1項に掲げられているとおり、同法の目的は、「銀行の業務の公共性にかんがみ、信用を維持し、預金者等の保護を確保するとともに金融の円滑を図るため、銀行の業務の健全かつ適切な運営を期し、もつて国民経済の健全な発展に資すること」であり、同法を解釈する際には「公共性」がキーワードとなる。この銀行の業務の公共性に鑑み、銀行法は、銀行の企業形態、業務、経理、監督、合併、廃業および解散等に関し、会社法の特則を定めている。

　銀行法の主な変遷としては、1993年の金融制度改革のもとでの大改正による銀行・証券の子会社方式による相互参入、98年の銀行持株会社制度の導入、2002年の事業会社等異業種による銀行業への参入ルールの整備、06年の銀行代理業制度の創設、07年の金商法に伴う改正、バーゼルⅡの導入ならびに保険窓販制度の全面解禁、10年の苦情・紛争を迅速・簡便・柔軟に処理するための金融ADR制度の創設などがある。

(2) 銀行の業務範囲

　銀行の業務範囲の規制は、子会社とすることができる会社の規制（子会社

対象会社規制）とあわせて非常に厳格であった。

　しかし、2016年 3 月 4 日、情報通信技術の進展等の環境変化に対応するための銀行法等の一部を改正する法律案が通常国会に提出され、第190回国会において可決承認され、同年 6 月 3 日に公布された（銀行法等改正法）。銀行法等改正法が改正する事項は多岐にわたるが、その一つとして、Fintechによるイノベーションへの対応を目的として、銀行グループが行うことのできる業務の範囲を見直すべく銀行法の改正が行われた（施行日は、公布日である2016年 6 月 3 日から起算して 1 年を超えない範囲内において政令で定める日とされている）。

　以下では、平成28年改正銀行法による①IT企業等への出資の容易化と②銀行グループ内外の決済関連事務等の受託の容易化のそれぞれを踏まえ、改正銀行法によって銀行グループの業務の範囲がどのように広がりうるかについて検討する。

a．改正銀行法によるIT企業等への出資の容易化

　銀行は、他業禁止規制（銀行法10条～12条）により、自ら自由にFintech企業のビジネスを営むことが難しく、銀行や銀行持株会社がFintech事業を営む会社を子会社にすることも難しかった。特に、銀行グループが子会社にできる会社（子会社対象会社）は限定され、それ以外の会社には原則として議決権ベースで 5 ％または15％を超える出資ができなかった（子会社対象会社規制、銀行法16条の 2 第 1 項、16条の 3 、52条の23第 1 項、52条の23の 2 、52条の24）。

　2016年、上記の銀行法の子会社対象会社規制が改正され、「情報通信技術その他の技術を活用した当該銀行の営む銀行業の高度化若しくは当該銀行の利用者の利便の向上に資する業務又はこれに資すると見込まれる業務を営む会社」が子会社対象会社とされた。そのため、銀行・銀行持株会社は、「認可」を受ければ、 5 ％ルール・15％ルールの制限を超えて、当該会社であるFintech企業に出資できるようになった（改正銀行法16条の 2 第 1 項12号の 3 、52条の23第 1 項11号の 3 。図表 4 - 1 ）。

　これまでも、クラウド型会計サービスを提供している会社やロボアドバイザーによる資産運用サービスを提供している会社をはじめ、IT技術を利用

図表 4-1　Fintechと銀行グループの業務範囲

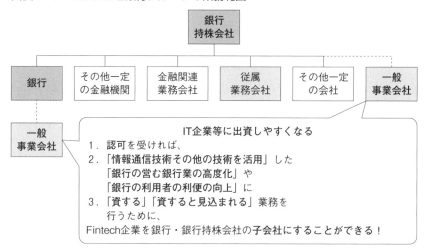

　する企業に金融グループが出資を行った実例が多く存在していた。たとえば、①金融グループ内のベンチャーキャピタル等を通じての出資や、②IT企業に出資するファンドへの出資を行うケースがみられた。さらに、③銀行・銀行持株会社そのものが5％ルール・15％ルールの範囲内で直接IT企業に出資した実例もあった。

　今後は、この③の出資を、出資先IT企業を子会社化できる程度にまで行うことが可能になる。

　そのため、金融グループからIT技術を有する企業への出資の動きが促進される可能性があり、また、上記①や②を含めた当該企業への出資その他の資金供与に関する実務に影響を与える可能性がある。

　たとえば、金融グループをめぐる制度のあり方に関するワーキング・グループ（以下「金融グループWG」という）では、ECモール（電子商取引市場）運営会社への出資等を行い、ECモール出店者の商流に関する情報を融資審査に活用することなどが想定されていた（金融グループWG報告12頁、湯山ほか26頁（注8））。また、データ処理を取り扱う会社・人工知能を利用したシステムの開発会社・スマートフォンのアプリの開発会社への出資・買収を通

じて先進技術を取り込むことや、銀行グループにとって有益な融資・投資運用・家計簿等のサービスにつなげることなども考えられる。

　実際に、海外では、スペインのBBVAがアプリなどを通じた銀行代理店サービスを行うスタートアップSimpleを買収して自行グループに加え、また、JPモルガン・チェースがクーポンサイト運営会社Bloomspotの買収をはじめ各種IT企業に出資するなど、金融機関がFintechのための投資を行う動きが旺盛である。さらに、国内外の金融機関がアクセラレータ・プログラムやコンテストなどを実施して新たなIT企業を探索する動きも既に始められている。

　そのため、銀行グループにとっても、IT企業等に対するその他の資金の出し手にとっても、戦略的な見地から、改正銀行法に基づく出資ができる会社を探索することや、そのような出資の内容・割合・態様を検討すること、銀行グループを含む別の資金の出し手との間でどのような関係を構築するかを検討することなどが、これまで以上に大切になると考えられる。

　改正銀行法に基づく出資については認可を受けることが必要となる（改正銀行法16条の2第7項、52条の23第6項）。そのため、Fintech企業を銀行・銀行持株会社の子会社にするためには「認可」を受けなければならないことになるが、この認可にあたっての審査基準に関し留意すべき事項については、補章において述べることとする。

　また、改正銀行法は、M&A・業務提携、資金調達の実務に影響を与える可能性がある。その点については、Ⅴ章3において詳述する。

　なお、銀行とIT企業との業務上の連携は、実務的にも非常に重要な論点となっている。銀行・銀行持株会社による出資といった方法以外にも、銀行のAPI（Application Programming Interface）を利用した連携等について今後議論が深められると見込まれる。さらに、このAPIのオープン化に関連し、銀行代理業・外部委託先管理等の規制のあり方を含めた中間的業者の規制についても議論が進められている。

b．銀行グループ内外の決済関連事務等の受託の容易化

　Fintechに関連して、従属業務をもっぱら営む銀行・銀行持株会社の子会

社が、当該銀行・銀行持株会社のグループ外から銀行のシステム管理やATM保守などの決済関連事務等を受託することは、平成28年銀行法改正前でも可能であった。なお、ここで「従属業務」とは、その子会社が従属する銀行やその子会社等の業務に係る事務のうち、その業務の基本に係ることのないものであり、かつ、その業務の遂行上必要となるものをいう（例：営業用不動産管理、ATM保守・点検、現金小切手等集配等）。

しかし、実際にグループ外からそのような決済関連事務等を受託しようとする場合、収入依存度規制という大きな制約があった。収入依存度規制は、その子会社が従属業務を「主として」親銀行グループ（または銀行持株会社グループ）の業務のために営むことを求めるもので、具体的には、その会社の親銀行グループ等からの収入が総収入の50％以上である必要があった（銀行法16条の2第10項、52条の23第9項、平成14年金融庁告示第34号）。この一律50％以上の収入依存度規制を充足しなければ、グループ外からの決済関連事務等を受託は認められなかった。

2016年、収入依存度規制における一律50％の収入依存度要件の引下げを可能とするため、銀行法が改正され、上述の「主として」の文言を削除する改正が行われた（改正銀行法16条の2第1項11号、同条11項、52条の23第1項10号、同条10項等。図表4-2）。今後は、銀行業務のさらなる効率化やビジネス機会の増加、複数の金融グループ間の連携・協働が促進されることが期待さ

図表4-2　収入依存度規制の緩和

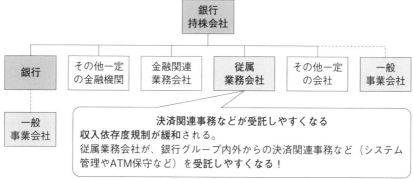

れる。

(3) 銀行代理業

a．定　　義

　銀行代理業とは、銀行のために、銀行の固有業務である預金等の受入れ、資金の貸付け等、為替取引、を内容とする契約の締結、の代理または媒介のいずれかを行う営業をいう（銀行法2条1項14号）。銀行代理業を営むには内閣総理大臣の許可が必要である。

　主要行等監督指針Ⅷ-3-2-1-1(2)では、原則として銀行代理業に該当する行為については、①預金等の受入れ等を内容とする契約の締結の勧誘、②預金等の受入れ等を内容とする契約の勧誘を目的とした商品説明、③預金等の受入れ等を内容とする契約の締結に向けた条件交渉、④預金等の受入れ等を内容とする契約の申込みの受領（単に契約申込書の受領・回収または契約申込書の誤記・記載もれ・必要書類の添付もれの指摘のみを行う場合を除く。）、⑤預金等の受入れ等を内容とする契約の承諾、が挙げられている。

b．銀行代理業該当性の検討

　金融業務のアンバンドリング化が進むなか、Fintech事業者が、銀行の固有業務について、代理（法的効果は銀行に帰属させる）や媒介（銀行と顧客との間の契約の成立に向けて尽力する）といったかたちで関与する場合に銀行代理業への該当性が問題になる。

　銀行代理業者に該当すると、銀行法上、分別管理、顧客に対する説明義務、帳簿書類・事業報告書の作成等の義務が課されることから、Fintech事業者が何らかのかたちで銀行業務に関与する場合、銀行代理業者に該当するかが重要な検討対象となると考えられる。

　この銀行代理業者の該当性について、銀行代理業の定義上、「銀行のために」、銀行の固有業務を「代理又は媒介」することが要件とされている。

　これらの要件に照らして、主要行等監督指針Ⅷ-3-2-1-1(3)では、銀行代理業の許可が不要である場合が列挙されている。

　まず、顧客のために、預金等の受入れ等を内容とする契約の代理または媒

介を行う者については、銀行代理業の許可は不要である。ここで、「顧客のために」とは、顧客からの要請を受けて、顧客の利便のために、顧客の側に立って助力することをいう（小山537頁）。

この「顧客のために」行っているかどうかは、契約上の文言や事前に取り決められたスキームの内容のみにより形式的に判断するのではなく、銀行のために行っているかどうかを実質的に評価することにより該当性を判断することになる。

次に、媒介に至らない行為を銀行から受託して行う場合には、銀行代理業の許可を得る必要はない。ここで、「媒介」とは、契約（この場合は、銀行と顧客との間の契約）の成立に向けて尽力する行為を意味するが、この意味における媒介に該当しない場合には、銀行代理業に該当しないものとされている。

たとえば、金融商品説明会における一般的な銀行取扱商品の仕組み・活用法等についての説明に係る事務処理の一部を銀行から受託して行う場合は、媒介に至らない場合があるとされている。

上記監督指針および金融庁・平成18年銀行法等改正パブリックコメント回答の記載に照らすと、Fintech事業者が、ロボアドバイザリー業務やITを活用したビジネスマッチング業務（M&Aのマッチング業務を含む）を行うにあたって、ファイナンスの一手法としてローンを紹介し、一般的なローンの仕組み等を説明し、実際に顧客がローンによるファイナンスを選択した場合に、当該ローンを提供する銀行を顧客に紹介する行為は、一般的な銀行取扱商品の説明およびローン提供者についての単なる紹介にとどまるものと考えられ、媒介に至らず、銀行代理業に該当する可能性は低い。ただし、顧客に銀行を紹介した後、銀行と顧客との間の交渉等にFintech事業者が関与する等、銀行と顧客との間のローン契約の締結に向けた行為がある場合は、媒介に該当し、ひいては銀行代理業に該当すると判断される可能性がある。

また、ITを活用したビジネスマッチング業務において、マッチングサイトの運営者であるFintech事業者が、顧客から得た情報に基づき、融資契約等の個別の案件の具体的な内容に立ち入らずに、単に顧客を銀行に紹介するにとどまる場合は、媒介に至らず、銀行代理業に該当する可能性は低いと考

えられる。もっとも、このような場合であっても、金融庁・平成18年銀行法等改正パブリックコメント回答では、銀行から報酬を得ている場合には、実質的に預金、貸付および為替取引に係る媒介行為（勧誘）を行っているケースが多いと考えられ、このような場合には銀行代理業に該当する、とされている。

　次のポイントとして、銀行代理業はあくまで銀行の固有業務の代理または媒介を行う行為であるため、銀行の付随業務（デリバティブ取引等）の代理または媒介を行う行為は銀行代理業に該当しない（金融庁・平成18年銀行法等改正パブリックコメント回答）。

　この点について、コンサルティング業務、ビジネスマッチング業務、M&Aに関する業務等は銀行の付随業務として位置づけられているが、これらコンサルティング業務、ビジネスマッチング業務等が銀行による資金の貸付け等のために行われる場合やコンサルティング、ビジネスマッチングの結果として銀行による資金の貸付け等が行われることがスキーム上予定されているような場合は、これら業務の代理または媒介は、資金の貸付け等銀行の固有業務の代理または媒介として、銀行代理業への該当性が問題になると考えられる。具体的には、Fintech事業者によるロボアドバイザリー業務やITを活用したビジネスマッチング業務が、銀行の代理または銀行によるアドバイスもしくはマッチングに係る契約の媒介といったかたちで行われる場合であっても、銀行の資金の貸付け等のために行われるなどといった事情があれば、これらの業務は銀行代理業に該当しうることになる。

　銀行が顧客のために行うコンサルティング業務、ビジネスマッチング業務を、Fintech事業者が代理または媒介する場合、それは銀行のために行っているのか、それとも顧客のために行っているのかという問題があるが、こうした場合は、誰からの要請を受けて誰からの委託により行っているか、業務の実質的な対価を誰から取得しているか、がポイントになるものと考えられる（金融庁・平成18年銀行法等改正パブリックコメント回答）。

　さらに、コンサルティング、ビジネスマッチング等の対価に、実質的に銀行による資金の貸付け等の対価が含まれている場合は、固有業務の代理また

は媒介、あるいは「銀行のため」の要件に照らして、銀行代理業に該当すると判断される場合がある。

これらの場合、どの業務に対する対価であるかを実質的に判断するのは困難であるが、コンサルティング業務、ビジネスマッチング業務の通常価格および市場価格（相場）との比較ならびに銀行による資金の貸付け等の対価の額がコンサルティング、ビジネスマッチング等の対価に占める割合などから、銀行のために代理または媒介を行っていると評価される場合があると考えられる。

このように、（代理はともかく）媒介まで銀行代理業に含まれていることによって、銀行代理業の外延は、個別具体的事情に照らして広範なものとなる。

c．所属銀行、銀行代理業再委託者、銀行代理業者の義務・責任

銀行代理業者は、自ら銀行代理業を営む者として、その営む銀行代理業に関し、健全かつ適切な運営を確保するための措置を講じなければならない。具体的には、預金者等に対する情報の提供、預金等との誤認防止措置、個人顧客情報の安全管理措置、社内規則の制定等の措置を講ずることが求められている（銀行法52条の44第3項等）。

所属銀行（銀行代理業者が代理または媒介を行う固有業務を営む銀行）および銀行代理業再委託者（銀行代理業を再委託する銀行代理業者）もまた、その委託する銀行代理業者が営む銀行代理業に関して、健全かつ適切な運営を確保するための措置を講じなければならない。

具体的には、以下の措置を講ずることが求められている（銀行法52条の58、同法施行規則34条の63）。

① 銀行代理業者に法令等を遵守させるための研修の実施
② 銀行代理業者に対する必要かつ適切な監督等を行うための措置（銀行代理業者における業務の実施状況の確認、銀行代理業者に対する改善指導等）
③ 必要に応じて銀行代理業者との委託契約を変更・解除するための措置
④ 銀行代理業者が行う資金の貸付または手形の割引の審査について所属銀行自らが審査を行うための措置

⑤ 銀行代理業者における顧客情報の適切な管理および犯罪を防止するための措置
⑥ 銀行代理業者の営業所廃止にあたっての措置（取引の承継等）

　これらの体制整備義務のほか、所属銀行は、銀行代理業者がその銀行代理行為について顧客に加えた損害を賠償する責任を負う（銀行法52条の59第1項）。また、銀行代理業再委託者も同様に、銀行代理業再受託者が行う銀行代理行為について顧客に加えた損害を賠償する責任を負う（同条3項）。これらは使用者責任の一種を定めたものと解されており、所属銀行ないし銀行代理業再委託者は、所属銀行ないし銀行代理業再委託者が委託を行うことについて相当の注意をし、かつ、顧客に加えた損害の発生の防止に努めたときは免責される旨規定されている。もっとも、金融庁は、そのホームページにおいて、「民法の使用者責任について判例上免責が認められた例は見当たらず、事実上無過失責任に近い運用がなされているといわれることから、実際に免責が認められる場合は限定されるものと考えられます」として、所属銀行等の責任を重視している（金融庁・平成17年改正銀行法等解説）。

　銀行法が、銀行代理業者のみならず、所属銀行および銀行代理業再委託者にこのような責任を負わせた趣旨は、銀行代理業者が営む銀行代理業に係る業務の健全かつ適切な運営の確保の責任は、第一義的には所属銀行が（再委託を行う場合には銀行代理業再委託者と連携して）果たさなければならないということを宣言したものであり、銀行代理業者の監督にあたっても、所属銀行の第一義的な責任に十分に留意しなければならない。

　上記ｂ.のとおり、銀行が第三者に対して銀行の固有業務以外の業務を委託する場合は、当該第三者による受託業務の遂行は銀行代理業に該当せず、銀行および当該第三者が所属銀行ないし銀行代理業者としての上記義務を課せられない場合があるが、この場合であっても、銀行は、その業務を第三者に委託する場合における当該業務の的確な遂行を確保するための措置を講ずる必要がある（下記「(4)　外部委託先」の項目を参照）。なお、銀行代理業と外部委託との比較については、図表4-3を参照されたい。

図表4-3　銀行代理業と外部委託の比較表

	銀行代理業	外部委託 (注1)
委託業務の内容	固有業務（預金・貸付け・為替取引等）を内容とする契約の締結の代理または媒介	① 付随業務 ② 他業証券業務等
金融庁の許可の要否	必要	不要（委託先について）
許可の基準	・純資産額が、個人にあっては300万円以上であり、法人にあっては500万円以上であること ・人的構成等に照らして、銀行代理業を的確、公正かつ効率的に遂行するために必要な能力を有し、かつ、十分な社会的信用を有すること ・ほかに業務を営むことによりその銀行代理業を適正かつ確実に営むことにつき支障を及ぼすおそれがないこと	―
委託先における業務の適切性等を確保するための、銀行における態勢整備義務等の内容		
① 委託先の選定についての十分な検討	必要	必要
② 委託に伴うリスク管理	必要	必要
③ 委託先に対する委託業務に関する指導	必要	必要
④ 委託先に対する監督のための内部管理態勢整備	必要	必要

⑤　必要に応じて委託契約を解除するための措置	必要	必要
⑥　銀行の商号、銀行代理業者ないし委託先であることを示す文字および銀行代理業者ないし委託先の商号または名称を店頭に掲示させるための措置	必要	不要
⑦　顧客からの苦情処理措置	必要	必要
委託先における態勢整備義務等の内容		
①　顧客情報の安全管理措置	必要	必要（注2）
②　顧客からの苦情処理措置	必要	必要（注2）
③　再委託先への監督態勢整備	必要	必要（注2）
営業所等ごとの所定の標識の掲示	必要	不要
委託先における業務範囲規制	以下の業務以外の業務を行うことができない。 ・銀行代理業 ・銀行代理業に付随する業務 ・内閣総理大臣の承認を受けた業務	なし
委託先に対する帳簿書類作成・保存および報告書作成・提出義務	あり	なし
委託先に対する当局による報告徴求命令、立入検査	あり（必要があると認められる場合）	あり（特に必要があると認められる場合）

（注1）　固有業務を内容とする契約の締結の代理または媒介以外の業務に関して委託する場合を想定した。

(注2) 法令に基づく態勢整備義務は銀行に課せられるものだが、外部委託先は銀行からかかる措置への協力等を求められることになるのが一般的である。
(注3) この表は、銀行代理業と外部委託の違いのすべてを網羅したものではなく、両者の違いの具体例を示したものであるので、ご留意いただきたい。

(4) 外部委託先

a．銀行による業務の外部委託

　銀行は、経営の効率化、多様な顧客ニーズへの対応や急速な技術革新を踏まえた迅速な対応などを図るために、専門性を有する企業などにシステムの開発・保守業務をはじめとする各種業務を委託することがある。また、Fintechによるイノベーションに対応するため、銀行がFintechベンチャー企業と提携する場合も増えているが、この場合において銀行がその業務を委託していると整理されるケースもある。委託される業務としては、たとえばアプリソフトの開発・保守、新たな決済・送金システムの開発・保守、新サービスに関するウェブサイトの構築などが考えられる。

　銀行がその業務を第三者に委託することを「外部委託」というが、仮に、銀行から外部委託を受けて、その固有業務（預金・貸付・為替取引等）を内容とする契約の締結の代理または媒介を行う場合は、委託先に銀行代理業の許可が必要となりうる（上記「(3)　銀行代理業」の項目を参照）。本項においては、委託先の業務が銀行代理業に該当しない場合に求められる規制上の留意点について論ずる。なお、上記のとおり、銀行代理業と外部委託との比較については、図表4-3を参照されたい。

　銀行が外部委託を行う場合には、顧客を保護するとともに、外部委託に伴うさまざまなリスクを適切に管理するなど業務の健全かつ適切な運営を確保することが求められることから、法令により、銀行は委託業務の的確な遂行を確保するための措置を講じなければならないとされている（銀行法12条の2第2項、同法施行規則13条の6の8）。ただし、これらの措置を講じない場合でも罰則は存在しない。

　具体的には、同法施行規則13条の6の8、主要行等監督指針Ⅲ-3-3-4-2(2)、中小・地域金融機関監督指針Ⅱ-3-2-4-2(2)において、委託業務の

内容に応じ、以下の措置を講ずることが求められている。

(a) 委託先の選定

当該業務を的確、公正かつ効率的に遂行することができる能力を有する者に委託するための措置が求められる。

具体的には、銀行経営の合理性の観点からみて十分なレベルのサービスの提供を行いうるか、契約に沿ったサービス提供や損害等負担が確保できる財務・経営内容か、銀行のレピュテーション等の観点から問題ないか等の観点から、委託先の選定を行う必要がある。

(b) 委託先の監督

当該業務の委託を受けた者(以下「外部委託先」という)における当該業務の実施状況を、定期的にまたは必要に応じて確認すること等により、外部委託先が当該業務を的確に遂行しているかを検証し、必要に応じ改善させる等、外部委託先に対する必要かつ適切な監督等を行うための措置が求められる。

具体的には、委託業務に関する管理者の設置、モニタリング、検証態勢(委託契約において、銀行が外部委託先に対して業務の適切性に係る検証を行うことができる旨の規定を盛り込む等の対応を含む)等の行内管理態勢を整備する必要がある。情報提供に関しては、委託業務の履行状況等に関し外部委託先から銀行への定期的なレポートに加え、必要に応じ適切な情報が迅速に得られる態勢が求められる。また、銀行において、外部委託業務についても監査の対象とする必要がある。

(c) 顧客からの苦情処理

外部委託先が行う当該業務に係る顧客からの苦情を適切かつ迅速に処理するために必要な措置が求められる。

具体的には、クレーム等について顧客から銀行への直接の連絡体制を設けるなど適切な苦情相談態勢を整備する必要がある。

(d) 緊急対応、業務継続計画(BCP)

外部委託先が当該業務を適切に行うことができない事態が生じた場合には、他の適切な第三者に当該業務をすみやかに委託する等、当該業務に係る

顧客の保護に支障が生じること等を防止するための措置が求められる。

これに関連し、銀行は、委託契約に沿ってサービスの提供を受けられなかった場合の銀行業務への影響等外部委託に係るリスクを総合的に検証し、リスクが顕在化した場合の対応策等を検討しておく必要がある。

(e) 委託契約の変更・解除

銀行の業務の健全かつ適切な運営を確保し、当該業務に係る顧客の保護を図るため必要がある場合には、当該業務の委託に係る契約の変更または解除をする等の必要な措置を講ずるための措置が求められる。

また、委託契約に関しては、以下の項目について明確に示されるなど十分な内容となっている必要がある。

① 提供されるサービスの内容およびレベルならびに解約等の手続
② 委託契約に沿ってサービスが提供されない場合における外部委託先の責務。委託に関連して発生するおそれのある損害の負担の関係（必要に応じて担保提供等の損害負担の履行確保等の対応を含む）
③ 銀行が、当該委託業務およびそれに関する外部委託先の経営状況に関して外部委託先より受ける報告の内容
④ 金融当局の銀行に対する検査・監督上の要請に沿って対応を行う際の取決め

(f) 個人顧客情報の安全管理措置

個人である顧客に関する情報の取扱いを委託する場合には、その委託先の監督について、当該情報の漏えい、滅失または毀損の防止を図るために必要かつ適切な措置として以下の措置が講じられている必要がある（主要行等監督指針Ⅲ-3-3-4-2、中小・地域金融機関監督指針Ⅱ-3-2-4-2、金融分野個人情報保護ガイドライン12条3項、金融分野個人情報保護実務指針Ⅲ5参照）。

① 委託先における組織体制の整備および安全管理に係る基本方針・取扱規程の策定等の内容を委託先選定の基準に定め、当該基準を定期的に見直すこと。
② 銀行の監督・監査・報告徴収に関する権限、委託先における個人データの漏えい・盗用・改ざんおよび目的外利用の禁止、再委託に関する条件お

よび漏えい等が発生した場合の委託先の責任を内容とする安全管理措置を委託契約に盛り込むとともに、定期的に監査を行う等により、定期的または随時に当該委託契約に定める安全管理措置等の遵守状況を確認し、当該安全管理措置を見直すこと。

Fintechに関連するサービスを提供する企業は海外の企業も多いが、委託された業務が海外で行われる場合も、上記(a)～(f)の措置は必要となる（主要行等監督指針Ⅲ-3-3-4-1（注1）を参照）。

また、銀行のグループ会社がFintechに関連する業務を行っており、かかるグループ会社が外部委託先となる場合も想定されるが、その場合は委託契約の内容が実質的に外部委託先への支援となっており、アームズ・レングス・ルールに違反していないか留意する必要がある（主要行等監督指針Ⅲ-3-3-4-2(2)⑨、中小・地域金融機関監督指針Ⅱ-3-2-4-2(2)⑨）。

b．外部委託先の態勢整備

上記 a .のとおり、銀行は、顧客保護の観点から外部委託先に対して態勢整備を求めることが、規制上要求されている。そして、業務の委託を受けるFintech事業者等としては、銀行との間の委託契約などにおいて、銀行から以下のような態勢、措置を整備することが求められるものと考えられる。そのため、当該Fintech事業者等としては、以下の態勢・措置を整備していないと銀行からの委託を受けにくくなる点に留意する必要がある。

(a) 情報管理態勢の整備

委託業務を通じて取得した情報についての目的外使用の禁止を含め、顧客などに関する情報管理を整備し、守秘義務を負うことが求められる。また、顧客情報についてのアクセス管理の徹底も求められる。外部委託先において、銀行の顧客情報が漏えいする事件が生じていることから、情報管理やセキュリティ対策の整備は特に重要であると考えられる。

(b) 委託業務の実施状況などに関する報告、検査

委託業務の実施状況を定期的または必要に応じて、銀行に報告することが求められる。また、銀行が委託業務の実施状況を検査するため、立入りを求

める場合もあると考えられる。

(c) 顧客からの苦情相談態勢の整備

顧客からのクレームなどについて、すみやかに銀行に報告するとともに、銀行の指示に従い誠実に対応するなどの苦情相談態勢を整備することが求められる。

(d) 問題発生時の対応

システム障害などの問題が発生した場合であっても、顧客へのサービスの提供に支障をきたさないような体制の整備が求められる。

(e) 再委託先などへの監督態勢

銀行から委託を受けた業務をさらに外部に委託している場合は、再委託先や再々委託先の事業者に対して十分な監督を行っていることが求められる。

(5) 銀行代理業者および外部委託先に対する監督（銀行法24条、25条）

金融監督当局は、銀行の業務の健全かつ適切な運営を確保するため必要があると認めるときは、銀行（当該銀行を所属銀行とする銀行代理業者を含む）に対し、その業務または財産の状況に関し報告または資料の提出を求めることや、その営業所等に立入検査を行うことができる。

また、金融監督当局は、銀行本体だけでなく、特に必要があると認めるときは、その必要の限度において、外部委託先に対しても、当該銀行の業務または財産の状況に関し、報告、資料の提出、施設への立入検査などを求めることができる。

そのため、銀行代理業者または外部委託先となるFintech事業者等は、そのような金融監督当局対応を行う必要が生じる可能性がある点に留意が必要である。

なお、銀行から直接業務の委託を受けている場合だけでなく、銀行からの直接の外部委託先であるFintech事業者等の再委託先、再々委託先など2以上の段階にわたる委託先であっても、金融監督当局から報告を求められる可能性や、立入検査の対象になる可能性があるので、その点にも留意する必要

がある。

　金融監督当局から上記のような要請を受けたにもかかわらず、報告や資料を提出せず、または虚偽の報告等をしたり、検査を拒んだりした者は、1年以下の懲役または300万円以下の罰金が科されるおそれがある（銀行法63条2号、3号）。法人の場合で、その代表者や従業員が違反行為を行った場合は、当該法人に2億円以下の罰金が科されるおそれがある（同法64条1項2号）。

〔2〕 資金決済法

(1) 資金決済法の概要

　資金決済とは、一般に、金銭および容易に現金化できる預金等の財産（資金）を用いて債権債務を解消（決済）することをいう。典型的には、店頭で物品を購入し、またはサービスを受ける際に現金で代金を支払うことがこれに当たる。しかし、近時の情報通信技術の発達とこれに伴う利用者ニーズの高度化に伴い、現金などの従来型の資金ではなく、サーバ型の電子マネーやビットコインなどの仮想通貨を用いた資金決済に関するサービスが生まれている。

　資金決済法は、こうした情報通信技術の発達や利便性向上の要請といった近年の資金決済をめぐる環境の変化に対応して、資金決済に関するサービスの適切な実施や利用者等の保護を図るため、2010年4月に施行された法律である。

　同法は、主に、①前払式支払手段（プリペイドカードや電子マネーなど）の発行、②資金移動（銀行等以外の者が行う為替取引）、③資金清算（銀行等の間で生じた為替取引に係る債権債務の清算）について規制するが、銀行法等改正法による資金決済法の改正により、上記に加え、④仮想通貨についても規制することとなった。

　以下では、Fintechの分野に特に関連すると考えられるものについて、説明を加える。

(2) 電子マネー

a．電子マネーとは

電子マネーは、法律上定義されている用語ではなく、一般に、資金決済法において規制されている前払式支払手段のうち、金額等の財産的価値が電子的方法（IC、サーバ）により記録されているものが電子マネーと呼ばれている（消費者委員会・建議）。つまり、電子マネーは前払式支払手段であることが前提とされている。

前払式支払手段とは、商品を購入し、サービスを受ける等にあたっての前払いによる支払手段であり、資金決済法が制定される前は、前払式証票規制法（プリカ法）によって規制されていた。しかし、前払式証票規制法は、前払いされた経済的価値が紙やプラスチック等の有体物に記載・記録されることを前提としていたため、経済的価値がサーバに記録されたサーバ型前払式支払手段は規制対象外であった＊。

＊ここでいうサーバ型前払式支払手段とは、「利用者に交付される証票等に金額の記載や記録がなく、IDのみが交付され、これによって店頭の端末やインターネットを利用して発行者等が管理するサーバにアクセスし、サーバに記録された利用者の金額の範囲内で商品やサービスを提供する仕組みとなっているもの」をいうとされている（金融庁・新たな資金決済サービス）。

しかしながら、記録の方法が異なるだけで規制水準が異なってくるのは事業者間の公平性や消費者保護の観点から妥当でないことから、資金決済法は、サーバ型前払式支払手段を規制対象に加えて、前払式支払手段について規制を行うこととした（前払式証票規制法は廃止された）。

資金決済法上、前払式支払手段とは、次の四つの要素を備えたものをいう（同法3条1項）。

① 金額または物品・サービスの数量が、証票や電子機器等に記載され、または電磁的な方法で記録されていること。

② 証票や電子機器等に記載・記録されている金額または物品・サービスの数量の対価が支払われていること。

③ 金額または物品・サービスの数量が記載・記録されている証票や電子機

器等や、これらの財産的価値と結びついた番号、記号その他の符号が発行されること。
④ 証票や電子機器等または番号、記号その他の符号を、提示、交付、通知等することにより、物品を購入し、サービスの提供を受ける等できるものであること。

たとえば、商品券、ビール券、磁気型プリペイドカード、そして電子マネー（IC型、サーバ型）が前払式支払手段に当たる（ただし、乗車券、施設入場券、食券、有効期限が6カ月となっているものなど、上記の要素を満たす場合であっても前払式支払手段に係る規制が適用されないものがある。同法4条、同法施行令4条）。

なお、家電量販店のポイントサービスなどに代表される企業ポイントは、物品の購入等に用いることができる点で電子マネーと同等の機能を有するが、利用者がポイントのために対価を支払っておらず前払式支払手段には当たらない。

b．電子マネーを含む前払式支払手段の発行者に対する規制

(a) 参入規制

電子マネーを含む前払式支払手段は、それを発行する者に対してのみ利用することができるか、そうでないかによって、自家型前払式支払手段と第三者型前払式支払手段とに分かれる（資金決済法3条4項・5項）。

自家型前払式支払手段については、対象となる商品やサービスが発行者等の提供するものに限られることなどから、原則として自由に発行でき、発行した前払式支払手段の未使用残高が1,000万円を超えることとなった場合に限り、発行者は所管財務局長に対し届出を行う義務がある（同法5条、14条1項、同法施行令6条）。

これに対し、第三者型前払式支払手段の発行者は、事前に登録を受けなければならない（同法7条）。その発行者以外の第三者（加盟店）から商品の購入やサービスの提供を受ける場合にも対価の支払のために使用でき、利用者から前払いを受けている発行者から加盟店に対する代金支払を確実に行うという要請が働くためである。

(b) 行為規制

① 情報提供義務

　利用者からすると、購入した前払式支払手段の内容が容易に把握できる必要がある。前払式支払手段の発行者には、発行者の情報や、利用可能額など法律で定められた情報を提供する義務が課せられている（資金決済法13条）。

　なお、従来、前払式支払手段が有体物である場合には、当該前払式支払手段への情報表示義務があった。しかし、近年の情報通信技術の発達に伴い、前払式支払手段はウェアラブル端末型など多様な形態において利用されており、それらにおいては、当該端末上に必要な情報を表示することが困難であることが多い。一方で、そうした端末はインターネットを利用することが前提となっている。

　このような状況に鑑み、改正資金決済法は、情報表示義務を廃止し、インターネット経由で情報提供することでも足りることとした。

② 発行保証金の供託義務

　前払式支払手段の発行者は、法律で定める基準日における前払式支払手段の未使用残高が一定の金額（1,000万円）を超えるときは、当該未使用残高の2分の1以上の額に相当する額の保証金を供託しなければならない（資金決済法14条）。利用者は、他の債権者に先立ってこの保証金から弁済を受けることができる。

　なお、改正資金決済法は、年2回とされている基準日につき、年4回を選択することができることとし、供託金額と未使用残高の乖離を避けることが可能となった（同法29条の2）。

③ 払戻しの原則禁止

　前払式支払手段の払戻しが自由に認められると、出資法上の預り金に該当する可能性があり、また、利用方法によっては銀行法上の為替取引に該当する可能性もある。そこで、上記各法の潜脱を防止するため、業務廃止の場合や少額払戻しの場合などの例外を除き、前払式支払手段の払戻しは原則として禁止されている（資金決済法20条）。

　なお、改正資金決済法は、サーバ型電子マネーの利用増加状況を勘案し、

業務廃止時の利用者への周知のための公告の手段として、新聞公告にかえてインターネットでの電子公告を認めた（同法20条3項）。

④　加盟店管理、苦情処理態勢

前払式支払手段の流通量増大に伴い、悪質な加盟店による利用者の被害事例が増加している。

加盟店管理については、従前から前払式支払手段の利用により得られる商品やサービスが公の秩序または善良の風俗を害し、害するおそれがあるものではないことを確保するための措置が、第三者型前払式支払手段発行者としての登録拒否事由であり登録取消事由となっていた（資金決済法10条1項3号）。

さらに、改正資金決済法は、苦情処理措置の整備義務を明記した（同法21条の2）。

⑤　当局による監督

前払式支払手段の発行者は、帳簿書類や業務報告書の作成義務を負い、また、監督官庁の立入検査・業務改善命令・業務停止命令等の監督に服する（資金決済法22条以下）。

(3)　資金移動業者に対する規制

a．資金移動業とは

資金移動業とは、銀行等以外の者が為替取引を業として営むことをいう（資金決済法2条2項）。

Ⅲ章2で述べたような、決済や送金に関連するサービスを提供する場合は、資金移動業に該当する場合があり、銀行等以外の者が資金移動業を営む場合は、資金移動業者の登録が必要となる（同法37条）。

b．「為替取引」との関係

(a)　為替取引の定義

資金決済法は「為替取引」の定義を設けていないが、最判平13.3.12（刑集55巻2号97頁）は、「「為替取引を行うこと」とは、顧客から、隔地者間で直接現金を輸送せずに資金を移動する仕組みを利用して資金を移動すること

を内容とする依頼を受けて、これを引き受けること、又はこれを引き受けて遂行することをいう」と判示している。そのため、この解釈に基づき、具体的なサービスが「為替取引」に該当するか否かを判断することになる。

　空間的、距離的に隔たった者の間において、直接に現金を送金することなく、資金の授受の目的を達成する場合は、「為替取引」に該当すると考えられるが、どのようなサービスが為替取引に該当するかを一義的に画することは困難な場合も多い。資金移動業者の登録を行うことで、為替取引に該当するかどうかの解釈にかかわらず、サービスを安定的に行うことが可能であるが（高橋・逐条解説150頁）、後記の各種義務を負うことになるため、サービスの提供を予定する者は、サービス提供前に資金移動業者の登録が必要か否かについて十分な検討を行う必要がある。

(b)　100万円の上限額規制

　資金移動業者が取り扱うことのできる資金の移動に係る為替取引は、100万円に相当する額以下のものに限定されている（資金決済法施行令2条）。従来銀行等にのみ認められてきた業務を、新たに銀行等以外の者に認めるものであり、その業務遂行の実態を十分見極める必要があることや、後記の資産保全等の仕組みが設けられるとしても有効に機能しない場合の懸念もあることから、このような制限が設けられている（高橋・逐条解説149頁）。

　この上限は、1回の取引において送金する資金の上限を定めるものであり、手数料やその他の費用は含まれない。また、外貨については、円貨に換算して100万円に相当する額以下の取引である必要がある。

　上限額規制により、企業間やクロスボーダーの多額の送金に利用できない等のサービス拡大の障害となる可能性があるといわれている。

(c)　収納代行・代金引換と為替取引

(1)商品の代金、サービスの利用料金の支払において、商品・サービスの提供者（債権者）から依頼を受けたコンビニエンスストアなどの事業者に対し、その購入者、利用者（債務者）が支払を行い、事業者が受け取った金銭を債権者に渡すサービス（以下「収納代行」という）や、(2)商品を購入した者の自宅等へ商品を搬送する際に、商品を搬送する運送業者が、商品の販売者

（債権者）から依頼を受け、商品の引渡しに際して購入者（債務者）から対価の支払を受け、販売者に対し受け取った資金を渡すサービス（以下「代金引換」という）については、為替取引に該当するか否かについて議論があり、資金決済法は、これらサービスを特に対象とした制度整備を行っていない。

収納代行や代金引換は、「為替取引」に該当しないという見解が有力であるが、これらサービスの名称にかかわらず、「為替取引」に該当するかを前記(a)の最高裁判決の判断基準に従い、判断することが重要である。

c．登録制度

前記a．のとおり、資金移動業を営もうとする者は、登録を受ける必要がある（資金決済法37条）。登録にあたっては、複数の登録拒否要件が定められており（同法40条1項）、特に以下の点に留意が必要である。

(a) 財産的基礎

資金移動業を行うにあたっては、後記d．の資産保全義務の履行やシステムへの投資を行う能力等が必要となることから、資金移動業を適正かつ確実に遂行するために必要と認められる財産的基礎を有することが求められる（資金決済法40条1項3号）。

たとえば、資金移動業者が営業所において現金の受払いを予定する場合には、営業所において利用者に対して引き渡すべき現金を準備できること、営業所に配置する人員や物的体制を整備するだけの資金があることが求められる。これに対し、インターネット等を用いて、銀行口座等から資金を移動する仕組みを用いる場合には、インターネット等を用いた情報処理システムを構築して運用するだけの資金を準備することが求められる（高橋・逐条解説161頁）。

(b) 業務遂行体制の整備

「資金移動業を適切かつ確実に遂行する」体制の整備も求められる（資金決済法40条1項4号）。後記d．の資産保全の義務に係る措置が確実に行われることや、サービスの内容等が明記された約款等が利用者との間で適切に提供されること等が求められる。

登録申請時には、これらの体制整備が行われていることを示す組織体制を

記載した書面、利用者との間で為替取引を行う際に締結される契約書類や社内規則等を提出する必要があり、これらに基づいて適正な体制が整備されているかどうかが審査される（金融庁・事務ガイドライン「14資金移動業者関係」Ⅱ-2-1(2)②）。

d．資産保全義務

利用者保護を図る観点から、資金移動業者は、その利用者に対して負う債務の全額と同額以上の資産を供託等によって保全することが義務づけられ（資金決済法43～48条）、同資産を倒産隔離することで、万一資金移動業者が破綻した場合でも、利用者は保全された資産から優先的に弁済を受けることができる（同法59条）仕組みとなっている。

(a) 履行保証金の供託義務

資金移動業者は、1週間ごとに、当該期間における未達債務（資金移動業者が利用者に負う債務）の額と権利の実行の手続（還付手続）に関する費用の額（未達債務の額が(i)1億円以下のときは、当該額の5％、(ii)1億円超のときは、500万円＋（未達債務の額－1億円）×1％）の合計額（以下「要履行保証額」という）の最高額以上の額を、履行保証金として、当該期間の末日から1週間以内に、その本店の最寄りの供託所に供託しなければならない（資金決済法43条、資金移動業者府令11条1項・5項）。なお、要履行保証額が1,000万円以下である場合は、最低1,000万円を供託しなければならない（同法43条2項、同法施行令14条）。

資金移動業者は、未達債務の発生・移転・消滅を認識する時点に係る考え方を定めたうえで、未達債務を当該考え方にのっとり適切に認識するための態勢を整備する必要がある（金融庁・事務ガイドライン「14資金移動業者関係」Ⅰ-2-2-2-1④）。原則として、資金の受取人が現実に資金を受け取るまでは、資金移動業者は送金人に対して債務を負っていることになる（金融庁・事務ガイドライン「14資金移動業者関係」Ⅰ-2-2-2-1④注3参照）。

この供託義務が、特に事業規模の小さな資金移動業者には事業遂行のハードルになる可能性があるといわれている。

(b) 履行保証金保全契約・信託契約

　資金移動業者は、健全性に係る基準を満たす銀行等との間で、履行保証金が内閣総理大臣の命令に応じて供託される旨など一定の要件を規定した履行保証金保全契約を締結し、その旨を内閣総理大臣に届け出たときは、契約により保全されている金額の範囲で、前記(a)の履行保証金の全部または一部を供託しないことができる（資金決済法44条）。

　また、資金移動業者は、信託会社等との間で、当該信託会社等が内閣総理大臣の命令に応じて信託財産を履行保証金の供託に充てることを信託の目的として当該信託財産の管理や信託の目的の達成のために必要な行為をすべき旨を定めた履行保証金信託契約を締結し、内閣総理大臣の承認を受けた場合は、要履行保証額以上の額の信託財産が現実に信託されているときは、履行保証金の供託義務を免れる（同法45条）。信託契約による資産保全は、供託または供託にかわる保全契約と併存することはできない。

　このように資産の保全にはいくつか方法があり、その要件等も異なることから、資金移動業者は、いずれの方法が適切かを判断する必要がある。

e．資金移動業者の義務・利用者保護等

　前記ｄ．の資産保全義務が資金移動業者に対する規制のうち最も重要な義務といえるが、その他にも、以下のような規制の遵守が求められる。

(a) 情報管理

　資金移動業者は、自己の業務に係る情報の漏えい、滅失または毀損の防止その他の安全管理のために必要な措置を講じなければならない（資金決済法49条）。

　セキュリティの水準については、為替取引を行うからといって一律に銀行と同程度のシステム基準による必要はないと考えられるが、その業務の規模や態様に応じて、適切かつ確実にサービスを提供するためのシステムが整備されている必要がある（高橋・逐条解説190頁）。

(b) 委託先管理

　資金移動業者の業務の自由度を確保するため、資金移動業者の判断で、第三者に対し業務を委託することができる。その委託先については、銀行代理

業者のように許可制とはしておらず、委託することができる相手方についての要件や制限はない。

ただし、委託業務の適正かつ確実な遂行を確保するために必要な措置を講じることが求められる（資金決済法50条、資金移動業者府令27条）。

(c) 利用者保護

資金移動業は、銀行等による為替取引と同じ為替取引であることから、利用者にとっては銀行等による為替取引との区別がつきにくく、利用者が資金移動業者のサービスの内容を十分に理解できないがために利用者に不測の損害が生じることも考えられる。

そのため、資金移動業者は、利用者との間で為替取引を行うときは、あらかじめ、利用者に対し、書面の交付その他の適切な方法により、銀行等が行う為替取引との誤認を防止するための説明や、手数料その他契約の内容についての情報提供を行わなければならない（資金決済法51条、資金移動業者府令28条、29条）。

(d) 外国資金移動業者

インターネットの普及に伴い、国内で資金移動業者の登録をしていない国外の事業者（外国資金移動業者）が、国内の利用者に対して、インターネット上で為替取引が完結するようなサービスを提供することも可能となっている。

しかし、利用者保護の観点から、原則としてそのような業者は、国内の利用者に対して為替取引の勧誘をすることができない（資金決済法63条）。

したがって、国内の資金移動業者は、外国資金移動業者と提携してクロスボーダーの送金サービスを行う場合、その広告などにおいて、外国資金移動業者が勧誘をしているとみられないように留意する必要がある。

f．資金清算業規制との関係

Fintech企業のなかには、資金の提供者と受領者の間、または物品・サービスの提供者とその利用者の間に介在し、資金を受け入れて引き渡す行為をする企業がある。さらに、それに関連してITを用い、より付加価値の高いサービス、たとえば支払と商品発送・サービス提供の同時性の実現、多数関

係者間取引や反復取引のネッティング（差引計算・相殺）、購買・利用データの分析などのサービスを提供する場合がある。このような資金の受入れ・引渡しのプロセスにおいて、銀行と連携して、銀行の預金・送金システムが利用されることがある。

　ここで、Fintech企業が行う資金の受入れ・引渡し（ネット尻すなわちネッティング後に残る一方の債権債務の清算送金のサービスを含む）が為替取引に該当するか否かが問題となるが、基本的に、当該企業が「顧客のために」資金送金を行うかどうかによる。顧客からの受託業務として送金を行う場合には、たとえ銀行口座を通じてこれを行う場合でも為替取引に該当し、他方、Fintech企業自身が顧客との間に債権を有し債務を負う構成とし、その自己の債権債務の清算としてこれを行う場合（以下「債務負担方式」という）には、為替取引に該当しないと解される（野崎ほか29頁）。

　他方、ネッティングサービスが債務負担方式で行われると、資金決済法2条5項において「為替取引に係る債権債務の清算のため、債務の引受け、更改その他の方法により、銀行等の間で生じた為替取引に基づく債務を負担することを業として行うこと」として定義され、免許が必要となる資金清算業に該当してしまうのではないかが問題となりうる。この点については、上記のとおり資金清算業の定義上「銀行等」を顧客とすることが要件とされることから、Fintech企業としては「銀行等」（同5項・同条10項）を顧客として受け付けないことで資金清算業該当性を回避する実務対応も考えられるが、そもそも金融システムの安定確保という資金清算業規制の趣旨に照らして、同規制の適用範囲が明確化されかつその内容が合理的なものとなることがより望ましいといえる。

g．行政処分、罰則

　無登録で資金移動業を営んだ場合には、銀行法違反となり、3年以下の懲役または300万円以下の罰金が科される（資金決済法61条1号）。

　また、前記d.の資産保全に関して供託を行わなかった者は、1年以下の懲役または300万円以下の罰金に処され（同法109条1号）、法人の場合には、2億円以下の罰金刑が科される（同法115条2号）。

(4) 仮想通貨

a．仮想通貨とは

　仮想通貨は、資金移動や物品の購入時の対価の弁済といった決済手段として利用されているものである。その取扱業者や取引件数は日本においても増大しているといわれており、今後も特にインターネットにおける決済手段としての利用や安価な国際送金の手段などを中心に、利用が拡大していく可能性が高いと指摘されている。

　仮想通貨の代表例であるビットコインについては、2014年時点における政府見解によれば法定通貨に当たらず、またそれ自体が権利を表象するものではないうえ、ビットコインの取引は、通貨の存在を前提としている銀行法上の銀行業として行う行為や、有価証券その他の収益の配当等を受ける権利を対象としている金商法に規定する有価証券等の取引にも該当せず、その他の法律でもビットコインを明確に位置づけているものは存在しないと説明されていた（内閣総理大臣・ビットコイン答弁書「三について」）。

　しかし、仮想通貨については、移転が迅速かつ容易であることや匿名性からマネーローンダリングに悪用される可能性がG7エルマウ・サミット首脳宣言やFATFガイダンスにおいて世界的に指摘された。また、日本においては、2014年に、当時世界最大規模の仮想通貨の交換所であった株式会社MTGOXが経営破綻し、利用者が損害を被ったという事件が発生しており、交換所の財務の健全性確保や利用者保護制度の必要性が説かれていた。

　そこで、2016年5月に成立した改正資金決済法および改正犯罪収益移転防止法により、仮想通貨の取引に係る法規制が設けられた。この改正は、公布日である2016年6月3日から1年内に施行される。

　改正資金決済法によれば、仮想通貨とは、次の(a)または(b)の各要素を備えたものをいう（同法2条5項）。

　(a)　資金決済法2条5項1号に規定される仮想通貨（以下「1号仮想通貨」という）

① 物品の購入・借受けをする場合、または役務の提供を受ける場合に、代

価の弁済のために不特定の者に対して使用できること
② 不特定の者を相手方として購入および売却ができる財産的価値であること
③ 電子機器その他の物に電子的方法により記録されており、電子情報処理組織を用いて移転できること
④ 本邦通貨および外国通貨（法定通貨）ならびに通貨建資産でないこと

なお、④にいう通貨建資産とは、法定通貨をもって表示され、または法定通貨をもって債務の履行、払戻しその他これらに準ずるもの（債務の履行等）が行われることとされている資産をいう（改正資金決済法2条6項）。また、この通貨建資産をもって債務の履行等が行われることとされている資産も通貨建資産とみなされる。

たとえば、(i)円建てで表示される預金債権は仮想通貨に該当しない。また、(ii)仮に将来円などの法定通貨がデジタル媒体で発行されたとしてもそれも仮想通貨に該当しないことになる。さらに、(iii)振替債であって券面が発行されていない国債・社債や、電子記録債権なども、仮想通貨には該当しない。(iv)これら(i)～(iii)に述べたものをもってする代物弁済などで弁済が行われる債権も仮想通貨には該当しない。

Suica、楽天Edy、iDなどのいわゆる電子マネーは、特定の加盟店に対してのみ使用することができる点で上記①の要件を満たさないので仮想通貨には該当しない。

(b) 資金決済法2条5項2号に規定される仮想通貨（以下「2号仮想通貨」という）
① 不特定の者を相手方として1号仮想通貨と相互に交換を行うことができる財産的価値であること
② 1号仮想通貨の③および④の要件

弁済等のために不特定の者を相手方として使用することができ、かつ法定通貨と交換できる性質を有する1号仮想通貨に対して、2号仮想通貨は、不特定の者を相手方として1号仮想通貨と交換できるものである。

b．仮想通貨に関する規制

(a) 登録制の導入

　前述した仮想通貨のマネーローンダリングへの悪用の可能性、MTGOX社の破綻事例に加え、仮想通貨の交換所が、法定通貨との交換を通じて既存の金融システムと接点を有し、また交換所を通じて入手することが仮想通貨の主な入手方法となっていることを踏まえると、マネーローンダリング対策や利用者保護の観点から、仮想通貨の交換所について登録制を導入することが必要である。

　具体的には、改正資金決済法では、以下の行為を業として行うことが仮想通貨交換業とされた（同法2条7項）。

① 仮想通貨の売買または他の仮想通貨との交換
② 上記①に掲げる行為の媒介、取次または代理
③ 上記①および②に掲げる行為に関して、利用者の金銭または仮想通貨の管理をすること

　これを行おうとする者は、仮想通貨交換業者の登録を要することとされ（同法63条の2）、一定の登録要件を遵守することが必要となる（同法63条の5）。登録要件としては、株式会社または外国において同種の登録を受けて仮想通貨交換業を行っている外国会社であることや、一定の財産的基礎を有すること、業務を適正かつ確実に遂行するために必要な体制が整備されていることなどを充足することが求められている。

　なお、許認可という観点からは、改正資金決済法上も仮想通貨は通貨ではないため、仮想通貨の交換等を行うことは、通貨の存在を前提とする銀行の固有業務には該当しない。それでも、銀行の他業禁止規制に反しないかという観点から、銀行や他の預金取扱等金融機関が仮想通貨交換業を行いうるかが一応問題となりうる。

　もっとも、上記〔1〕(2)b.(a)およびc.のとおり、改正銀行法上、銀行・銀行持株会社が認可を受けて新類型会社を子会社とすることが認められた。そのため、少なくとも、銀行・銀行持株会社は、認可を受けて仮想通貨交換業を営む会社を子会社とすることが可能になると考えられる。

(b) 行為規制

上記(a)の登録を受けた仮想通貨交換業者は、利用者保護のため、仮想通貨交換業に係る情報の安全管理措置を講じ、委託先の指導を行い、その他仮想通貨に関する説明（本邦通貨や外国通貨との誤認を防止するための説明を含む）や手数料等の契約内容について情報提供を行う義務を負う（改正資金決済法63条の8以下）。

また、仮想通貨交換業者は、利用者から預託を受けた仮想通貨や金銭を自己の資産と分別して管理する義務を負う（同法63条の11第1項）。

分別管理義務に関しては、株式会社MTGOXの破綻事例を踏まえ、仮想通貨交換業者は、定期的に公認会計士（外国公認会計士を含む）または監査法人の監査を受けなければならないとされた（同条2項）。

その他、仮想通貨交換業者は、帳簿書類を作成・保存する義務を負う（同法63条の13）ほか、事業年度ごとに報告書を作成し、内閣総理大臣に提出しなければならず、そのうち財務に関する書類についてはその書類についての監査報告書等を添付しなければならない（同法63条の14）。

(c) 自主規制団体

仮想通貨に対する規制のあり方として、法令による規制とあわせ、交換業者による自主規制がなされれば、機動的かつ効果的であると考えられる。

改正資金決済法は、仮想通貨交換業者が自主規制団体の設立主体となることを認めた（同法87条）。

(d) 当局による監督

仮想通貨交換業者は、上記(b)のとおり、帳簿書類や業務報告書の作成義務を負い、また、監督官庁の立入検査・業務改善命令・業務停止命令等の監督に服する（改正資金決済法63条の15以下）。

(e) 本人確認

改正犯罪収益移転防止法は、マネーローンダリング・テロ資金供与対策として、仮想通貨交換業者に対して、本人確認義務、本人確認記録および取引記録の作成、保存義務、疑わしい取引の当局への届出義務などを課すこととした（同法2条2項31号）。

なお、仮想通貨交換業者のどのような業務が当該規制の対象となるか否かは、同法施行令において定められる見込みである。

c．今後の課題

(a) 為替取引との関係

　上記 a．のとおり、仮想通貨は、決済の手段としてだけでなく送金の手段としても用いられうるが、仮想通貨が送金の手段として用いられるとき、銀行の固有業務である為替取引（上記(3) b．(a)参照）に類似する面がある。仮想通貨の移動が、送金依頼者から依頼を受けて受取人に対し資金を移動する行為の一部と評価される場合には、そのような行為は、為替取引に該当する可能性がある。該当する場合には、銀行業の免許を受けるか、または資金移動業として資金決済法に基づく登録を受けなければならない。

　このことから、仮想通貨を送金手段として利用しようとする場合には、為替取引に該当しないようなスキーム設計が求められる場合が少なからず生じうるものと思われる。

(b) デリバティブ取引との関係

　仮想通貨に関するデリバティブ取引は、仮想通貨が通貨でも有価証券でもないことを前提とすると、現時点では、金商法のデリバティブ取引の規制の対象ではないと整理できる。

　その半面、金商法上規制されていない仮想通貨に関するデリバティブ取引が賭博罪（刑法185条、186条）に該当するかどうかについては、金商法上のデリバティブ取引が法令に基づいて行われる正当業務行為（同法35条）として違法性が阻却されることに比し、より慎重な検討が必要となる。

　こうした不明確さを取り除くため、仮想通貨のデリバティブ取引についてもより明確に法令に位置づけることが望ましい。

(c) 仮想通貨の私法上、倒産手続上の取扱い

　ビットコインが破産手続において取戻権（破産法62条）の対象となるか否かが争われた裁判においては、ビットコインがそもそも所有権の対象になるか否かという点が争点となった。同裁判において、東京地裁は、所有権の客体が原則として有体物に限定されていること（民法206条、85条）などを理由

に、ビットコインは所有権の客体にはならないと結論づけた（東京地判平成27年8月5日LEX-DB25541521）。

　もっとも、同判決は、所有権以外の根拠に基づく取戻権まで否定したものではない。改正資金決済法および今後制定される仮想通貨交換業者に関する内閣府令のもとでは、仮想通貨交換業者に利用者財産の分別管理が義務づけられること（改正資金決済法63条の11第1項）も踏まえ、さらに議論が整理され、「破産者に属しない財産」（破産法62条）として仮想通貨に関する取戻権が認められるようになることが期待される。

　(d)　会計・税務上の取扱い

①　仮想通貨に関する会計処理

　現時点において、仮想通貨取引に関する企業会計上、税務上の会計処理を明示した基準等は示されていないが、仮想通貨取引から生ずる経済的利得も、課税要件を満たす場合には課税対象となる。

　税法上においても仮想通貨は通貨には該当しない取扱いを前提とせざるをえないところ、現在の企業会計実務、税務実務を前提とすると、棚卸資産に準じた取扱いがなされるものと考えられている（土屋・ビットコインと税務69、77頁）。

　もっとも、棚卸資産の保有目的分類の適切性をどのように判断するのか、支払時に払い出した際の交換損益や期末評価損益をどのような勘定科目で処理し開示するのか、取引によらずに入手した仮想通貨をどのように処理すべきか等の実務的対応について、会計処理上の判断基準はいまだ不明確である。会計基準の策定を含む実務的対応は今後の検討課題である。

②　消費税法上の取扱い

　仮想通貨が、通貨としてではなく財産として取り扱われることを前提とすると、現行消費税法では、仮想通貨は非課税物品として列挙されていない（消費税法6条1項、別表第1）ことから、その他の課税要件を満たす限り、国内において事業者が行った仮想通貨取引は、「資産の譲渡等」（同法2条1項8号）として、消費税の課税取引となると思われる（同法4条1項）。

　先進各国のなかには仮想通貨取引を非課税とする国も多く、今後の税制改

正において仮想通貨の譲渡に係る消費税が非課税となることが期待される。詳細については後記2〔5〕(2)を参照されたい。

③ 分別管理に係る監査

上記 b.のとおり、改正資金決済法において登録を受けた仮想通貨交換業者は、利用者の金銭・仮想通貨と自己のそれらを分別管理し、当該分別管理状況について公認会計士・監査法人による監査を受けなければならず、また事業報告を行うにあたり、その財務に関する書類に監査報告書等を添付しなければならない。そのような状況において、上記①のような会計処理の判断基準の不明確さに加えて、金商法下の分別管理状況に関する監査の場合のような規則や実務指針等（同法43条の2第3項の規定に基づく顧客資産の分別管理については、日本証券業協会の「顧客資産の分別管理の適正な実施に関する規則」および日本公認会計士協会の「金融商品取引業者における顧客資産の分別管理の法令遵守に関する保証業務に関する実務指針」が制定されている）が策定されていない現状のままでは、当該指針等によらずに顧客資産の実在性、分別管理の適切性などを検証することを迫られるという問題がある。

外部の第三者による検証の方法や保証水準の明確化など、実務上の対応指針の整備が急務である。

> コラム

EUのPSD2

　2015年11月25日、欧州議会・理事会によるEU域内市場での決済サービスに関する指令（Directive（EU）2015/2366）（以下「PSD2」という）が、従前の決済サービスに関する指令（Directive 2007/64/EC）（以下「PSD1」という）を廃止し、これにかわるものとして公布された（欧州委員会・PSD1/2資料・解説）。全EU加盟国は、これを執行する国内法を2018年1月13日までに施行し（115条）、同年7月13日までにPSD2に適合した免許要件の充足完了を対象業者に要求することを義務づけられている（109条）。

　PSD1は、為替取引・口座入金・引出し・前払式その他の支払手段発行などの業務を該当業務として列記する方法で定義された「決済サービス」（payment service）を規制対象業務とし、銀行などを含めた横断的な規制を実現させた。PSD1において、決済サービスは免許（authorisation）制であり（なお銀行等の信用機関（credit institutions）はCRD（Capital Requirements Directive）Ⅳにより免許を要するので、PSD1による免許の重複要求はない）、免許要件としてリスクに応じた自己資本規制が適用される。PSD1で要求される免許を取得した決済サービス業者は、受領した顧客財産につき、分別管理・保険付保等の保全措置を義務づけられ、また決済サービス提供者（CRD Ⅳで免許を要求される信用機関なども含む。以下同じ）は、顧客への一定の情報提供を義務づけられる。PSD1は原則的にEU域内の決済サービスに適用がある。以上の基本的枠組みは、PSD2においても原則として維持される（前文34、2条、5条、7条、10条、11条、45条等）。

　PSD2は、近時の決済サービス多様化を受けて、新たに以下の2種の業務を「決済サービス」に追加した。

(1)　決済開始サービス（payment initiation service）

　これは、他の決済サービス提供者にて開設された顧客の支払アカウントからの支払手続開始を顧客の指図によって行うサービスである。典型的には、消費者のオンライン購入システムを構築・運用し、購入情報を直ちに商品・サービス販売業者に連絡し、その商品・サービス提供開始に連動させるものである。

(2)　口座情報サービス（account information service）

　これは、顧客が、銀行・電子マネー事業者・決済サービス事業者といった

他の決済サービス提供者にて開設した複数の支払アカウントの統合情報を顧客に提供するサービスである。たとえば、全体での食費・光熱費・賃料等の支出状況を報告し、消費者のファイナンシャルプランニングに役立てるサービスが考えられると説明されている。このようなサービスを提供するのが、Ⅲ章4〔2〕(2)において記載したAISP（account information service provider）である。

上記2種のみを行う業者は、顧客財産を受領することがない。そのため、これらの業者に対しては、自己資本規制が軽減または不適用とされ、他方で損害補償保険や金融機関保証を要求することが予定されている（PSD2前文35、7条ないし9条）。

PSD2は、決済サービスの安全確保措置についての基本ルールを定めている。

すなわち、パスワード等の個別化認証情報（personalised security credential）につき決済サービス提供者に安全管理義務を課す（70条等）のみならず、サービスの顧客の側にもその安全管理義務を課し（69条）、顧客カード等支払手段の紛失・盗難・不適切管理による不正な支払取引につき50ユーロを上限として責任を負うことを原則としつつ、顧客の個別化認証情報の管理状況その他の事情に応じてこの責任額は上限なしとされ、あるいは逆に（各加盟国の国内法により）より限定できることとしている（74条）。

また、決済サービス提供者は、顧客の支払アカウントへのアクセス・電子決済取引の開始・不正リスクを伴う遠隔チャネルを通じた行為につき「強化された顧客認証措置」をとること（少額・反復取引や取引締結と一体化された支払はその例外）、電子的な遠隔地間決済取引では個別の取引・金額と個別の顧客をつど結ぶ「動的リンク」（dynamic linkage）の要素を確保すること、個別化認証情報の安全を管理することを求められる（97条）。

「強化された顧客認証措置」とは、①顧客自身が有する知識（静的パスワード等）、②顧客が所持する物（ワンタイムパスワード表示端末等）や情報、および③先天的な生体情報の3要素のうち少なくとも2要素を組み合わせ、各要素が他の要素の信頼性に依拠しない仕組みとされる。

PSD2はEuropean Banking Authority（EBA）が、強化された顧客認証措置と通信の安全性に関する技術基準規制を定めることを求めている（98条）。EBAは、これを受け、この問題に関する多様な視点と基本的考え方を提示したディスカッションペーパーを公表してパブリックコメント手続に付し、2016年8月12日にパブリックコメントに対する考え方を公表した（EBA

> mandates in PSD2 updates)。

〔3〕 貸金業法、利息制限法、出資法

(1) 三法の概要

a．貸金業法の概要

(a) 法の目的

貸金業者は、消費者信用・事業者信用の両面にわたって、不特定多数の者に対してさまざまな信用行為を行うことにより、資金供給者から資金需要者へと至る資金仲介機能を果たしており、貸付金の社会的影響力は非常に大きい。

貸金業法は、このような実情を踏まえ、貸金業者に対して登録制を実施し、その事業に対し必要な規制を行うこと等によって、貸金業者の業務の適正な運営を確保することを直接的な目的とし、最終的には資金需要者等の利益の保護を図ることをねらいとしている（大蔵財務協会21頁）。

(b) 登録制

貸金業法は、金銭の貸付けまたは金銭の貸借の媒介を業として行う場合に適用される法律であり、銀行や保険会社等の法令上除外された者を除き、貸金業を営もうとする者は貸金業者としての登録を受けなければならない（同法2条1項、3条）。

貸金業者としての登録を受けるためには、貸金業を的確に遂行するための必要な体制整備、貸金業務取扱主任者の設置、営業所または事務所の設置、純資産額が一定金額以上であること等が必要とされる＊。

＊貸金業者としての登録のためには、以下を含む一定の要件を満たすことが必要とされる。
 (a) 常務に従事する役員のうちに貸付の業務に3年以上従事した経験を有する者があること（貸金業法6条1項15号、同法施行規則5条の4第1項2号）。
 (b) 営業所等ごとに貸付けの業務に1年以上従事した者が常勤の役員または使

用人として1人以上在籍していること（貸金業法6条1項15号、同法施行規則5条の4第1項3号）。
(c) 営業所または事務所の設置、固定電話の設置、および営業所・事務所ごとに、貸金業務に従事する者のうち50人に1人以上の割合での貸金業務取扱主任者の設置（貸金業法6条1項13号、12条の3第1項、同法施行規則10条の8）。
(d) 純資産額が5,000万円以上であること（貸金業法6条1項14号・3項）。

(C) 行為規制等

登録を受けた貸金業者には、債務者または保証人等に対する契約締結前の書面交付（貸金業法16条の2）や、契約締結時の書面交付（同法17条）、受取証書の交付（同法18条）、帳簿の備付け（同法19条）、取立て行為の規制（同法21条）の遵守、債権証書の返還（同法22条）、いわゆる総量規制（同法13条の2。個人貸付の場合に個人の借入総額が原則的に年収等の3分の1までに制限される）の遵守等が要請される。

b．利息制限法の概要

(a) 法の目的

利息制限法は、高利の重圧に苦しむ借主を高利貸の不当な搾取から保護しようという目的で制定された法律であり、当該目的のために上限金利規制等が設けられている（森泉11頁）。

なお、いわゆるグレーゾーン金利（詳細は下記(2)のとおり）が廃止されることとなった平成18年改正により、任意性および書面性の要件を満たしていれば当該利息の弁済は有効なものとみなされるいわゆるみなし弁済の規定（旧利息制限法43条）が廃止され、営業的金銭消費貸借の特則が創設されるなど、金利体制の適正化が図られている（小野367頁）。

(b) 利息の制限（利息制限法1条）

利息制限法上、金銭を目的とする消費貸借における利息の契約は、その利息が以下に掲げる場合に応じ当該各号に定める利率により計算した金額を超えるときは、その超過部分について、無効とされている。

① 元本額10万円未満は年20％
② 元本額10万円以上100万円未満は年18％

③ 元本額100万円以上は年15%

この上限金利規制はいわゆるグレーゾーン金利との関係で問題となるが、その点については下記(2)において述べる。

(c) その他の規制

利息の天引き（利息制限法2条）、みなし利息（同法3条）、賠償額の予定の制限（同法4条）、営業的金銭消費貸借の特則として、元本額の特則（同法5条）、みなし利息の特則（同法6条）、賠償額の予定の特則（同法7条）、保証料の制限等（同法8条）、保証がある場合における利息の制限の特則（同法9条）が規定されている。

c．出資法の概要

(a) 法の目的

一般に、出資法は、大衆が出資したり金銭を預けたりすることに伴って被る損害を未然に防止するとともに、多少の高利でも緊急に資金を必要としている借り手の弱い立場を利用して暴利をむさぼる高利貸や、金銭貸借の媒介に際して高額の手数料を取得することを禁止することによって大衆を保護し、他方では浮貸し等を禁止することによって、金融機関の財産基盤ひいては預金者を保護している、と解されている（斎藤16頁）。

(b) 預り金規制（出資法2条）

一般大衆から預り金の受入れを行い、その業務がひとたび破綻をきたすようなことがあれば、一般大衆に不測の損害を及ぼすばかりでなく、社会の信用制度と経済秩序を乱すこととなる。

そのため、出資法2条は、一般大衆の保護と信用秩序の維持の観点から、銀行法に基づく銀行など他の法律において特別の規定のある者を除き、「預り金」を禁止している。

そして、「預り金」とは、出資法2条2項において、預金等と同様の経済的性質を有するものとされており、次の四つの要件のすべてに該当するものとされている（金融庁・事務ガイドライン「2.預り金関係」2-1）。

① 不特定かつ多数の者が相手であること
② 金銭の受け入れであること

③　元本の返還が約されていること
④　主として預け主の便宜のために金銭の価額を保管することを目的とするものであること

(c)　その他の規制

出資金の受入れの制限（出資法1条）、預り金の禁止（同法2条）、浮貸し等の禁止（同法3条）、金銭貸借等の媒介手数料の制限（同法4条）、高金利の処罰（同法5条）、高保証料の処罰（同法5条の2）、保証料がある場合の高金利の処罰（同法5条の3）等が規定されている。

なお、高金利の処罰については、いわゆるグレーゾーン金利との関係で問題となるが、その点については下記(2)において述べる。

(2)　三法による上限金利規制

利息制限法上、金銭消費貸借に関し債権者の受ける元本以外の金銭は、原則的に、礼金、割引金、手数料、調査料その他いかなる名義をもってするかを問わず、利息とみなされる（同法3条）。

出資法においても、金銭の貸付けを行う者の高金利の処罰が規定されており（同法5条）、金銭の貸付けを行う者がその貸付けに関し受ける金銭は、原則的に、礼金、手数料、調査料その他いかなる名義をもってするかを問わず、利息とみなされる（同法5条の4第4項）。

かつては、旧利息制限法上の上限金利（超過する場合には民事上無効）と、出資法上の上限金利（超過する場合には刑事罰）の金利帯における利息であっても、旧利息制限法43条において、任意性および書面性の要件を満たしていれば当該利息の弁済は有効なものとみなされる旨規定されていたため、旧利息制限法下では、旧利息制限法と旧出資法の上限金利の間の金利帯（グレーゾーン金利）での貸付けが行われていた。しかし、平成18年改正により、みなし弁済の規定は廃止されたため、利息制限法の上限金利を超える利息の支払いはいかなる場合も無効となっている。

また、平成18年改正により出資法上の上限金利が元本額にかかわらず一律年20％に引き下げられグレーゾーン金利は撤廃されたが、利息制限法は改正

後も従前どおり元本額10万円未満は年20％、10万円以上100万円未満は年18％、100万円以上は年15％となっており、出資法と利息制限法の間には、出資法上の刑事罰の対象ではないが民事上は無効となる金利帯が存在する。しかし、その金利帯での貸付けは貸金業法違反となり行政処分の対象となっている（同法12条の8、24条の6の3）（上柳＝大森20頁）。

〔4〕 金融商品取引法

(1) 金商法の概要

　金商法とは、「(1)企業内容等の開示の制度を整備するとともに、(2)金融商品取引業を行う者に関し必要な事項を定め、(3)金融商品取引所の適切な運営を確保すること等により、(a)有価証券の発行及び金融商品等の取引等を公正にし、(b)有価証券の流通を円滑にするほか、(c)資本市場の機能の十全な発揮による金融商品等の公正な価格形成等を図り、もつて(ア)国民経済の健全な発展及び(イ)投資者の保護に資すること」を目的とする法律である（金商法1条。(1)等は筆者が付した）。(1)〜(3)の方策により達成しようとする法の規定の直接的な目的として(a)〜(c)があり、それにより達成されるべき最終的な目的として(ア)および(イ)が掲げられている（小島ほか16頁）。

　法の規定としては、大きく分けて(i)企業内容、公開買付けおよび株券等の大量保有の状況に関する開示制度、(ii)金融商品取引業者等の規制、(iii)金融商品取引所の開設や運営などの金融商品取引市場に関する規制および(iv)相場操縦やインサイダー取引などの不公正取引の規制が設けられている。

　Fintechとの関連では、(ii)の金融商品取引業者等の規制（以下「業規制」という）が重要となる。

(2) 業 規 制

a．金融商品取引業とは

　金商法は、金融商品に関する業のうち一定のものを「金融商品取引業」

（同法2条8項）と定義し、金融商品取引業は、内閣総理大臣（財務局長等に権限委任）の登録を受けた者でなければ行うことができないとしている（同法29条）。この登録を受けた者が「金融商品取引業者」である（同法2条9項）。

金融商品取引業は、金商法2条8項に列挙されているが、大くくりすると、「販売・勧誘」「資産運用・助言」「資産管理」の三つが中心的な業である。これを受けて、金融商品取引業は、①第一種金融商品取引業（同法28条1項）、②第二種金融商品取引業（同条2項）、③投資助言・代理業（同条3項）、④投資運用業（同条4項）に区分されている。

①の第一種金融商品取引業は、簡単にいうと、証券業すなわち流通性のある商品（有価証券）の販売・勧誘（証券発行取引の仲介行為と証券流通取引の仲介行為）およびデリバティブ取引の販売・勧誘である。これに対して、②の第二種金融商品取引業は、流通性の低い商品の販売・勧誘である。③投資助言業務は、顧客に対して、有価証券等の価値等やその価値等の分析に基づく投資判断に関して、アドバイスを行う業を意味する。一方で、④投資運用業は、有価証券等の価値等の分析に基づく投資判断に基づいて、有価証券等に対する投資として、金銭その他の財産の運用を行うことをいう。なお、ロボアドバイザーとの関係では、投資運用業のうち、投資一任契約を締結して運用を行う投資一任業務が問題となる。

Ⅲ章1〔2〕(1)a.、Ⅲ章3〔2〕で述べたとおり、Fintechに関連するサービスとの関係では、ソーシャルレンディング（融資型クラウドファンディング）のプラットフォーム提供が第二種金融商品取引業に、ロボアドバイザーによるサービス提供が投資助言・代理業、投資運用業、または第一種金融商品取引業に該当する可能性がある。

金融商品取引業の登録を受けるには、以下の図表4-4の要件が必要となる。総じて第一種金融商品取引業および投資運用業の要件は厳格である。

b．登録金融機関としての業規制

銀行・信用金庫・保険会社などの金融機関は、有価証券関連業（一般的な証券業）を行うことが原則として禁止されている（銀証分離。金商法33条1項

図表 4-4　金融商品取引業の登録に必要な要件

		第一種金融商品取引業	投資運用業	第二種金融商品取引業	投資助言・代理業
人的構成要件業務遂行体制要件		あり			
法人要件		あり（株式会社）		なし	
財産要件	最低資本金・出資金要件	あり（5,000万円〜30億円）	あり（5,000万円）	あり（法人）（1,000万円）	なし（ただし、営業保証金として500万円の供託が必要）
	純財産要件	あり（5,000万円〜30億円）	あり（5,000万円）	あり（法人）（1,000万円）	なし
	自己資本要件	あり	なし		
主要株主要件兼業要件		あり		なし	

本文）。これは、金融機関が自らの融資を回収するべく貸出先に有価証券を発行させるなどの利益相反による弊害や、企業の資金調達の方法を実質上支配することにより金融機関が産業界に過度の影響力を有する結果として懸念される弊害（優越的地位の濫用）を防止する観点からの規制である。

また、投資運用業も、信託銀行を除き金融機関が行うことはできない（同法33条1項本文、33条の8第1項）。投資運用業を行えば必然的に顧客のために有価証券の売買やデリバティブ取引などの有価証券関連業を行うことになるからである。

ただし、投資助言・代理業やその他一定の業務は、登録金融機関の登録を受ければ業として行うことができる（同法33条の2）。銀行がロボアドバイザーサービスを提供する場合は、当該登録を受けたうえで、投資助言・代理業にとどまる範囲でのサービスを提供する必要がある。

c．適合性の原則、説明義務

　金融商品取引業者および登録金融機関（以下「金商業者等」という）に対してはさまざまな行為規制が定められている。そのなかでも重要なものとして、適合性の原則と説明義務がある。

　(a)　適合性の原則

　適合性の原則とは、「顧客の知識、経験、財産の状況及び金融商品取引契約を締結する目的に照らして不適当と認められる勧誘」をしてはならないというルールをいう（金商法40条1号参照）。

　たとえば、投資経験のない高齢者にリスクの高い商品を勧誘するなどの行為は禁止されることになる。

　(b)　説明義務

　説明義務とは、商品の販売に際して顧客に対してあらかじめ当該商品の内容・仕組み・リスクなどを説明しなければならない義務である。

　金商業者等は、金融商品取引契約を締結する前に、顧客に対して一定の事項を記載した書面（契約締結前交付書面）を交付しなければならない（金商法37条の3）。そして、その一定の事項について、顧客の知識、経験、財産の状況および金融商品取引契約を締結する目的に照らして当該顧客に理解されるために必要な方法および程度による説明をすることなく、契約を締結してはならないとされている（金商業等府令117条1項1号）。

　(c)　非対面取引と説明義務

　Fintechに関連するサービスについては、その多くがインターネット取引などの非対面取引で提供されると思われる。そのように顧客と直接対面しない場合でも、前記(b)の説明義務は履行しなければならない。

　インターネットを通じた説明の方法として、顧客がその操作するPCの画面上に表示される説明事項を読み、その内容を理解したうえで画面上のボタンをクリックする等の方法で、顧客が理解した旨を確認することが求められている（金商業者監督指針Ⅲ-2-3-4(1)④）。

　また、リスクが高いまたは仕組みが複雑である証券・取引を取り扱う場合の手続としては、(i)ホームページにおいて、当該証券・取引の仕組みおよび

Ⅳ　Fintechに関する法務1　金融規制法　195

リスクの説明について表示を行う、(ii)顧客が説明の内容について確認した場合、その旨をホームページまたは電子メールにより連絡を受ける、(iii)ホームページまたは電子メールにより内容を確認した旨の連絡を受けた顧客に対し、電話等により、その内容について再度確認を行い、取引を開始することに関し問題がないと判断した顧客について、当該取引を開始するなどの対応も考えられる（日証協・インターネット取引ガイドラインⅢ-1-2）。

その他、顧客相談窓口の設置やホームページにおいてQ&Aを設け、顧客からの問合せのうち典型的なものを表示するといった対応も必要と考えられる（日証協・インターネット取引ガイドラインⅢ-1-6）。

(d) 電子情報処理組織の管理を十分に行うための措置

金融商品取引業者は一般的に、「電子情報処理組織の管理を十分に行うための措置」をとることを求められている（金商業等府令70条の2第2項1号、123条1項14号、金商業者監督指針Ⅳ-3-2-1(3)）。

Fintechに関連するサービスの処理・提供において用いる電子情報処理組織を管理・運営する場合には、同監督指針において定められているように、電子情報処理組織の専門家によるシステム監査等の適切なチェックの定期的履践、誤発注防止のためのシステム対応、システムリスク管理のための基本方針・管理態勢の確立、リスク評価、情報セキュリティ管理、サイバー攻撃リスク管理、外部委託管理、コンティンジェンシープラン策定などを実施する必要がある。

d．刑事罰、行政処分

(a) 刑 事 罰

内閣総理大臣の登録を受けないで金融商品取引業を行った者は、5年以下の懲役または500万円以下の罰金に処される（金商法197条の2第10号の4）。法人の場合は、5億円以下の罰金となる（同法207条1項2号）。

また、契約締結前交付書面を交付しなかった者や、虚偽の記載をした者は、6月以下の懲役または50万円以下の罰金に処される（同法205条12号）。法人の場合も同額の罰金となる（同法207条1項6号）。

(b) 行政処分

　金融商品取引業者や登録金融機関など金商法に基づく事業の行政的監督のもとに置かれている者については、法令違反行為等について行政処分の対象となる。行政処分としては、業務改善命令（金商法51条、51条の２）、業務停止命令・登録取消し・認可取消処分がある（同法52条、52条の２）。

(3) 投資型クラウドファンディング

a．2014年の金商法改正

　投資型クラウドファンディングに対応するため、2014年５月に金商法の改正法が公布され、2015年５月に同改正を受けた政令・内閣府令の改正が行われた。

　これらの改正の趣旨は、①リスクマネーの供給促進のための新規参入の促進、および②詐欺的行為からの投資者保護を目的のためのルールの整備という点にある（リスクマネーWG報告２～４頁）。

b．クラウドファンディングに係る金商法規制の概要

　改正された金商法は、まず、募集等の取扱い（有価証券の募集・売出しの取扱い、または私募・特定投資家向け売付勧誘等の取扱いをいう。金商法２条８項９号）のうちインターネットを用いた一定のものを「電子募集取扱業務」と位置づけた。そして、非上場有価証券等の一定の有価証券を電子募集取扱業務により取り扱う場合について、通常の募集等の取扱いとは異なる規制の対象としている。また、電子募集取扱業務のうち、有価証券の取得申込みまでウェブサイト上で行われるもの等については、「電子申込型電子募集取扱業務等」として特別の規制の対象となる。

　また、新規参入促進のため、少額な電子募集取扱業務のみ行うことができるかわりに、参入要件等が緩和されている「第一種・第二種少額電子募集取扱業者」という類型が新設されている。

c．電子募集取扱業務

　電子募集取扱業務とは、(i)ウェブサイト等を閲覧させる方法、または(ii)ウェブサイト等を閲覧させる方法とあわせ、電子メールやそれに類似するイ

ンターネット上でのメッセージ授受サービスを用いる方法によって、有価証券の募集等の取扱いを業として行うことをいう（金商法29条の2第1項6号、金商業等府令6条の2）。

電子募集取扱業務に該当するか否かについては、個別の事情を勘案して判断されることになるが、基本的には、ウェブサイトを利用する場合だけでなく、SNS、マイクロブログ、動画・写真共有サイト、ブログといった各種のソーシャルメディアを閲覧させる方法であっても、電子募集取扱業務の対象となる（金融庁・平成26年金商法等改正パブリックコメント回答6頁25番）。

また、ウェブサイト上で有価証券の取得申込みを受け付けていなくても、個別商品の概要や手数料・予想リターン・申込期間などを掲載したページを設けているなどの場合には、電子募集取扱業務における募集等の取扱いに該当しうる。

電子募集取扱業務と電話や訪問等のその他の方法を併用しても、当該募集等の取扱いは電子募集取扱業務に該当する（金融庁・平成26年金商法等改正パブリックコメント回答6頁24番）。

なお、電子メール等のみを使用する場合や、インターネット上での音声通話サービスを利用する場合には、当該募集等の取扱いは電子募集取扱業務に該当しない。もっとも、これらの募集等の取扱いを行うにあたって、第一種・第二種金融商品取引業者としての登録は必要である（日本取引所グループ金商法研究会6頁）。

d．電子申込型電子募集取扱業務等

電子申込型電子募集取扱業務等とは、電子募集取扱業務のうち、(i)ウェブサイト上で有価証券取得の申込みまで行わせる電子募集取扱業務、(ii)第一種・第二種少額電子募集取扱業務、および(iii)有価証券の一部について(i)または(ii)による募集・私募の取扱いがなされているものの残部についての募集等の取扱いをいう（金商業等府令70条の2第3項、田中ほか7頁）。

電子申込型電子募集取扱業務等については、インターネットを通じて手軽に多数の者から資金を調達できる仕組みであると考えられているため、詐欺的な行為に悪用されることのないように、業務管理体制等において特別の規

制が課されている（後記 f .(a)、(b)参照）。

e．規制対象有価証券

電子募集取扱業務に対し、金商法上の通常の規制と異なる規制が課されるのは、当該電子募集取扱業務が非上場有価証券等の一定の有価証券（以下「規制対象有価証券」という）を対象とする場合である。

規制対象有価証券は、基本的に、開示規制適用対象外の有価証券（金商法3条）または非上場の有価証券のうち、政令で定める有価証券を除いたものである（同法29条の2第1項6号）。この政令で定める有価証券には、たとえば、国債や地方債等の発行者の信用が高く安全性の高いもの、有価証券届出書等による開示がなされているもの、融資型クラウドファンディングに関するものがある（同法施行令15条の4の2）。

この規制対象有価証券のうち、非上場株式については、従来、自主規制機関によって証券会社による募集の取扱いが禁止されていたため、募集を通じて多数の資金提供者から資金調達することは、事実上不可能であった。この点について、クラウドファンディングに係る金商法の改正とあわせて、当該自主規制機関の規則が電子募集取扱業務を除外した（日証協・店頭有価証券規則3条）ため、今後は、非上場株式について募集等の取扱いを行うことが可能となる（もっとも、非上場株式については、日本証券業協会の自主規制規則によって第一種少額電子募集取扱業務に相当するものしか認められていない。日本取引所グループ金商法研究会4頁）。

f．電子募集取扱業務に係る規制

(a) 業務管理体制整備義務

2014年5月の金商法改正により、すべての金融商品取引業者等について業務管理体制整備義務が課され、社内規則等の整備や従業員の研修等の措置がとられる体制構築が求められることとなった（金商法35条の3、金商業等府令70条の2第1項）。

また、規制対象有価証券に係る電子募集取扱業務を行う場合には、業務管理体制の整備として以下の要件（なお、2号〜7号については電子申込型電子募集取扱業務等を行う場合のみに求められる）を満たす必要がある（金商法35条

の3、金商業等府令70条の2第2項)。

① 電子情報処理組織の管理を十分に行うための措置(1号)
② 標識に表示すべき事項(金融商品取引業協会に加入していない場合にあっては、その旨を含む)のウェブサイト上の公衆閲覧提供(2号)
③ 発行者の財務状況、事業計画の内容および資金使途等、電子申込型電子募集取扱業務等の対象とすることの適否の判断に資する事項の適切な審査(デューディリジェンス)(3号)
④ 顧客の応募額が申込期間内に目標募集額に到達しなかった場合および超過した場合の取扱方法を定め、当該方法に関して顧客に誤解を生じさせないための措置(4号)
⑤ オールオアナッシング方式(応募額が目標募集額に到達したときに限り有価証券が発行される方式)の場合には、目標募集額に到達するまでの間、発行者が応募代金の払込みを受けることがないことの確保(5号)
⑥ 顧客が有価証券の取得の申込みをした日から起算して8日を下らない期間が経過するまでの間、申込みの撤回や契約の解除を行うことができることの確認(クーリングオフ)(6号)
⑦ 発行者が顧客の応募代金の払込みを受けた後、当該発行者の顧客に対する事業の状況について適切な情報の定期的提供の確保(7号)

第一種・第二種少額電子募集取扱業務を行う場合には、下記g.の少額要件を満たさなくなることを防止するための必要かつ適切な措置も求められている(金商業等府令70条の2第2項8号)。

以上のうち、上記③の発行者についてのデューディリジェンス義務においては、発行者の財務状況等につき実質的な審査を行う必要があり、電子申込型電子募集取扱業務等を行う者にとって相当な事務負担となりうる。

(b) 契約締結前交付書面

規制対象有価証券について電子募集取扱業務を行う場合には、契約締結前交付書面において、以下の事項(このうち、6号イ~トについては、電子申込型電子募集取扱業務等の場合のみ適用される)を記載する必要がある(金商法37条の3第1項7号、金商業等府令83条1項3号~6号)。

① 発行者の商号、名称または氏名および住所（3号）
② 法人である発行者の代表者の氏名（4号）
③ 発行者の事業計画の内容および資金使途（5号）
④ 申込期間（6号イ）
⑤ 目標募集額（6号ロ）
⑥ 当該有価証券の取得に係る応募額が目標募集額を下回る場合および上回る場合における当該応募額の取扱いの方法（6号ハ）
⑦ 当該有価証券の取得に係る応募代金の管理方法（6号ニ）
⑧ 発行者の事業契約等の審査（デューディリジェンス）に係る措置の概要および当該有価証券に関する当該措置の実施結果の概要（6号ホ）
⑨ 顧客が当該有価証券の取得の申込みをした後、当該顧客が当該申込みの撤回または当該申込みに係る発行者との間の契約の解除（クーリングオフ）を行うために必要な事項（6号ヘ）
⑩ 当該有価証券の取得に関し、売買の機会に関する事項その他の顧客の注意を喚起すべきこと（6号ト）

(c) ウェブサイト上での情報提供義務

規制対象有価証券について電子募集取扱業務を行う場合には、電子募集取扱業務を行う期間中、ウェブサイト上で、以下の内容について情報提供しなければならない（金商法43条の5、金商業等府令146条の2）。

① 顧客が支払うべき手数料等の種類ごとの金額もしくはその上限額またはこれらの計算方法および当該金額の合計額もしくはその上限額、またはこれらの計算方法（記載できない場合は、その旨およびその理由）の概要（金商法37条の3第1項4号、金商業等府令81条1項）
② 顧客が行う金融商品取引行為について金利、通貨の価格、金融商品市場における相場その他の指標に係る変動により損失が生ずることとなるおそれがあるときは、その旨、ならびに当該指標および当該指標に係る変動により損失が生ずるおそれがある理由（金商法37条の3第1項5号、金商業等府令82条3号）
③ 顧客が行う金融商品取引行為について当該金融商品取引業者等その他の

者の業務または財産の状況の変化を直接の原因として損失が生ずることとなるおそれがある場合にあっては、当該者、ならびに当該者の業務または財産の状況の変化により損失が生ずるおそれがある旨およびその理由（金商業等府令83条5号）

④　上記(b)の金商業等府令83条1項3号～6号に規定する各事項

これらについては、映像面の見やすい箇所に明瞭かつ明確に表示することが求められ、また、信用・市場リスクおよび顧客の注意を喚起すべきリスクについては、当該事項以外の事項の文字・数字のうち最大のものと著しく異ならない大きさで表示する必要がある（金商業等府令146条の2第1項・第2項）。

(d)　親子法人間の募集等の取扱いの禁止

電子申込型電子募集取扱業務等においては、自らの親法人等または子法人等の発行する有価証券を対象とすることが禁止されている（金商法44条の3第1項4号、金商業等府令153条1項14号）。

これは、上記(a)のデューディリジェンス等の業務管理体制整備義務との関係で、発行者と募集等の取扱いを行う者との間で利益相反関係が生じうる点が考慮されたものと考えられる。

(e)　自主規制機関による自主規制

第一種・第二種金融商品取引業者の自主規制機関として、日本証券業協会および第二種金融商品取引業協会は、上記の法令に基づく規制の詳細を定め、また、追加的に規制を課している。

たとえば、上記e.のとおり非上場株式については第一種少額電子募集取扱業務に該当する募集の取扱いのみが許容されており、それ以外の非上場株式についての投資勧誘は禁止されている。

また、電子申込型電子募集取扱業務等において取り扱う有価証券につき、電話や訪問による勧誘が禁止されている。

これらの自主規制機関に加入していない第一種・第二種金融商品取引業者であっても、金融商品取引業者としての登録のためには、これらの自主規制規則に準ずる内容の社内規則の作成、これを遵守する体制整備の必要がある

ため、加入していなくとも同様の規制に服することとなる（金商法29条の4第1項4号ニ、33条の5第1項4号）。

g．第一種・第二種少額電子募集取扱業者

電子募集取扱業務であって、規制対象有価証券の募集・私募の取扱いを行うもので、発行価額の総額が1億円未満であり、投資者1人当りの払込額が50万円以下であるもの（少額要件。一定の金額の合算について金商業等府令に規定が置かれている）については、第一種少額電子募集取扱業者または第二種少額電子募集取扱業者として、通常の第一種・第二種金融商品取引業者に比して、参入要件・行為規制が緩和されている（金商法29条の4の2第10項、29条の4の3第4項、同法施行令15条の10の2、15条の10の3、金商業等府令16条の3）。

具体的には、最低資本金額が第一種少額電子募集取扱業者の場合は1,000万円、第二種少額電子募集取扱業者の場合は500万円で足りる（金商法29条の4第1項4号イ、同法施行令15条の7第1項6号・8号）。また、標識掲示義務が課されない（金商法29条の4の2第5項、29条の4の3第2項、36条の2第1項）。

ほかに、第一種少額電子募集取扱業者の場合は、兼業規制、自己資本規制比率、金融商品取引責任準備金の積立義務、投資者保護基金への加入義務が適用されない（金商法29条の4の2第3項・第4項・第6項、35条1項～4項、46条の5、46条の6、79条の27第1項・第2項、同法施行令18条の7の2）。

もっとも、上述した業務管理体制整備義務等については、電子申込型電子募集取扱業務等を行う通常の第一種・第二種金融商品取引業者と基本的に同様の義務を負うことになる。

また、登録の審査に際して確認されるべき人的構成についても、通常の第一種・第二種金融商品取引業者と同じ基準で審査が行われることになる。

さらに、第一種・第二種電子募集取扱業者は、電話や対面による勧誘を行うことができない。

上記の規制に鑑みると、第一種・第二種少額電子募集取扱業者は、比較的小規模の資金需要を対象とする一方、勧誘手段がインターネット上に限定されることや、緩和されていない業務管理体制整備義務等の事務負担が重いため、普及しているとは言いがたい状況にある。

〔5〕 割賦販売法

(1) 割賦販売法の概要

　割賦販売法は、割賦販売等、つまりクレジットカード等による分割払いでの販売等に係る取引の公正を確保し、クレジットカードの利用者等が損害を受けないようにし、またクレジットカード番号等の適切な管理に必要な措置について定めることにより、割賦販売等に係る取引の健全な発達を図り、購入者等の利益を保護しつつ、商品等の流通および役務の提供を円滑にすることを目的とする法律である（同法1条）。

　元来、割賦（分割払い）には、利用者からすると代金一括での決済が必要なく購入が容易になるというメリットがある半面、利用者の資力以上の消費を招きやすく、また取引が複雑な約款のもとで行われるため事業者に有利な取引条件となりやすいといった問題点があるといわれる。

　割賦販売法は、こうした販売手法を規制するために1961年に初めて制定された法律である。

　割賦販売法は、販売手法の多様化に伴い数多くの改正を重ねてきた。現在同法が対象とする取引は、以下のとおりである。

a．割賦販売

　割賦販売は、自社割賦ともいい、販売業者が、政令で定める指定商品もしくは指定権利を販売し、または指定役務を提供するもののうち、購入者が代金を（2月以上の期間にわたり、かつ3回以上に）分割して支払うことが条件となっているもの等をいう（割賦販売法2条1項）。

b．ローン提携販売

　ローン提携販売は、購入者が、販売業者から交付を受けたカード等を利用して購入する指定商品もしくは指定権利または指定役務の代金を、販売業者と提携している金融機関から、（2月以上の期間にわたり、かつ3回以上に）分割して返済する条件で借り入れ、販売業者が、購入者の返済債務を保証する

こと等をいう（割賦販売法2条2項）。
c．包括信用購入あっせん（クレジットカード取引）

包括信用購入あっせんは、(1)包括信用購入あっせん業者（クレジットカード会社）が、利用者に対しカード等を交付または付与し、(2)利用者が、当該カード等を利用して、加盟店である販売業者から商品、権利を購入し、または役務の提供を受ける場合に、(3)包括信用購入あっせん業者（クレジットカード会社）が、その代金相当額を加盟店である販売業者に交付し、(4)利用者が、2カ月を超えて定められた弁済期までに当該代金相当額を包括信用購入あっせん業者（クレジットカード会社）に対して支払うことをいう（割賦販売法2条3項）。

クレジットカード発行時に一定の枠内で販売信用が付与されるので「包括」と表現される。

なお、包括信用購入あっせんに係る各種の規制は、加盟店の支払確保のため指定商品制、指定役務制をとっていたが、消費者保護の観点から平成20年改正により廃止され、規制対象が拡大された。

d．個別信用購入あっせん

個別信用購入あっせんは、(1)個別信用購入あっせん業者が、カード等を利用者に交付することなく、(2)利用者が加盟店である販売業者から商品、指定権利を購入し、または役務の提供を受ける場合に、(3)個別信用購入あっせん業者が、その代金の全部または一部に相当する額を加盟店である販売業者に交付し、(4)利用者が、2カ月を超えて定められた弁済期までに当該代金相当額を個別信用購入あっせん業者に対して支払うことをいう（割賦販売法2条4項）。一般にショッピングクレジットなどと呼ばれる。

個別の取引ごとに販売信用を付与するかどうかを審査するため「個別」と表現される。

なお、個別信用購入あっせんの対象となる「権利」は、包括信用購入あっせんと異なり、いまも指定権利（同条5項、同法施行令1条2項）に限定されている。

e．二月払購入あっせん

　二月払購入あっせんは、(1)包括信用購入あっせん業者または二月払購入あっせんを業とする者（クレジットカード会社）が、カード等を利用者に交付等し、(2)利用者が、加盟店である販売業者から商品、権利を購入し、または役務の提供を受ける場合に、(3)クレジットカード会社が、その代金相当額を加盟店である販売業者に交付し、(4)利用者が、2カ月を超えない範囲内において定められた弁済期までに当該代金相当額をクレジットカード会社に対して支払うことをいう（割賦販売法35条の16第2項）。クレジットカードの1回払いを選択する場合はこれに該当する（マンスリークリアとも呼ばれる）。

f．前払式特定取引

　前払式特定取引は、冠婚葬祭互助会やデパートの友の会などの互助会が行う取次行為をいい、あらかじめ利用者において互助会に積立金を積み立て、利用者は販売業者から商品の購入や一定の役務の提供を受けることができる（割賦販売法2条6項）。信用を供与するのは積立金を受領する互助会ではなく積立金を積み立てる利用者となる。積立金を預かった互助会の経営の健全性が重要であることから、許可制となっている（同法35条の3の61）。

g．前払式割賦販売

　前払式割賦販売は、前払式特定取引と異なり事業者が自ら販売を行う場合を指す。代金が前払いされることから、事業者における資金の確保が一層重要であり、許可制となっている点は、前払式特定取引と同様である（割賦販売法11条）。

　このように、割賦販売法はさまざまな形態の与信取引について規制を設けているが、Fintechの文脈では、近時増大している電子商取引（EC取引）における決済方法等としてのクレジットカード取引が重要なので、以下、クレジットカード取引に焦点を当てる。

(2) クレジットカード取引に関する規制

a．包括信用購入あっせん業者の参入規制

　クレジットカード会社は、登録を受けなければ包括信用購入あっせんを業

として行うことができない（割賦販売法31条）。

b．包括信用購入あっせん業者の書面交付義務

クレジットカード会社は、クレジットカード発行時および包括クレジット契約締結後のそれぞれにおいて、取引条件を明らかにする書面（会員規約等）やカード利用分に関する請求、支払等の事項を明らかにする書面（月々の利用明細）を交付しなければならない（割賦販売法30条、30条の2の3）。

c．加盟店の書面交付義務

カードを利用して購入した商品等の取引内容、条件（クレジットカード会社が対応する部分を除く）について、明示した書面を利用者に交付する義務を負う（割賦販売法30条の2の3第4項）。

なお、現金価格が1万円未満の少額取引や非対面かつ勧誘を受けずに機械を通じて行う取引等（自販機の利用など）にあたっては、法定の記載事項の一部について記載を省略することが認められている（同法施行規則54条）。

d．クレジットカード番号等の管理責任

クレジットカード番号等は、利用者がクレジットカード取引を行うにあたって必要不可欠な情報であり、また本人を特定するための手段でもあり重要である。クレジットカード会社は、クレジットカード番号等の取扱いに関して、漏えい、滅失等の防止その他カード番号等の適切な管理を行う義務が課せられている（割賦販売法35条の16）。

e．契約内容に係る規制／抗弁の切断

クレジットカード会社は、利用者による瑕疵担保責任の追及や解除、損害賠償による救済について、これを否定するような規定を設けてはならないとされている。また、利用者は、加盟店との取引に関して代金の支払を拒みうる事由がある場合は、それをもって、クレジットカード会社からの弁済請求を拒むことができる（割賦販売法30条の4）。

(3) 平成28年割賦販売法改正

従来、クレジットカード取引は、販売業者（加盟店）、利用者（カード保有者）、包括信用購入あっせん業者（クレジットカード会社）の三者間取引（オ

ンアス取引）であることが想定されていたが、近時、国際ブランドを介したクレジットカード取引を前提として、利用者に対し与信枠を付与しクレジットカードを発行するなどのイシュイングと、販売業者との間の加盟店契約締結やカード決済代金の立替えを行うなどのアクワイアリングとが別会社によって行われる形態（オフアス取引）が増加しつつある。

　また、クレジットカード決済量の増加に伴い、販売業者におけるクレジットカード番号等の漏えい事件や不正使用被害が増加している。加えて、今後Fintech企業の決済代行業への参加も見据える必要がある。

　こうしたクレジットカード取引の利用環境の変化に関し、割賦販売法の改正が見込まれている。その概要は以下のとおりである＊。

＊改正割賦販売法は、2016年12月2日付で成立し、同月9日に公布された。公布の日から1年6月内に施行される。

a．クレジットカード情報の適切な管理等

　改正割賦販売法案は、EC取引の増大に伴い加盟店におけるクレジットカード番号等の適切な管理の重要性が増していることを受け、加盟店である販売業者に対し、クレジット番号等の適切な管理のために必要な措置および利用者によるクレジット番号等の不正利用の防止措置を講じることを義務づけた（同法案35条の16、35条の17の15）。詳細は今後施行規則で定められるが、たとえば、対面販売を行っている加盟店における不正利用対策としては決済端末のIC対応化が実質的に義務づけられると見込まれている。

b．加盟店に対する管理の強化

　前述したオフアス取引においては、イシュアーを兼ねないアクワイアラーや、さらにアクワイアラーと加盟店との間に立って加盟店契約を仲立ちしたり立替払いを行ったりするいわゆる決済代行業者（Payment Service Provider、PSP）が登場している（図表4-5）。

　改正割賦販売法案は、アクワイアラーおよび一定の条件を満たすPSPについて登録制を導入し（同法案35条の17の2以下）、加盟店調査を義務づけた（同法案35条の17の8以下）。従前から、審査の緩い海外のアクワイアラーのもとで加盟店となった悪質な販売業者等による被害が問題視されていたが、

図表4-5　アクワイアラー・決済代行業者（PSP）が登場した近年の取引形態

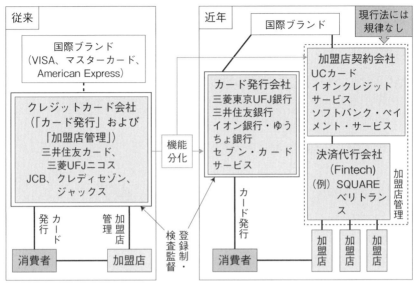

（出所）「産業構造審議会割賦販売小委員会の報告書（追補版）について（クレジットカード取引システムの健全な発展を通じた消費者利益の向上に向けて）」経済産業省商務流通保安グループ商取引監督課　平成28年6月（http://www.cao.go.jp/consumer/iinkai/2016/225/doc/20160614_shiryou1.pdf）1頁

　改正後は、海外のアクワイアラーは自らアクワイアラーとして登録するか登録されたPSPを活用するかの選択をすることになるため、この登録制度は、アクワイアラーによる悪質な加盟店の適切なスクリーニング機能・モニタリング機能に資することが期待される。

c．Fintech企業の決済代行業参入を踏まえた環境整備

　クレジットカード取引等におけるFintech企業の関与方法として、現状、モバイル端末による決済事業をはじめとした決済代行業への決済代行業者（PSP）としての参入が挙げられている。

　改正割賦販売法案は、決済代行業者（PSP）が加盟店との間でクレジットカードの取扱いを認める加盟店契約を締結する役割を担う場合には登録を受けることができることとした（同法案35条の17の2以下）。こうした条件を満たすFintech企業は、割賦販売法上の法的地位を得ることが可能になる。

また、クレジットカード取引におけるFintech企業によるイノベーションを阻害している要因として、クレジットカード利用時の加盟店における書面交付義務の原則が挙げられていたが、改正割賦販売法案は電磁的方法による情報提供を原則とし、カード利用者からの求めがあった場合に例外的に書面交付が義務づけられることとした（同法案30条の2の3第4項・第5項）。これによりFintech企業が提供するモバイル端末を利用した加盟店におけるクレジットカード決済が促進されることが期待される。

d．特定商取引法改正に対応するための措置

　2016年6月の特定商取引法改正により、電話勧誘販売における過量販売など不当な勧誘があった場合の取消権等、消費者の保護が拡充されたところ、こうした勧誘等による販売契約に際して締結されたショッピングクレジット等の契約について、改正割賦販売法案においても同様に取消権等が設けられている（同法案35条の3の12以下）。

〔6〕 保険業法

(1) 保険業法の概要

　保険業法は、保険業、すなわち、人の生存または死亡に関し一定額の保険金を支払うことを約し保険料を収受する保険、一定の偶然の事故によって生ずることのある損害をてん補することを約し保険料を収受する保険その他の保険で、生命保険会社または損害保険会社が引受けをすることができるものの引受けを行う事業（同法2条1項）をその規制の対象とする。

　保険業法は、保険契約者等の保護を究極の目的とし、かかる目的を実現する方法として、「保険業を行う者の業務の健全かつ適切な運営」と「保険募集の公正」を確保することを内容とするものである（同法1条）。そのうち、「保険業を行う者の業務の健全かつ適切な運営」を確保する規定として保険会社の体制整備義務等の規定が、「保険募集の公正」を確保する規定として情報提供義務等の保険募集規制が、それぞれ定められている。

(2) Insurtechを活用した新サービスと情報提供義務

a．平成26年改正保険業法の情報提供義務の背景

　保険契約の締結または保険募集における商品情報等の提供について、従前の保険業法においては、同法300条1項1号において、保険契約の締結または保険募集に関して保険契約者または被保険者に対して「保険契約の契約条項のうち重要な事項を告げない行為」が禁止され、当該規定の違反は刑事罰の対象とされていた。

　改正法においては、顧客による商品内容等の正しい理解を確保するため、同法300条1項1号の禁止行為規定のみを根拠として情報提供を行わせる取扱いを改め、保険会社または保険募集人等が保険契約の締結または保険募集を行う場面における積極的な情報提供義務を、法律上、明示的に規定し、顧客に対する説明義務の範囲の拡充、明確化を図った（法294条1項）。

b．提供すべき情報の具体的な内容、情報提供の方法等

　提供すべき情報の具体的な内容としては、重要事項とされている「契約概要」「注意喚起情報」のほか、保険の付帯サービスについては、自動車保険におけるロードサービス、直接支払サービス等、保険契約（保険契約の趣旨・目的、保険事故、保険給付の内容・方法等）と関連性が大きい付帯サービス、重要な付帯サービスが、保険契約の締結または加入の判断に参考となるべき事項として、保険会社または保険募集人等による説明義務の対象とされた。

　ここで、保険に対するテクノロジーの活用と当該説明義務の関係について説明する。まず、生命保険および医療保険は、加入者のプロフィールからリスクを分析し、そのリスクに応じて負担金（保険料）を集め、実際にリスクが発生した場合に分配する仕組みである。ウェアラブル端末等のテクノロジーを活用することにより、加入者についてのより詳細なプロフィールを取得し、これを利用してリスク算定の精緻化を図ることが可能である。生命保険、医療保険等のリスク算定に必要なデータとしては、①生体データ（血圧、心拍、遺伝子情報等）、②行動・習慣データ（運動、食事、睡眠、投薬等）、③イベントデータ（健康診断、結婚、出産等）がある。

IoT（Internet of Things）、ビッグデータ解析、AI（Artificial Intelligence）等の技術は、これらのデータの集積・分析・加工を容易にするものであり、これにより、より公平な（リスクに応じた柔軟な）保険料を設定する保険商品の提供が可能となると考えられている。また、現状においても、医療保険等の付帯サービスとして、予防的観点も組み込んだサービス（例：健康改善プログラム等）を提供する商品が提供されているが、上記の健康データの分析等の精緻化により、こうした付帯サービスの内容や精度がより一層充実化し、顧客利便に資するものとなることが考えられる。

　Insurtechの活用により、健康予防的観点等も組み込んだ付帯サービスの内容がより一層充実化し、より顧客利便に資するサービスとして提供されることになれば、当該付帯サービスの顧客にとっての重要性が増すことから、説明義務の対象となる場合があるものと考えられる。

(3) Insurtechサービスにおける個人顧客情報の取得と顧客情報管理体制

　保険会社および保険募集人は、個人顧客に関する情報の安全管理措置等として、当該情報の漏えい、滅失または毀損の防止を図るための措置を講じなければならず、また、個人顧客に関する保健医療等についての情報の目的外利用を行わないよう確保するための措置を講じなければならない。

　すなわち、保険会社および保険募集人は、その取り扱う個人である顧客に関する情報の安全管理、従業者の監督および当該情報の取扱いを委託する場合にはその委託先の監督について、当該情報の漏えい、滅失または毀損の防止を図るために必要かつ適切な措置を講じなければならない（保険業法施行規則53条の8、227条の9）。

　また、保険会社および保険募集人は、その業務上取り扱う個人である顧客に関する人種、信条、門地、本籍地、保健医療または犯罪経歴についての情報その他の特別の非公開情報（その業務上知りえた公表されていない情報をいう）を、当該業務の適切な運営の確保その他必要と認められる目的以外の目的のために利用しないことを確保するための措置を講じなければならない

（保険業法53条の10、227条の10）。

　そのため、ウェアラブル端末により取得した健康・医療データ、車載搭載センサーにより取得した運転情報、ウェブサイト上で入力させることにより取得した顧客の属性情報等については、上記の安全管理措置ないし目的外利用の禁止等の顧客情報管理体制の構築が求められる。

(4) Insurtech業者との業務提携と子会社業務範囲規制、体制整備義務

　保険会社や保険募集人が、オンラインアグリゲーターや、ペーパーレス化のためのブロックチェーン等を活用したソフトウェア等を開発・提供する事業者等のInsurtech業者と提携する場合、以下のとおり、Insurtech業者と保険会社ないし保険募集人との関係性如何により、保険業法上異なる規制の適用が問題になりうる。

a．保険会社がInsurtech業者を子会社化する場合

　保険会社には子会社業務範囲規制（保険業法106条）が適用される。すなわち、保険会社にはその経営の健全化およびこれを通じた保険契約者等の保護を確保するため子会社として保有できる会社（子会社対象会社）の業務が制限されている。

　具体的には、保険会社は以下の子会社対象会社以外の会社を子会社としてはならないこととされている。

① 　生命保険会社
② 　損害保険会社
③ 　少額短期保険業者
④ 　銀行
⑤ 　長期信用銀行
⑥ 　資金移動専門会社
⑦ 　証券専門会社
⑧ 　証券仲介専門会社
⑨ 　信託専門会社

⑩　保険業を行う外国の会社
⑪　銀行業を行う外国の会社
⑫　有価証券関連業を行う外国の会社
⑬　信託業を営む外国の会社
⑭　従属業務子会社
⑮　金融関連業務子会社
⑯　新たな事業分野を開拓する会社、経営の向上に相当程度寄与すると認められる新たな事業活動を行う会社
⑰　子会社対象会社のみを子会社とする持株会社
⑱　子会社対象会社のみを子会社とする、持株会社と同種・類似の外国の会社

　この子会社業務範囲規制に照らして、Insurtech業者が保険業法上の子会社対象会社に含まれうるか否か（換言すれば、保険会社がInsurtech業者を子会社化することができるか否か）が問題になる。
　これら子会社対象会社のうち、その業務内容に照らしてInsurtech業者が該当しうるものとしては、以下に掲げる、従属業務子会社、金融関連業務子会社、新たな事業分野を開拓する会社、経営の向上に相当程度寄与すると認められる新たな事業活動を行う会社等が考えられる。
　⒜　従属業務子会社
　従属業務とは、保険会社の業務その他金融業務に従属する業務とされる一定の業務を指す。たとえば、他の事業者のために電子計算機に関する事務を行う業務（コンピュータソフトの設計、作成、販売、保守等の業務）等がこれに含まれる。
　従属業務子会社として子会社対象会社となるための要件として、(i)従属業務をもっぱら営むこと、(ii)主として保険会社またはその子会社である保険会社（保険業を行う外国の会社）その他これらに類する者として内閣府令で定めるものの営む業務のためにその業務を営んでいること（いわゆる収入依存度規制。各事業年度において、それぞれの業務に関して、一の保険会社グループからの収入の額の合計額が総収入の額の50％以上であり、かつ当該保険会社または

その特定保険子会社もしくは保険持株特定保険子会社のいずれかからの収入があること等）、が挙げられている。

(b)　金融関連業務子会社

　金融関連業務とは、保険業、銀行業、有価証券関連業または信託業に付随または関連する業務とされる一定の業務を指す。たとえば、主として保険持株会社、子会社対象会社に該当する会社もしくは保険募集人の業務または事業者の財務に関する電子計算機のプログラムの作成もしくは販売を行う業務（コンピュータソフトの作成、販売等の業務）、主として保険持株会社または子会社対象会社に該当する会社その他金融庁長官の定める金融機関の業務に関するデータまたは事業者の財務に関するデータの処理を行う業務およびこれらのデータの伝送役務を提供する業務（いわゆるVAN業務）等がこれに含まれる。

　金融関連業務子会社として子会社対象会社となるための要件として、金融関連業務をもっぱら営むこと等が挙げられている。

(c)　新たな事業分野を開拓する会社、経営の向上に相当程度寄与すると認められる新たな事業活動を行う会社

　これらの会社として子会社対象会社となるためには、中小企業者であって、設立の日または新事業活動の開始の日以後10年を経過しておらず、かつ、前事業年度または前年において(a)試験研究費その他新たな技術もしくは新たな経営組織の採用、市場の開拓または新たな事業の開始のために特別に支出される費用の合計額が(b)総収入金額から固定資産または有価証券の譲渡による収入金額を控除した金額に対する割合が３％を超えているもの等、内閣府令で列記される要件のいずれかに該当する株式会社でなければならない。

　このように、保険業法上、子会社対象会社として子会社化が認められる要件が規定されていることから、Insurtech業者を子会社とするにあたっては、子会社業務範囲規制の観点から一定の限界があり、Insurtech業者の業務内容や保険会社との間の取引関係如何が、Insurtech業者の子会社化の可否に影響することになる。

銀行分野においては、Fintech業者の子会社化を容易にするべく、銀行法上の子会社業務範囲規制の緩和を図るために銀行法が改正されたが、この改正銀行法が保険業法上の子会社業務範囲規制にどのようなかたちで波及するか、注目される。

b．保険会社がInsurtech業者に業務を委託する場合
　保険会社は、その業務を第三者に委託する場合には、当該業務の内容に応じ、体制整備義務の一環として、次に掲げる措置を講じなければならない（保険業法100条の2、同法施行規則53条の11）。
① 当該業務を的確、公正かつ効率的に遂行することができる能力を有する者に委託するための措置
② 当該業務の受託者における当該業務の実施状況を、定期的にまたは必要に応じて確認すること等により、受託者が当該業務を的確に遂行しているかを検証し、必要に応じ改善させる等、受託者に対する必要かつ適切な監督等を行うための措置
③ 受託者が行う当該業務に係る顧客からの苦情を適切かつ迅速に処理するために必要な措置
④ 受託者が当該業務を適切に行うことができない事態が生じた場合には、他の適切な第三者に当該業務をすみやかに委託する等、保険契約者等の保護に支障が生じること等を防止するための措置
⑤ 保険会社の業務の健全かつ適切な運営を確保し、保険契約者等の保護を図るため必要がある場合には、当該業務の委託に係る契約の変更または解除をする等の必要な措置を講ずるための措置

　保険会社がInsurtech業者に業務を委託する場合、保険会社は、このような委託先管理措置義務を負う。これに基づき、保険会社はInsurtech業者を適切に管理・指導することが求められることになる。

c．保険募集人がInsurtech業者に保険募集に関する業務を委託する場合
　従前の保険業法においては、保険募集人に対する体制整備義務が課せられていなかったが、同法が平成26年に改正されたことにより、保険募集人にも委託先管理措置等の体制整備義務が課されることとなった。

すなわち、保険募集人等は、保険募集の業務を第三者に委託する場合には、当該委託した業務の実施状況を定期的にまたは必要に応じて確認し、必要に応じて改善を求めるなど、当該業務が的確に実施されるために必要な措置を講じなければならない（保険業法施行規則227条の11）。

　保険募集人等がInsurtech業者に業務を委託する場合、保険募集人等は、当該委託先管理措置義務を負う。

　そのため、保険募集人もInsurtech業者を適切に管理・指導することが求められることになる。

　保険事業のプロセスにおいて、保険会社ないし保険募集人がInsurtech業者と提携するフェーズとしては、商品開発、価格設定、危険選択、マーケティング、募集管理、支払査定等が考えられる。保険募集人がマーケティングや募集管理面でInsurtech業者と提携する場合、保険募集人による「保険募集の業務」の委託として、当該保険募集人は委託先管理措置義務を負う可能性がある。

　なお、この場合、保険会社は、保険募集人が委託先管理措置義務を適切に履行するよう、（保険会社の委託先管理措置義務に基づいて）当該保険募集人を管理・監督する義務がある。

(5) Insurtech業者の業務が「保険募集」や「募集関連行為」に該当するか

　「保険募集」とは「保険契約の締結の代理又は媒介」をいうが、「保険募集」に該当する行為については、従前、(ｱ)保険契約の締結の勧誘、(ｲ)保険契約の締結の勧誘を目的とした保険商品の内容説明、(ｳ)保険契約の申込みの受領、(ｴ)その他の保険契約の締結の代理または媒介が挙げられていた。(ｴ)に該当するか否かについては、平成26年改正保険業法に基づき保険会社監督指針において基準が示され、(ⅰ)保険会社または保険募集人などからの報酬を受け取る場合や、保険会社または保険募集人と資本関係等を有する場合など、保険会社または保険募集人が行う募集行為との一体性・連続性を推測させる事情があること、および(ⅱ)具体的な商品の推奨・説明を行うものであること、

との要件に照らして総合的に判断するものとされる。

　「保険募集」に該当する場合は、保険募集人の登録を行う必要があり、また、保険募集人の行う保険募集に関しては、情報提供義務、意向把握義務等、種々の募集規制が適用される。

　また、契約見込客の発掘から契約成立に至るまでの広い意味での保険募集のプロセスのうち、「保険募集」そのものには該当しないものが、「募集関連行為」と位置づけられた。募集関連行為とは、たとえば、保険商品の推奨・説明を行わず契約見込客の情報を保険会社または保険募集人に提供するだけの行為や、比較サイト等の商品情報の提供を主たる目的としたサービスのうち保険会社または保険募集人からの情報を転載するにとどまるものが考えられる（保険会社監督指針Ⅱ-4-2-1⑵（注1））。他方、募集関連行為に該当しないものの例示として、「保険会社又は保険募集人の指示を受けて行う商品案内チラシの単なる配布」「コールセンターのオペレーターが行う、事務的な連絡の受付や事務手続き等についての説明」「金融商品説明会における、一般的な保険商品の仕組み、活用法等についての説明」「保険会社又は保険募集人の広告を掲載する行為」が挙げられている（保険会社監督指針Ⅱ-4-2-1⑵（注3））。

　募集関連行為に対する規制として、募集関連行為に従事する者（「募集関連行為従事者」）そのものに対する規制は課されないものの、募集関連行為従事者に募集関連行為の委託等を行う保険会社または保険募集人には、委託先管理措置義務等に基づき、募集関連行為従事者において保険募集規制等の違反ないし潜脱が行われることのないよう、管理・監督する義務が課される。

　「保険募集」ないし「募集関連行為」への該当性が問題になるものとして、比較サイトその他のオンラインアグリゲーターによる比較情報の提供サービスが存在するが、保険や保険の付帯サービスの内容・条件に関する情報開示が進むに伴い、こうした比較情報の提供サービスが活性化することが予想される。特に付帯サービスについては、保険契約（保険契約の趣旨・目的、保険事故、保険給付の内容・方法等）と関連性が大きい付帯サービス、重要な付帯サービスについて、保険契約の締結または加入の判断に参考となる

べき事項として、説明義務の対象とされた。また、最近日本でも検討されている銀行窓販における手数料の開示（保険会社が保険商品を販売する銀行に支払う手数料が保険契約者に開示されること）も、こうした潮流を加速化する一因になるものと考えられる。

　比較サイトその他のオンラインアグリゲーターが、見込顧客の発掘や紹介等のマーケティング、商品情報の提供を行う場合や、これらマーケティングや商品情報の提供がAIの活用により行われる場合は、前記の基準等により、「保険募集」ないし「募集関連行為」に該当するかが判断され、各種募集規制に服することになる。

　具体的には、比較サイトが商品情報の提供を行う場合にあたって、「保険会社又は保険募集人からの情報を転載するにとどまるもの」は募集関連行為に該当する。他方で、比較サイト上で、保険会社または保険募集人の広告を掲載する行為は、保険募集にも募集関連行為にも該当しない、とされている。

　これらに対して、比較サイトが独自の見解として当該商品を推奨する内容を記載している場合は、保険募集に該当する可能性がある。この場合、前記(i)と(ii)のいずれにも該当するか否かを判断し、(i)と(ii)の両方に該当する場合には、具体的な報酬額の水準や商品の推奨・説明の程度などから募集行為への該当性が総合的に判断されることになる。

　募集関連行為従事者は自らの行為が募集規制の潜脱とならないよう留意する必要がある。たとえば、比較サイト等の商品情報の提供を主たる目的としたサービスの運営者の行為が募集関連行為に該当する場合、当該運営者（募集関連行為従事者）は、誤った商品説明や特定商品の不適切な評価等、保険募集人が募集行為を行う際に顧客の正しい商品理解を妨げるおそれのある行為を行っていないか、等につき留意する必要がある。

> コラム

金融上の行政処分と事例集などの活用について

　2016年5月、米国の有名FintechベンチャーであるLending Clubは、2,200万ドルの融資債権の不適切な売却によりCEOが辞任し、米司法省から大陪審の召喚状が送付され、株価が急落、米証券取引委員会（SEC）の調査も受けたと報道された。金融では他の業界よりも高いコンプライアンスが要求される。日本のFintechベンチャーにおいて、どのような場合にどういった行政処分となるのか、過去の具体的な事例に触れることでコンプライアンスの感覚を養っておく意義がある。

(1)　金融上の行政処分

　北海道財務局、関東財務局、東海財務局、北陸財務局は、2016年6月17日付けで、各ホームページにおいて、それぞれ別の証券会社に対し、金商法51条等に基づく行政処分として、業務改善命令を行った旨を公表した。いずれの処分においても、おおむね、医療機関の診療報酬請求権を買い取って発行するいわゆるレセプト債などの債券の販売にあたって、商品内容や発行会社等の審査を実質的にはほとんど行っておらず、販売を開始した後も事後的なモニタリングをほとんど行っていなかったことから、当該債券の実態をほとんど把握していなかった結果、当該債券の販売について、顧客に対し、重要な事項につき誤解を与える表示を行ったとされ、金商法38条8号に基づく金融商品取引業等に関する内閣府令117条1項2号（注1）に該当する法令違反行為が認められている。そして、これらの法令違反行為に対する行政処分としての業務改善命令として共通するのは、①顧客に対し、今回の行政処分の内容を十分に説明し、対応を行うこと、②金融商品取引業務を適切に行うための経営管理態勢、業務運営態勢および内部管理態勢を整備するなど、本件に係る再発防止策を策定し、着実に実施すること、③本件に係る責任の所在の明確化を図ること、④上記の対応・実施状況について2016年7月19日までに書面で報告するとともに、以降、そのすべてが完了するまでの間、随時書面で報告することの4点である。

(注1)　金商業等府令117条1項は、金商法38条8号に規定する内閣府令で定める禁止行為を列挙しており、このうち同項2号は「金融商品取引契約の締結又はその勧誘に関して、虚偽の表示をし、又は重要な事項につき誤解を生ぜしめるべき表示をする行為」と定めている。

一般に、金融庁等が行う不利益処分等には、業務改善命令、是正命令、戒告、計画変更命令、業務改善指示、業務停止命令、登録取消し、許可取消し、認可取消し、勧告、業務廃止命令等が挙げられる。そして、金融庁のホームページに掲載されている「行政処分事例集」（http://www.fsa.go.jp/status/s_jirei/kouhyou.html）をみると、その根拠法令については、金商法（旧証券取引法）をはじめ、銀行法、信託業法、保険業法、貸金業法、資金決済法、水産業協同組合法など多岐にわたっているが、最も多く行われてきた行政処分は業務改善命令であることがわかる。

⑵　リスクマネジメントのツールとしての事例集の活用

　金融上の行政処分の目的については、金融庁のホームページにおいて、「行政処分を行うのは、金融機関の財務の健全性、業務の適切性等の確保が主眼であり、処分そのものが目的ではない。行政処分に際して、業務改善計画の提出を求めているのは、ガバナンス、リスク管理、コンプライアンス等について、金融機関が自ら抜本的な態勢の改善に取組み、その効果が将来にわたって持続的に発揮されることを期待しているため。このような観点から、当庁においては、金融機関の業務改善に向けた取組みをフォローアップし、その改善努力を促すことに注力している」と説明されている（「金融上の行政処分について」「○　事後のフォローアップ」http://www.fsa.go.jp/common/law/guide/syobun.html）。前記のとおり、これまで最も多く行われてきた行政処分が業務改善命令であることも、ここに書かれている行政処分の目的と深く関係しているように思われる。

　このような行政処分の目的を正確に理解することが必要である一方で、行政処分がもたらす実際上の効果に目を向けると、たとえば、業務停止命令や登録取消しのような重大な行政処分を受けた場合、事業の継続自体が困難となるケースもあり、その被る不利益は甚大と思われる。また、行政処分を受けた事実を公表されることによるレピュテーションリスクなども考慮すると、金融機関においては、金融上の行政処分を受ける原因となる法令違反行為を生じさせないよう、平時のリスクマネジメントに努めることが重要であることはいうまでもない。

　その有効な方策の一つとして考えられるのが、金融上の行政処分などの対象となった事例について情報収集を図り、分析を加え、自社のガバナンス、リスク管理、コンプライアンス態勢などの見直しを継続的に行うことである。具体的には、金融庁の公表している前記の「行政処分事例集」や証券取引等監視委員会が公表している「金融商品取引業者等に対する証券検査結果

事例集」（注2）を参考に、問題事例から教訓を得ることを通じて、金融コンプライアンス態勢などの充実・強化を図ることが有用と思われる。また、直近の行政処分が行われた事例を定期的にチェックし、社内での情報共有を図り、社員教育や研修などの材料とすることも有効である。

（注2）「金融商品取引業者等に対する証券検査事例集」は、証券取引等監視委員会のホームページに掲載されており、そのURLは次のとおりである。
http://www.fsa.go.jp/sesc/kensa/shitekijirei.htm
　2016年6月に証券取引等監視委員会事務局により取りまとめられ、公表された上記事例集では、「はじめに」において、「今般、平成27年9月に金融庁が公表した「金融行政方針」を踏まえ、従来から公表していた指摘事項にとどまらず、検査を通じて把握した問題点に係る「根本原因」に関する記述を付け加え、「金融商品取引業者等に対する証券検査結果事例集」に改め、その内容を拡充しました。証券監視委としては、本事例集が、市場関係者の皆様方に読まれることにより、指摘した事項に関する表面的な対応にとどまらず、その背景にある根本原因を十分に考慮し、コンプライアンス部門や内部監査部門のみならず、経営陣その他関係者とも問題意識等を共有するなどして、自主的な内部統制の強化等に資することを期待しています」と記載されている。

　このように、金融上の行政処分を避けるためのリスクマネジメントのツールとして、金融庁や証券取引等監視委員会により公表された具体的な事例から学ぶことの重要性は再認識されてしかるべきと思われる。

2 マネーローンダリング、租税徴収に関する規制

〔1〕 犯罪収益移転防止法

(1) 犯罪収益移転防止法の概要

　犯罪収益移転防止法は、①マネーローンダリング（違法な起源を偽装する目的で犯罪収益を処理すること）の防止、および②テロ資金供与（爆弾テロやハイジャックなどのテロ行為の実行を目的として、そのために必要な資金をテロリストに提供すること）の防止を目的とした法律である。

　この犯罪収益移転防止法の対象事業者である「特定事業者」の主要な義務として、本人確認をはじめとする図表4−6の義務が規定されている。「特定事業者」には、たとえば、銀行、信用金庫、保険会社、金融商品取引業者、信託会社、不動産特定共同事業者、貸金業者、資金移動業者、商品先物取引業者、ファイナンスリース業者、クレジットカード業者、宅地建物取引業者、弁護士等が含まれるので（同法2条2項）、それらは当該本人確認等の義務を負うことになる。

　なお、FATF勧告を踏まえ、取引時確認の拡充やリスクベース・アプローチ導入に対応した改正法令が2016年10月より施行された。

(2) インターネット取引における本人確認義務

　犯罪収益移転防止法上、インターネット取引などによる非対面取引において顧客の本人確認が必要とされる場合、特定事業者は、一定の本人確認書類

figure 4-6　特定事業者の主要な義務

	義　務
(ア)	顧客等との特定取引（注1）を行う際の取引時確認（注2）（犯罪収益移転防止法4条）
(イ)	取引時確認を行った場合の確認記録の作成・保存義務（7年間）（同法6条）
(ウ)	取引記録等の作成・保存義務（7年間）（同法7条）
(エ)	特定事業者（同法2条2項43号〜46号に掲げる特定事業者を除く）による疑わしい取引の届出義務（同法8条）
(オ)	特定事業者（同法2条2項1号〜15号および30号に掲げる特定事業者に限る）が外国所在為替取引業者と、為替取引を継続的にまたは反復して行うことを内容とする契約を締結するに際しての確認・記録義務（同法9条）
(カ)	特定事業者が、顧客と本邦から外国へ向けた支払に係る為替取引（送金）を行う場合において、当該支払を他の特定事業者または外国所在為替取引業者に委託する際の通知義務（同法10条）
(キ)	取引時確認、取引記録等の保存、疑わしい取引の届出等の措置を的確に行うための次の措置を講じる義務（同法11条） ✓取引時確認をした事項に係る情報を最新の内容に保つための措置を講ずる義務 ✓(i)使用人に対する教育訓練、(ii)取引時確認等の措置の実施に関する規程の作成、(iii)取引時確認等の措置の的確な実施のために必要な監査その他の業務を統括管理する者の選任、(iv)その他同法3条3項に規定する犯罪収益移転危険度調査書の内容を勘案して講ずべきものとして主務省令で定める措置

（注1）「特定取引」には、たとえば、次のものが該当する（同法4条2項、別表）。

一定の金融機関等（同法2条2項1号〜36号のもの）	✓預貯金契約の締結 ✓現金取引（200万円超のもの。ただし、現金の受払いをする取引で為替取引または自己宛小切手の振出しを伴うものにあっては、10万円超のもの）
ファイナンスリース事業者	✓ファイナンスリース契約の締結（1回の賃貸料が10万円超のもの）
クレジットカード業者	✓クレジットカード交付契約の締結
宅地建物取引業者	✓宅地建物の売買契約の締結またはその代理もしくは媒介等

（注2）「取引時確認」では、次の確認が必要とされる。

- ➤ 本人特定事項の確認（いわゆる本人確認）
- ➤ 取引を行う目的
- ➤ 職業（自然人）または事業（法人、人格のない社団または財団）の内容
- ➤ 実質的支配者（法人の場合）
- ➤ 資産および収入の状況（同法4条2項各号に規定されたいわゆるハイリスク取引を行うに際し、その取引が200万円を超える財産の移転を伴うものである場合に限る）

またはその写しの提示または送付を受けるとともに、取引関係文書を顧客に郵送しなければならない（同法4条1項、同法施行規則5条1項、6条1項）。この取引関係文書の郵送の要件により、本人確認手続をインターネット上で完結できないことになるため、インターネット取引の利便性や利用者の増加が阻害されているといわれている（野崎ほか29頁）。

なお、特定事業者が、顧客から、電子証明書および当該電子証明書により確認される一定の情報の送信を受ける場合には、本人確認をインターネット上で手続を完結できる。しかし、電子証明書を取得するためには、非常に手間がかかる（商業登記認証局の場合には専用ソフトウェアのインストールや管轄登記所への発行申請が必要となり、公的個人認証サービスの場合は市区町村役場での申請書手続等が必要となる）。そのため、利便性の向上はそれほど期待できない。

本人確認の事務手続の徹底はベンチャー企業にとっては大きな負担であり、さらに、相当のコスト負担が生じることなどもあるため（特に非接触取引のコストが高い傾向にある）、本人確認手続の省略化が課題であるとの指摘も見受けられる（経産省・FinTech研究会発言集51頁）。

(3) 仮想通貨交換業者の本人確認義務について

改正資金決済法における仮想通貨交換業者の登録制の導入に伴い、仮想通貨交換業者の犯罪収益移転防止法の対象事業者（特定事業者）への追加も予定されている。そのため、かかる改正犯罪収益移転防止法が施行された場合、仮想通貨交換業者には、犯罪収益移転防止法上の各種義務（前記(1)）の遵守が要請されることになるため、この点に留意が必要となる。

〔2〕 外為法（本人確認義務）

(1) 本人確認義務に関する外為法の概要

外為法上、マネーローンダリングの防止に加えて資産凍結等経済制裁措置の実効性を確保するという観点から、本人確認が義務づけられている。

具体的には、銀行等（外為法16条の2）または資金移動業者に、次の取引について、本人確認が義務づけられている（図表4-7）。

なお、外為法に基づく本人確認の方法や本人確認書類の範囲は、犯罪収益移転防止法に基づく取引時確認における顧客等の本人特定事項の確認の場合とおおむね同様である。そのため、犯罪収益移転防止法に基づく取引時確認を行えば、外為法に基づく本人確認をも履行したことになることが多い（ただし、犯罪収益移転防止法施行規則12条1項2号により、一定の場合に行うことができるクレジットカード会社による取引時確認の確認記録の確認の方法が外為法上は認められないなどの違いもある。外為法ハンドブック134頁）。

そして、犯罪収益移転防止法では、本人特定事項の確認（本人確認）に加

図表4-7 外為法上本人確認が義務づけられる取引

	本人確認が義務づけられる取引
(ア)	特定為替取引（10万円相当額超の外国送金等）（注）
(イ)	資本取引（非居住者預金口座の開設、居住者外貨預金口座の開設、非居住者向け貸付など）（同法22条の2）
(ウ)	200万円相当額超の外貨の両替取引（同法22条の3）

（注） 具体的には、銀行等または資金移動業者が顧客との間で10万円相当額超の、次のいずれかの為替取引を行う際に、本人確認が必要とされる（外為法18条、18条の5、外為令7条の2）。
　（i）居住者または非居住者による本邦から外国へ向けた支払（仕向外国送金）
　（ii）居住者による外国の非居住者からの本邦へ向けた支払の受領（被仕向外国送金）
　（iii）居住者による非居住者に対する(i)以外の支払
　（iv）居住者による非居住者からの(ii)以外の支払の受領

えて顧客管理事項の確認をも行うこととされているが、外為法では顧客等の本人確認のみを行うこととなっている。また、外為法においては、犯罪収益移転防止法とは異なり、顧客等の代理人や取引担当者が顧客等のために取引の任にあたっていることを確認する必要もない（外為法ハンドブック134頁）。

しかし、犯罪収益移転防止法と外為法では、本人確認義務において明確な相違点がある。この点については、国外送金等調書法上の本人確認義務との相違点を含め、下記〔3〕(2)b.を参照されたい。

(2) 支払等の報告に関する外為法の概要

外為法上、居住者である顧客が、本邦にある銀行等または資金移動業者の為替を利用して、①本邦から外国へ向けた支払または外国から本邦へ向けた支払の受領（「支払等」）をしたとき、または②本邦または外国において、居住者が非居住者との間で支払等をしたときには、居住者は、銀行等または資金移動業者経由で、「支払又は支払の受領に関する報告書」を提出しなければならないとされている（同法55条）。

なお、当該義務が課せられるのは支払等の金額が3,000万円を超える場合に限られる。そのため、資金移動の金額が100万円以下とされる資金移動業者を経由した支払等について、当該報告書の提出は不要ということになる。

〔3〕 国外送金等調書法

(1) 国外送金等調書法の概要

a．導入の背景・目的

国外送金等調書法とは、納税義務者の外国為替等の対外取引や財産・債務の国税当局による把握に資するために、顧客の国外送金などについての調書を金融機関から税務当局に対し提出させること等を内容とする法律である（内閣府・税制調査会中間報告四2(1)）。

b．規制の概要

　対象となる行為は、「国外送金等」（国外送金等調書法 3 条 1 項）であり、それは、「国外送金」または「国外からの送金等の受領」を指す（図表 4 - 8）。
　この「国外送金等」をする者は、本人口座からの振替えその他一定の場合を除き、

① マイナンバー法上の個人番号（マイナンバー）または法人番号を記載した告知書を金融機関に提出しなければならず、また、
② 原則として、金融機関に対し、本人確認書類を提示（または署名用電子証明書等を送信）しなければならず、金融機関は本人確認義務を負う（国外送金等調書法 3 条 1 項、同法施行令 5 条 1 項・2 項、同法施行規則 4 条 1 項～4 項）。

　このうち、②の「提示」の要件と本人確認義務、および除外事由に関係する「本人口座」の実務上の問題点については、下記(2) a .～ c .で解説する。
　金融機関は、顧客が国外送金等に係る100万円を超える為替取引を行ったときは、取引の詳細を記載した国外送金等調書を税務署に提出する義務を負う（国外送金等調書法 4 条 1 項、同法施行令 8 条、同法施行規則10条）。逆にいえば、送金額が100万円以下の場合には、調書の提出は不要となる（浅井242頁以下）。

図表 4 - 8　国外送金等

国外送金等 (国外送金等調書法 3 条 1 項)	国外送金 (同法 2 条 4 号)	➤金融機関が行う為替取引によってされる国内から国外へ向けた支払（一定のものを除く）
	国外からの送金等の受領 (同法 2 条 5 号)	➤金融機関が行う為替取引によってされる国外から国内へ向けた支払の受領（一定のものを除く） ➤金融機関が行う小切手、為替手形等（国外において支払がされるものに限る）の買取りに係る対価の受領

(2) 国外送金等調書法がFintech業務に与える影響

a．本人確認書類の「提示」

インターネットを活用して送金業務を行うことが想定されるFintech事業者にとって、顧客と対面して本人確認を行うことは、事実上、不可能または困難である。

しかしながら、上記(1)b.のとおり、国外送金等調書法上、金融機関は、顧客が署名用電子証明書等を利用する場合を除き、顧客の本人確認書類の「提示」を受ける必要がある。上記〔1〕および〔2〕の犯罪収益移転防止法・外為法に基づく本人確認書類について「送付」が許容されていたのと異なり、国外送金等調書法上、金融機関が「送付」を受ける方法が許容されているか否かが不明確であるという問題がある。

この点について、財務省は、内閣府・規制改革ホットライン回答において、国外送金等調書法で課されている本人確認義務の趣旨を逸脱しない範囲で、郵送のみならず電子的手法による送付が認められると述べている。しかし、規制は不明確であり、より明確に立法上の手当がされることが望まれる。

b．本人確認義務の不統一

為替取引を行う場合、国外送金等調書法に加え、上記〔1〕および〔2〕の犯罪収益移転防止法・外為法に基づく本人確認義務が適用される。

もっとも、これらの三法に基づく本人確認義務の要件は、それぞれ異なるものとなっている（図表4-9）。

たとえば、犯罪収益移転防止法においては、「現金の受払いに係る取引」がなされる場合に、本人確認が必要となる。これに対し、外為法および国外送金等調書法では、そのような限定はなく、「現金」の受払いの有無とは無関係に、本人確認義務を負う。

また、犯罪収益移転防止法および外為法では、10万円以上の送金の際に本人確認義務が発生するが、国外送金等調書法ではそのような限定がないため、金額に関係なく、たとえば1円の送金であったとしても本人確認義務を

図表 4-9　不統一な本人確認義務

法律	本人確認義務の要件	
	行為	金額
犯罪収益移転防止法	現金の受払いをするもののみが対象	10万円相当額超の現金の受払いをするもののみ
外為法	外国送金等が対象 →現金の受払いの場合に限定されていない	10万円相当額超の外国送金等のみ
国外送金等調書法	国外送金等が対象 →現金の受払いの場合に限定されていない	取引金額による限定がない →1円の国外送金等でも本人確認義務発生

負うこととなる。

　これらの三法は、法律の趣旨が異なるため、要件が異なることが直ちに不合理というものではないが、事務負担等の実務上の観点から要件の統一化を求める声もある。

c. マイナンバーおよび法人番号の確認

　資金決済法上の資金移動業者は、100万円以下の為替取引しか認められていないため、国外送金等調書の提出義務は課されない。

　しかしながら、国外送金等を行う場合には、一律にマイナンバーや法人番号を確認する必要がある。「本人口座」の要件としてマイナンバーや法人番号の確認が必要であるためである（国外送金等調書法2条6号）。そのため、マイナンバーや法人番号の取得者としての種々の義務を負うことになり（下記〔4〕(2)、(3) a. 参照）、事業者の負担が増える可能性がある。

〔4〕 マイナンバー法

(1) マイナンバーとは

　マイナンバー法に基づく12桁の個人番号（マイナンバー）は、住民票に記

載された者全員に付される（マイナンバー法8条2項2号）ものであり、個人の同一性を瞬時に識別することを可能とするものである。

マイナンバーの利用は、現時点では、社会保障、税、災害対策の3分野に限定されており、この分野においてマイナンバーを利用できる場合をポジティブリスト方式で定めている（同法9条）。

(2) マイナンバー法の概要

a．マイナンバー・特定個人情報の提供・取得・収集・保管

マイナンバーや特定個人情報（マイナンバーをその内容に含む個人情報。マイナンバー法2条8項）の提供・取得・収集・保管については、個人情報保護法に基づく規制がかかること（マイナンバーの利用目的の通知が必要であることなど）に加えて、特別の規制が加えられている。

① まず、マイナンバーによって特定される本人に対するものを含め、特定個人情報を提供することは、原則として禁止される。特定個人情報を提供できる例外的な場合は、一定の事務を処理するために必要がある場合や、人の生命・身体・財産の保護のため必要であり本人の同意がある場合などの例外の場合のみである（マイナンバー法19条）。

② また、他人の特定個人情報の提供を求めることができるのも、①に記載の例外の場合に限られる（同法15条）。

③ そして、当該例外の場合を除き、他人のマイナンバーを含む特定個人情報を収集・保管してはならないとされている（同法20条）。

b．マイナンバー・特定個人情報の取得を受ける場合の本人確認

加えて、マイナンバー法14条1項に基づき本人からマイナンバーの提供を受ける場合、本人確認のための措置として、①個人番号カード（マイナンバーカード）、②通知カードと顔写真が貼付された身分証明書（運転免許証など）、または③マイナンバーなどが記載された住民票などと当該身分証明書、のいずれかの提示を受けなければならない（マイナンバー法16条、同法施行令12条、同法施行規則1条、2条）。

c．マイナンバー・特定個人情報の管理・委託・再委託

　マイナンバーに関する一定の事務については、業務の委託を受けた者が再委託することも認められるが、この場合、再委託以降のすべての段階の委託について、最初の委託者からの許諾を得なければならない（マイナンバー法10条）。

　また、これらの事務の委託をする者は、委託先に対して特定個人情報の安全管理が図られるよう、必要かつ適切な監督を行わなければならない（同法11条）。

　マイナンバー法に規定される個人番号利用事務実施者および個人番号関係事務実施者は、漏えい、滅失または毀損の防止その他のマイナンバーの適切な管理のために必要な措置をとらなければならない（同法12条）。必要な措置の具体的内容としては、保管庫の施錠、立入制限等の物理的保護措置、ファイアウォールの構築、情報暗号化等の技術的保護措置、職員研修等の実施、安全管理者の設置等管理体制の整備などの組織的保護措置などが挙げられている（宇賀68頁、内閣府・マイナンバー法逐条解説20頁以下。なお、具体的な指針として、個人情報保護委員会・特定個人情報ガイドラインの「（別添）特定個人情報に関する安全管理措置」参照）。

d．ガイドライン

　特定個人情報の取扱いについては、個人情報保護委員会が「特定個人情報の適正な取扱いに関するガイドライン（事業者編）」および「（別冊）金融業務における特定個人情報の適正な取扱いに関するガイドライン」を発行している。

　これらのガイドラインは、個人情報保護委員会が特定個人情報の取扱者に対する監督を行ううえで判断基準となる指針であり、金融機関は、金融業務以外については前者のガイドラインを、金融業務については後者のガイドラインを遵守する必要がある。

(3) マイナンバー法がFintech企業に与える影響

a．マイナンバーを取り扱う事業者の負担について

　上記(2)に記載のとおり、マイナンバー・特定個人情報の提供・取得・収集・保管、管理・委託・再委託には規制がかかる。また、マイナンバー・特定個人情報の取得を受ける場合の本人確認も必要となる。

　さらに、税法の観点から、一定の証券取引や特定口座の開設、保険契約、国外送金等について、顧客が金融機関に対してマイナンバーの告知をしなければならないとされている。逆にいえば、金融機関（金融機関としての許認可を得たFintech事業者を含む）からしてみれば、顧客が自己の取り扱う金融サービスに関心を抱いたとしても、マイナンバーの告知を受けられなければ、サービスを提供することができないことになる。

　この点について、金融サービスを提供したい事業者の側から、マイナンバーの周知を含めて現状の是正が必要であるとの声があり、マイナンバーを取り扱う事業者にとっての負担が大きくならないようにすることが望まれる。

b．補足：公的個人認証の民間活用

　公的個人認証サービスとは、公的個人認証法に基づく制度であり、インターネット上での申請や届出を行う際に、第三者によるなりすましやデータの改ざんを防ぐために用いられる、本人確認手段を提供するサービスである（総務省・公的個人認証サービスガイドライン5頁）。

　公的個人認証サービスには、①作成・送信した電子文書が、利用者が作成した真性なものであり、利用者が送信したものであることを証明する「署名用電子証明書」と、②ログインした者が、利用者本人であることを証明する「利用者証明用電子証明書」の2種類がある（公的個人認証法3条1項、22条1項）。

　この公的個人認証サービスで利用する電子証明書の格納媒体として、マイナンバーカードが用いられている（同法3条4項、22条4項）。

　現時点では、確定申告（e-Tax）、自動車保有関係手続、住民票の写し等の

交付請求等の行政サービスについて、公的個人認証サービスを活用して利用できる。今後さらに利用できる場面が広がることが期待される。

〔5〕 関連する税制、租税回避、国際課税

(1) 仮想通貨にかかる消費税

a．消費税制

　日本における消費税（国税および地方消費税）は、国際的には「付加価値税」(value added tax) や「売上税」(goods and services tax) などに相当するものであり、物品や役務にかかる個人の消費に担税力を見出して課税するものである。

　消費税は、原則として、事業者が国内において行った課税資産の譲渡等に課される（消費税法4条1項）。課税資産の譲渡等とは、事業として対価を得て行われる資産の譲渡および貸付ならびに役務の提供のうち、消費税法上非課税とされないものである（同法2条1項8号・9号、6条1項、別表1）。したがって、事業として対価を得る国内取引には、非課税取引に該当しない限り、広く消費税が課されることになる。

　また、海外取引に係る消費税は、原則として、外国貨物につき、当該外国貨物が消費税法上非課税とされていない限り、保税地域から引き取る者に課される（同法2条1項11号、4条2項、6条2項）。すなわち、原則としては、「貨物」に該当しない役務の提供等に対しては、消費税は課税されないことになる。もっとも、インターネットを通じて外国から日本の消費者に役務の提供を行うことが容易になっている現状に対処するために、平成27年消費税制改正により、インターネット等の電気通信回線を介して行われる役務の提供に関して、後述のとおり「電気通信役務の提供」として消費税の課税関係が見直されている（同法2条1項8号の3、4条3項3号等）。

　消費税においては、課税が累積することがないように、多段階累積控除型と呼ばれる課税構造がとられており、具体的には仕入れに係る税額を控除す

る仕組みが採用されている（仕入税額控除）。なお、消費税は、仕向地原則（消費税の課税は物品が消費される国で行われるべきとする原則）に基づき、日本から輸出される資産の譲渡等については、消費税が免税されている（同法7条1項1号）が、役務の提供については、一般に、このような輸出免税は認められていない（水野862頁）。

上記のとおり、国境を越えた、インターネットを介することで外国を巻き込んでFintech関連ビジネスを行う場合には、どの取引に消費税が課税されるのか、また、既に支払った消費税について仕入税額控除することができるのかといった点につき、個別のビジネスモデルに照らして検討する必要がある。

b．日本における仮想通貨に課される消費税の現状

消費税法上は、事業者が行った資産の譲渡等（同法2条1項8号）については、原則として消費税が課されることになる（同法4条1項）が、一定の資産は非課税物品とし消費税が課されない扱いとなっている。非課税物品には一定の支払手段や物品切手等が含まれるが（同法6条1項、別表二号、四号ハ）、これらは限定列挙と解されており、仮想通貨は含まれていない。

したがって、現時点においては、仮想通貨の購入は課税仕入れに該当し、また、仮想通貨の販売も課税売上げに該当することとなり、一連の仮想通貨売買取引には消費税が課されることになる（衆議院・財務金融委員会会議録麻生国務大臣発言）。

また、国内事業者が行う仮想通貨の販売については相手方の事業所所在地が国内・国外を問わず課税取引となる。他方で、国内事業者が行う仮想通貨の購入については、相手方の事業所所在地が国内であれば課税取引となり、その事業所所在地が国外であれば課税取引には該当しないことになる（衆議院・財務金融委員会会議録星野政府参考人発言）。

もっとも、仮想通貨の取引に消費税を課すべきか否かは、仮想通貨が事実上支払手段としての役割を有すること（土屋・税とビットコイン36頁）、また、諸外国では消費税非課税の扱いが多いこと（Law Library of Congress・ビットコイン）等から、仮想通貨に係る消費税に関する整理が金融庁の平成29年

度税制改正要望項目に含められるといったかたちで議論が続けられており、今後の動向を注視する必要がある。

(2) 電子帳簿保存法

a．電子帳簿保存法の概要

電子帳簿保存法とは、適正公平な課税を確保しつつ、納税者の帳簿書類の保存の負担軽減を図るために、記録段階からコンピュータ処理によっている帳簿書類については、電子データ等により保存等をする制度に係る法律である（国税庁・制度創設等の背景、内閣府・平成10年度税制改正答申二4(2)）。

この電子帳簿保存法により、仕訳帳、現金出納帳、売上帳などの国税関係帳簿または契約書・領収書その他の国税関係書類（以下、国税関係帳簿および国税関係書類をあわせて「国税関係帳簿書類」という）は、原則として、最初の記録段階から一貫して電子計算機を使用して作成している場合には、税務署長等の承認を受けたうえで、一定の要件のもとで、電磁的記録または電子計算機出力マイクロフィルムによる保存（国税関係帳簿の場合には備付けおよび保存）が認められている（同法2条2号、4条、5条）。

また、国税関係書類については、紙媒体で作成されたものについて、税務署長等による承認を受けた場合には、一定の要件のもとで、スキャナで読み取って作成した電磁的記録を保存する（以下「スキャナ保存」という）ことで、書面による保存に代替させることができる（同法4条3項）。

b．電子帳簿保存法施行規則の改正

従来は、契約書、領収書等の国税関係書類で記載金額が3万円以上のものは、スキャナ保存の対象から除外されていたところ、電子帳簿保存法施行規則の改正により、2016年1月から、記載金額にかかわらず、相互牽制、定期的なチェック、再発防止に関する規程といった「適正な実施を確保するために必要な体制及び手続に関する規定」（同法施行規則3条5項4号）を前提に、棚卸表、貸借対照表および損益計算書などの計算、整理または決算関係書類以外の国税関係書類がスキャナ保存の対象とされることとなった（同法施行規則3条3項）。また、スキャナ保存の際に必要とされていた電子署名を

図表4-10　国税関係帳簿書類の保存方法の可否

		紙保存		電子データ・COM保存（一貫して電子作成）		スキャナ保存（紙→スキャナ）	
帳簿		○	原則 所得税法148・法人税法126等	◎	特例 電子帳簿保存法4①（承認制） 真実性・可視性の要件：訂正削除履歴等	×	
書類	受領	○	原則 所得税法148・法人税法126等			◎	特例 電子帳簿保存法4③（承認制） 真実性・可視性の要件：電子署名等
	発行（控）	○	原則 所得税法148・法人税法126等	◎	特例 電子帳簿保存法4②（承認制） 可視性の要件：検索機能等	◎	特例 電子帳簿保存法4③（承認制） 真実性・可視性の要件：電子署名等

不要とし、タイムスタンプのみを付せば足りることとなった（国税庁・電子帳簿保存法Q&A問35）。

　また、平成28年税制改正により、国税関係書類のうち、契約書、領収書等の重要書類についてスキャナ保存する場合には、受領後に署名を行ったうえで3日以内にタイムスタンプを付すこととされた（同法施行規則3条5項1号イ、ロ、国税庁・電子帳簿保存法取扱通達4-20）。また、スキャナについて原稿台と一体となったものに限定するとの要件を廃止し、デジタルカメラやスマートフォンによるスキャナ保存も認められることとなった（電子帳簿保存法施行規則3条4項、国税庁・電子帳簿保存法取扱通達4-19）。さらに、相互牽制要件（国税関係書類の作成または受領から当該国税関係書類に係る記録事項の入力までの各事務について、それぞれ別の者が行う体制）の具体的な内容とし

て、定期的な検査が行われるまでの間は、スキャナ保存を行った国税関係書類の書面を管理する体制がとられている必要があるところ、当該書面の管理はたとえば営業担当者の自宅等ではなく、オフィス等で管理すべきことが示された（同法施行規則3条5項2号ロ括弧書、国税庁・電子帳簿保存法取扱通達4-35、国税庁・電子帳簿保存法取扱通達改正の趣旨説明）。

c．電子帳簿保存制度の改正がクラウド会計に与える影響

　国税関係書類のスキャナ保存における記載金額の撤廃により、従来、スキャナ保存を採用してこなかった企業が今後の採用を検討するインセンティブとして十分に大きなものと考えられる。これに加えて、スキャナ保存自体がデジタルカメラやスマートフォンによって行われることになれば、小規模事業者がスキャナ保存の採用を行うことが容易となる。もっとも、タイムスタンプの金額が高く、またタイムスタンプを取り扱う事業者が限られているため、利用が広がらないおそれがあるといった指摘もあり、今後、さらなる改正がなされる可能性もある。

　いずれにせよ、これまで経理・会計に要するコスト削減を志向してきたクラウド会計の分野におけるFintech事業者は、上記電子帳簿保存制度の改正により、より一層の強みを発揮する機会が得られるものと考えられる。

(3)　OECDによるBEPSプロジェクト

a．BEPSプロジェクトの概要

　企業のグローバル展開や電子商取引の急増など、グローバルなビジネスモデルの構造変化に国際課税ルールが追い付いていない状況下で、多国籍企業がその活動実態と課税ルールとの間に生じたずれを利用し、税制の隙間や抜け穴を利用した節税対策により税負担を軽減している問題が顕在化している（内閣府・税制調査会BEPSプロジェクトについて（詳細）1/4）。BEPSプロジェクトは、このような事情を背景に「税源浸食と利益移転」（Base Erosion and Profit Shifting、BEPS）に関して、2012年6月にOECD租税委員会が立ち上げたプロジェクトである。同プロジェクトにおいては、OECD加盟20カ国に加え、中国、インド、ロシアを含む8カ国も議論に参加し、2013年7月に

BEPS行動計画を公表し、2014年9月に第一弾報告書を、2015年10月に最終報告書を公表している。今後は、各国において国内法の整備を実施することが求められている。

b．BEPS行動計画

上述のBEPS行動計画は、以下の15の行動について対象としている（OECD・BEPS最終報告書解説文Annex A）。

行動1　電子商取引課税

行動2　ハイブリッド・ミスマッチ取決めの効果否認

行動3　外国子会社合算税制の強化

行動4　利子等の損金算入を通じた税源浸食の制限

行動5　有害税制への対抗

行動6　租税条約濫用の防止

行動7　恒久的施設（PE）認定の人為的回避の防止

行動8　移転価格税制（①無形資産）

行動9　移転価格税制（②リスクと資本）

行動10　移転価格税制（③他の租税回避の可能性が高い取引）

行動11　BEPSの規模や経済的効果の指標を政府からOECDに集約し、分析する方法を策定する

行動12　タックス・プランニングの報告義務

行動13　移転価格関連の文書化の再検討

行動14　相互協議の効果的実施

行動15　多国間協定の開発

c．BEPSプロジェクトにおける電子経済への対応

上述の行動計画のうち、たとえば、電子商取引等の電子経済については、日本では、原則的に、租税条約において、国内に恒久的施設（Permanent Establishments、PE）が所在する場合にのみ、当該PEに帰属する所得に課税する扱いがなされている。しかしながら、海外からの電子商取引は顧客の所在国に販売店等の物理的拠点を有さずに行えることから、課税が十分に行えないといった問題点が生じていた。

この問題に関して、BEPSプロジェクト最終報告では、電子経済の発達に伴いBEPSが助長されることは認めつつも、これらの助長されるBEPSは電子経済に特有の問題ではなく、上記行動計画の勧告内容を実施することで実質的に対応できるとの方向性が示されている。

　上記のような問題意識を受け、日本では、消費税法が改正され、2015年10月から国境を越えて行われる電子書籍・音楽・広告の配信、クラウドサービス等の提供（電気通信利用役務の提供）が国内取引に該当するか否かの判定につき、当該サービスの提供を受ける者の所在地に着目して判定することとされている。（同法2条1項8号の3、4条3項3号等）。この電気通信利用役務の提供には、インターネット上でのソフトウェアの配信、クラウド上のソフトウェアやデータベースを利用させるサービス、クラウド上の電子データ保存サービス等が含まれる。一方、制作を委託したソフトウェアを、インターネットを介して受領する場合や、国外に所在する資産の管理・運用（ネットバンキングを含む）等は、原則として電気通信利用役務の提供に該当しない（ただし、クラウド上の資産運用ソフトウェアについて料金を別途受領している場合には、その部分について該当することになる。国税庁・消費税Q&A 3頁以下）。

　また、現行のOECDモデル租税条約（OECD Model Tax Convention on Income and on Capital, 2014 versionをいう。以下同じ）では、国内において外国企業の名において契約を締結する者を代理人PEと認定している（OECDモデル租税条約5条5・6）が、実質的な交渉を子会社が行っていたとしても、親会社とオンラインによって直接契約を締結する場合には、当該子会社をPEとして認定しがたいのが実情であるといわれる。この点に関する対応策として、上記行動7では代理人PEに認定される者の活動に、「契約締結に至る主要な役割を果たすこと」を追加することが示されている。このような変更後のOECDモデル租税条約が締結された場合、外国事業者が国内にPEを有すると認められる場合に限らず、国内事業者がインターネットを介して外国で現地の事業者と提携してビジネスを展開する場合にも、当該外国においてPE認定がされることとなるおそれが飛躍的に高まることになる。

d．今後の展望

今後も、国内・国外を問わず、BEPSプロジェクト最終報告書の内容に応じた各種の対応がなされていくことが予定されている。また、行動11によると、BEPSの測定・モニタリングは、今後も継続して行われることが示されている。Fintech事業者としては、自己の課税関係について正確に把握したうえでビジネススキームを構築する点により一層の留意が必要と思われる。

> **コラム**

Fintechに関するよもやま話(3)

トレジャーデータ株式会社　マーケティング担当ディレクター　堀内健后氏との鼎談

出席者：堀内氏、松田、鈴木

松田「堀内さん、結構お久しぶりですよね？」

堀内氏「そうですね。松田さんとは長いお付き合いになりましたね」

松田「そうですよね。今日はよろしくお願いします。今日はFintechのお話を聞きにきました」

堀内氏「わかりました。Fintechについては、Fintechという言葉が普及する前からいろいろとかかわっていたので、松田さんとお話しできてうれしいです」

松田「ぜひ、よろしくお願いします。最近のFintechブームをどう思いますか？」

堀内氏「とてもよい傾向だと思っています。もっともっと活発になってもよいと思いますね。というのも、ITを中心としたテクノロジーを金融はとても活かしやすいビジネスだと思っています。現時点の日本ではリテール側でのFintechが盛り上がっていると思うので、今後は金融そのものを変革したり、B2BでのFintechの活用を期待しています」

松田「というと？」

堀内氏「金融業界は法律の規制も厳しく、日本は日本というところがまだまだ数多くあり、ビジネスの発想が従来型の金融サービスの延長となりがちです。行政と金融業界のTechnologyの面での意識がもっと変われば、革新的なサービスがもっともっと出てくると期待しています」

松田「Fintechが日本だといまひとつ実感をもてないのは、国民性なども関係しているのでは？」

堀内氏「それもあると思います。また、金融に関する教育の問題も大きいと思います。米国では金融に関しても自己責任の面が強いので、日本よりも学生が金融について勉強をするし、社会人から高齢者まで自分で資産をつくったり、守る意識が強いと思います。これが日本と決定的に違うことではないでしょうか。税制が違うということもありますが……」

松田「日本だと、金融の話をすることへの抵抗があります」

堀内氏「そうそう、金の話をするのは卑しいという意識をしてしまいがちですよね」

松田「たしかに。そういう意識なので、貨幣経済からデータ経済に移行してきている状況に追い付けていないのではないでしょうか」

堀内氏「そういう面もあると思います。また、日本においては、金融業界は非常に保守的であり、ノウハウなどが若手や外の業界に開示されにくいのではないでしょうか」

松田「そうですよね。外に情報を発信しようとする人も少ないですし」

堀内氏「本来であれば、金融業界は少し変えるだけで大きなビジネスチャンスが出てくる業界だと思います。実際、米国ではブロックチェーンを活用したBitcoinのスタートアップや、決済系、クレジットカード系のサービスをおもしろいと思って取り組む若い人がたくさんいます。その際に、ベテラン金融マンの知識や経験が重要な役割を担っているのは確実です」

松田「なるほど。日本だと金融業界のベテランが若手、ましてや異業種の人と交流することは想像しづらいですね」

堀内氏「特に、今後は金融のリテールなどのフロント以外の部分でテクノロジーの活用が進むと思います。その際に、金融業界のベテランがもつ経験や知識が非常に重要な意味をもちます。金融のベテランの知見と異業種の若手のテクノロジーの知見を組み合わせると、いろんな発展が期待できると思います。大人の知恵を革新に活かすというか」

松田「そこは大きな課題ですね。日本の場合、積極的にテクノロジーを活用しようというよりは、やらなきゃまずいというやらされ感があるように思えます。そういう意味では人材も変化していかなければならないですね」

堀内氏「そうですね。あとは投資環境でしょうか」

松田「というと」

堀内氏「日本では、金融とテクノロジーの両方を理解した投資家が少ないのではないでしょうか。これが米国との大きな違いかもしれません。そのため、米国と比べて、Fintechベンチャーへの投資額が非常に少ないのでは。革新を起こすための投資なのに、十分な資金が調達できない。となると、有力なベンチャーは米国に行くか、事業そのものをピボットせざるをえない。これは大きな課題だと思います」

松田「日本人は仕事が好きなのか、生涯現役という人が多いですね。投資家といわれるとたしかにピンときません」

堀内氏「あとはコーディネータでしょうか。うまく大人の知恵と革新を起こすテクノロジーをもつ若手、投資家をつなぎ合わせる人がいたらいいですね」

松田「コンサルタントとかができればいいんですけどね……」

堀内氏「あまり構えずに、『金融業界の頭痛のタネを聞く会』を開けばいいのではないでしょうか」

松田「おもしろいですね。『金融業界の頭痛のタネを聞く会』……すごく長い会になりそうですね。愚痴が多くて」

堀内氏「日本では、金融業界やSIerも含めて、『ダメだ、できない』はよく発言されます。ただ、大事なのは、『ダメだからこうしよう』とか、「ここまでならできる」いう知恵の部分です。これは大人の知恵が必要だし、実現にはテクノロジーに強い若手の発想力が必要になるはずです」

松田「なるほど。そのためには、金融業界そのものが変わる必要がありますね。年功序列的な意識も変えなければならないでしょうし」

堀内氏「意識の変革は必須でしょうね。ただ、これまでと意識が異なる若手も出てきていると思います。そこにはおおいに期待したい」

松田「私も期待しています。そういう若手に、おじさんの知恵をうまく融合できればすごいことができそうです。私自身、おじさん年代ですが、若手に刺激を与えられるように頑張ります」

Fintechに関する法務2
Fintechビジネスを行う場合に検討すべき法的諸問題

Ⅳ章では、Fintechを行う場合にかかわる金融規制法を中心に検討したが、実際にFintechビジネスを行う場合には、その他にも検討すべき法令が数多く存在する。たとえば、B to CのFintechビジネスにおいては消費者保護のための法規制への目配りも必要となり、また、FintechがFinance（金融）とTechnology（テクノロジー）の融合分野であることから、テクノロジー（主にIT）に関連する法的諸問題の検討も必須である。さらに、個人情報保護法の遵守、国際取引の側面がある場合の対処なども求められる。

　そこで、本章では、上記の消費者保護、IT関連法務、個人情報保護法、国際取引法務について検討する。なお、最近のトピックについてはコラムで触れることとする。

消費者保護

〔1〕 消費者契約法（集団訴訟を含む）

(1) 現行消費者契約法上の規制

a．不当勧誘規制

　事業者が消費者に対して契約締結の勧誘をする際に、図表 5-1 の事実があった場合には、消費者はこれによって締結された契約を取り消すことができる。

　図表 5-1(a)および(c)にいう「重要事項」とは、次のものをいう（本書執筆時点では①(i)＋②、または、①(ii)＋②の二つのパターンが規定されているが、下記のとおり平成28年消費者契約法改正により、下記のとおり、図表 5-1(a)の「重要事項」に新たな類型が加えられた。消費者契約法 4 条 4 項）。
① (i)消費者契約の目的となるものの「質、用途その他の内容」、または
　 (ii)「対価その他の取引条件」
② 消費者が当該契約を締結するか否かについての判断に通常影響を及ぼすべきもの

　改正消費者契約法では、図表 5-1(a)の「重要事項」として、「前二号に掲げるもののほか、物品、権利、役務その他の当該消費者契約の目的となるものが当該消費者の生命、身体、財産その他の重要な利益についての損害又は危険を回避するために通常必要であると判断される事情」が追加された。この新設規定は、契約の目的物に関しない事項についての不実告知による場合

図表5-1　消費者が勧誘を理由に契約を取り消すことができる場合

	事　実	該当する消費者契約法の規定
(a)	**不実告知**（重要事項について事実と異なることを告げること）により消費者を**誤認**させた場合	4条1項1号
(b)	**断定的判断の提供**（物品、権利、役務その他の当該消費者契約の目的となるものに関し、将来におけるその価額、将来において当該消費者が受け取るべき金額その他の将来における変動が不確実な事項につき断定的判断を提供すること）により消費者を**誤認**させた場合	4条1項2号
(c)	**不利益事実の不告知**（消費者に対してある重要事項または当該重要事項に関連する事項について当該消費者の利益となる旨を告げ、かつ、当該重要事項について当該消費者の不利益となる事実を故意に告げなかったこと）により消費者を**誤認**させた場合	4条2項
(d)	**不退去**または**監禁**により消費者を**困惑**させた場合（ただし、この類型は事業者の不退去または監禁が要件となるため、消費者と対面することが少ないFintech企業の活動に適用される場合はかなり限定的であると考えられる）	4条3項1号・2号

を規定するものであり、契約を取り消しうる範囲を拡大するものである。したがって、Fintech企業においても、これまで以上に消費者への情報提供が重要になるといえる。

　契約が取り消された場合、契約は当初から無効であったものとみなされる（民法121条）ため、事業者は、消費者から受け取った代金等を返還しなければならないことになる（同法703条）。

　インターネット上における取引であっても消費者契約法は適用されるが、消費者の不当勧誘に関する契約の取消権を規定する消費者契約法4条の適用の有無に関しては、契約締結の「勧誘」に当たる行為があったか否かが重要な分水嶺となっている。この点については重要なポイントであるので、下記(2) a .(a)であらためて述べたい。

b．消費者にとって一方的に不利な条項の無効

　消費者契約において、事業者の責任を免責する条項や消費者の違約金を定める条項などのうち一定のもの、また、民法・商法等の法律によって認められる消費者の権利を制限しまたは義務を加重し、かつ、信義則に反して消費者の利益を一方的に害する条項は、消費者にとって一方的に不利な条項として無効である（消費者契約法8条1項各号、9条、10条）。このような条項は、裁判では効力が認められない可能性がある点に注意する必要がある。

c．ウェブサイト上の利用規約

　インターネット上で締結される契約においては、その条件が利用規約や利用条件等（以下「サイト利用規約」という）として提示されることが通常である。

　しかし、消費者がサイト利用規約を逐一確認してから契約を締結しているとは考えにくいため、いかなる場合にサイト利用規約で提示された条件を契約内容に組み入れてよいかという議論がある（東弁・ネット取引被害の消費者相談108頁）。

　この点については、「ⅰ）サイト利用規約があらかじめ利用者に対して適切に開示されていること、及びⅱ）当該ウェブサイトの表記や構成及び取引申込みの仕組みに照らして利用者がサイト利用規約の条件にしたがって取引を行う意思をもってサイト運営者に対して取引を申し入れたと認定できる」場合には、サイト利用規約で提示された条件も契約内容に組み入れてよいとされている（経産省・電子商取引準則ⅰ.25頁）。

　サイト利用規約を提示する場合には、これらの点を念頭に置くことが大切になる。

(2) 消費者契約法等改正の動向とFintechビジネスに及ぼしうる影響

a．消費者契約法改正の動向

　(a) 「勧誘」概念に関する議論

　現在、消費者契約法の改正が議論されており、特に同法4条（契約やその申込みの取消し）が規定する「勧誘」に対する規制を広告等にも広く及ぼすか否

かが議論されている。仮に広告等が「勧誘」に含まれることになると、たとえば、広告自体に不利益事実を限りなく記載する必要が生じる可能性や、広告に記載がないことを理由に契約の取消しを主張される可能性がある（日本経済新聞・広告および「勧誘」に関する記事でもそのような懸念が示されていた）。

この点については、「特定の者に向けた勧誘方法は『勧誘』に含まれるが、不特定多数向けのもの等客観的にみて特定の消費者に働きかけ、個別の契約締結の意思の形成に直接に影響を与えているとは考えられない場合（例えば、広告、チラシの配布、商品の陳列、店頭に備付けあるいは顧客の求めに応じて手交するパンフレット・説明書、約款の店頭掲示・交付・説明等や、事業者が単に消費者からの商品の機能等に関する質問に回答するに止まる場合等）は『勧誘』に含まれない」とされている（消費者庁・逐条解説消費者契約法44頁）。

したがって、Fintech企業が不特定多数に向けて行った広告等は、原則として「勧誘」には当たらず、それによって締結された契約に消費者契約法は適用されないことになる。

もっとも、裁判例には、パンフレット等の記載が「勧誘」に当たると判断したものがあった。そして、消費者契約法専門調査会においても、「勧誘」が「必ずしも特定の者に向けたものでなければならないわけではない」とし、そのことを「逐条解説」に記載する等して周知することが提案された。その一方で、取消しの規律の適用の対象となる行為の範囲について、現時点ではコンセンサスを得ることは困難であるともされた（消費者委員会・消費者契約法専門調査会報告書11頁）。

これを受けて2016年5月25日付で成立した改正消費者契約法には、「勧誘」要件に関する改正は含まれていなかったが、今後の法改正によってインターネット上の広告等も「勧誘」に当たると判断されるようになる可能性がある。

そのため、Fintech企業においても、広告等の内容が不実告知や断定的判断の提供、不利益事実の不告知を生じさせるような表現を用いないよう留意したほうがよいと思われるが、今後の法改正に向けた議論において、ビジネスに萎縮効果を生じさせない制度設計・運用が望まれるところである（この

論点については、平成29年に、影響が及ぶと考えられる判決を最高裁が示したことも注目される。この点については、補章を参照されたい）。

なお、日本版クラス・アクション制度の運用にも影響を与える可能性があることは後記(3) b．で述べる。

(b) その他の改正事項

2017年6月3日から施行される改正消費者契約法では、次の事項が改正されている（消費者庁・概要消費者契約法の改正。下記②については、上記(1) a．をも参照されたい）。

① 過量な内容の消費者契約につき、取消しを認める条項の追加
② 不実告知による取消しに関し、重要事項となる事情の追加
③ 取消権を行使した消費者の返還義務を、現存利益に限定する条項の追加
④ 取消権の短期の行使期間を、6カ月間から1年間に伸長する条項の規定
⑤ 事業者の損害賠償責任を免除する条項の見直し（民法以外の法律上の責任を免除する条項も無効にする）
⑥ 消費者の解除権を放棄させる条項の無効
⑦ 現行消費者契約法10条の適用対象につき、消費者の不作為をもって意思表示をしたものとみなす条項の無効を例示として追加

これらの改正は、いずれも、より消費者を保護する方向に働く改正であるため、Fintech企業にとっても影響がありうる点に留意が必要である。

b．電子マネーに関する法改正の動向と消費者保護

決済高度化WG報告は、電子マネー発行業者に対し加盟店の管理および苦情処理体制の制度整備に向けた措置等を求める消費者委員会の建議について、「割賦販売法の見直しの動きも踏まえつつ、消費者被害の実効的な防止・解決策を講じるとの要請に的確に応えていく必要がある」としつつ、「同時に、イノベーションを徒に阻害しないとの要請にも十分留意していくことが適切である」と述べ（決済高度化WG報告12頁）、両者のバランスに配慮している。

このような背景のもと、改正資金決済法において、苦情処理体制を整備する義務が明文化された（同法21条の2）。また、加盟店の管理に関しては、加

盟店管理責任が同法で明文化されることはなかったが、今後、公序良俗違反の要件（資金決済法10条1項3号）につき、「『金融庁事務ガイドライン』において、『公序良俗違反』とは、犯罪行為に該当するなどの悪質性の強い場合のみならず、社会的妥当性を欠くおそれがある場合を広く含むものであることを明確化」する方針であり、これによって加盟店の管理に関して要求される措置の範囲が広くなることになる（金融庁・御説明資料3頁）。

もっとも、これらの規定等がどのように運用されていくのかは現状では明らかではない。金融庁は、これらの制度整備を受けて、「加盟店管理体制及び苦情処理体制の整備が適切に行われているかについて重点的にモニタリングを実施するとともに、体制整備が不十分な業者に対しては、指導を徹底し、継続的なフォローアップを実施」したいとしており（消費者委員会・議事録15頁）、今後もその動向に注意を払う必要がある。

金融機関との間で生じた金融商品・サービスに関する紛争については、金融機関の利用者は、金融ADR制度を利用することもできる。金融ADR制度は、業態ごとに設置されている金融ADR機関において、中立かつ公正な立場の紛争解決委員が和解あっせん等を行うことにより、金融機関とその利用者との間で生じた紛争につき、迅速かつ簡便な解決を図ることができる裁判外の紛争解決制度である。金融機関には、金融ADR手続に応諾する義務（金商法156条の44第2項2号）や資料提出義務（同項3号）、紛争解決委員が特別調停案を出した際にはこれを受諾する義務（同条6項柱書）等があり、利用者の保護が図られている。

なお、改正資金決済法では、仮想通貨交換業者の業務に関する規制も定められており、そのなかで、指定仮想通貨交換業務紛争解決機関（指定紛争解決機関であってその紛争解決等業務の種別が仮想通貨交換業務であるものをいう。改正資金決済法63条の12第1項1号）が存在しない場合は、仮想通貨交換業者は仮想通貨交換業に関する苦情処理措置および紛争解決措置を講じる義務が明文化されている（同項2号）。

また、改正割賦販売法は、悪質な加盟店の排除に向けて、アクワイアラーについて登録制度を設け、加盟店に対する調査および調査結果に基づいた必

要な措置を行うことを義務づける等、アクワイアラーに対して加盟店の管理責任を課している（詳細はⅣ章1〔5〕(3)を参照）。

(3) 集団訴訟

a．制度概要

　以前から、内閣総理大臣の認定を受けた適格消費者団体が、不当な勧誘行為等に対して差止請求をすることができる制度（消費者契約法12条等）は存在した。

　しかし、この制度は将来の被害を防止することができる一方、既に生じてしまった被害を回復することはできず、現に生じている被害を回復するためには、個々の消費者が自ら民事訴訟を提起するしかなく、事実上訴訟の提起が困難である等の理由により、被害者の3割以上が泣き寝入りをしてしまっているといわれている（消費者庁・消費者裁判手続特例法Q&A1頁）。

　このような状況に鑑み、2013年12月4日に消費者裁判手続特例法、通称「日本版クラス・アクション法」が成立し、同法は2016年10月1日に施行された。

　消費者裁判手続特例法は、上記の経緯から、個人消費者の財産的被害を回復し、利益の擁護を図ることを目的としており、その目的を達するため、国が認定した特定適格消費者団体が被害を受けた消費者の代表として企業に対し裁判を起こせるようにしている。

　具体的には、訴訟が二段階に分かれており、一段階目の手続では、特定適格消費者団体が原告となって訴訟を提起し、各消費者と事業者との間の共通義務の有無について審理がなされ、消費者側が勝訴して事業者に義務があることが確定すると、二段階目の手続に移行し、各消費者の債権額を決定することになる。

b．留意点

　同制度では、消費者契約に関する①契約上の債務の履行の請求、②不当利得に係る請求、③契約上の債務の不履行による損害賠償請求、④瑕疵担保責任に基づく損害賠償請求、⑤民法上の不法行為に基づく損害賠償請求のみが訴えの対象とされている。消費者契約法との関係では、不当勧誘があったこ

とを理由に、消費者契約の取消しに基づく不当利得返還請求や、そのような行為が不法行為に当たることを理由とする損害賠償請求等の法律構成で争われる可能性がある。

　前記(2) a .(a)のとおり、今後は、インターネット等を通じた消費者向けサービスの広告等についても消費者契約法が適用され、契約の取消しができることとされる可能性があり、そのことを理由に集団訴訟を提起される可能性がある。その場合、多額の請求をされる可能性があるだけでなく、原告となる消費者団体が被害者に訴訟参加を求めて広く公告することになるため、その過程で企業イメージに悪影響が及ぶ可能性がある。

　したがって、同法との関係においても、今後は取扱説明書やパンフレット等のみならず、広告の内容についても消費者を誤認させるものとなっていないか留意したほうがよいと考えられる。

c．行政による経済的不利益賦課制度

　消費者の被害発生を防止する方法として、行政による経済的不利益賦課制度が検討されている。行政による経済的不利益賦課制度とは、行政庁が事業者に対して違反行為抑止のために必要な賦課金の給付を命じる制度である（消費者庁・取りまとめ報告書の概要）。消費者に被害を発生させた事業者から不当な収益を剥奪することにより、不当な事業を行うインセンティブを失わせ、被害の発生・拡大を防止することを企図している。

　このような制度は、独占禁止法や金商法等で導入されているが、消費者保護との関係では検討課題が残されており、今後の議論が待たれるところである。

〔2〕 特定商取引法

(1) 現行法上の規制

　特定商取引法は、一般に消費者トラブルが生じやすい取引類型について、事業者に対する行為規制と、クーリング・オフ等の消費者を守るルールを定

め、事業者による違法な勧誘行為等を防止し、消費者の利益を保護することを目的としている。

特定商取引法が対象としている7種類の取引類型のうち、Fintech企業に主に関係しうるのは、電子商取引について規定した通信販売の規制である。

通信販売については、広告の表示事項の規制、誇大広告等の禁止等が定められており（特定商取引法11条～14条）、違反した事業者は、行政処分や罰則を受ける可能性がある。

まず、事業者が広告をするときは、次の事項を表示しなければならない（ただし、消費者からの請求があればこれらの事項を記載した書面や電子メールを遅滞なく提供することを広告に表示している場合は、一定の範囲でこれらの事項の記載を省略できる。特定商取引法11条ただし書、同法施行規則10条1項）。

① 商品の販売価格または役務の対価
② 代金または役務の対価の支払時期および方法
③ 商品の引渡時期、権利の移転時期または役務の提供時期
④ 商品もしくは指定権利（改正特定商取引法においては、「特定権利」）の売買契約の申込みの撤回または解除に関する事項
⑤ その他主務省令で定める事項

次に、事業者は広告をするにあたって、次の事項について、著しく事実に相違する表示や、実際のものよりも著しく優良もしくは有利であると誤認させる表示をしてはならない（特定商取引法12条）。

① 当該商品の性能または当該役務の内容
② 当該商品もしくは当該権利の売買契約の申込みの撤回または売買契約の解除に関する事項
③ その他主務省令で定める事項

したがって、Fintech企業においても、その提供するサービスの広告に際してはこれらの点に留意する必要がある。

(2) 改正の動向

2015年12月に公表された報告書によれば、事業者に義務づけられる表示事

項の追加については、「割賦販売法の改正の進捗を踏まえた後、今後必要に応じて検討」するものとされている（消費者委員会・特定商取引法専門調査会報告書）。

　誇大広告に関しては、これに基づく契約について取消権を規定するか否かが議論されたが、「景表法・消契法の状況等も踏まえ、必要に応じて検討」とされるにとどまっており、また、インターネットモール事業者についても、「直ちに特定商取引法上の特別な義務を課す必要はな」いとされている。

　2016年5月25日に成立した改正特定商取引法においても、これらの点に関する規定は設けられていない。

　もっとも、今後Fintech企業に対して影響を及ぼしうる法改正がなされることもありうるため、動向に注目する必要がある。

〔3〕 金融商品販売法

　金融商品販売法（金販法）は、事業者等が顧客に対し重要事項の説明義務を尽くさなかったこと等により、顧客に損害が生じた場合における損害賠償責任等について規定することによって、顧客の保護を図り、もって国民経済の健全な発展に資することを目的としている（同法1条）。

　金販法は一般事業者をも保護の対象としている点で消費者契約法とは異なるが、消費者の保護をも図る法律であるため、ここで述べることとする。

　金販法が適用対象としている「金融商品の販売」は幅広く、預金、信託、保険、有価証券、不動産特定共同事業、デリバティブ取引に関する取引等が含まれ、新たな取引類型も政令により適用対象になりうる（同法2条1項1号ないし11号）。Fintechサービスもこれらに該当する場合は適用対象となる。

(1) 現行法上の規制

a．重要事項の説明義務（金販法3条）

　金融商品販売業者等は、顧客が一定の者である場合や説明を要しない旨の意思の表明をした場合を除き、金融商品の販売が行われるまでの間に、顧客

に対し重要事項の説明をしなければならない（金販法3条柱書、同条7項）。

具体的には、金融商品販売業者等は、金融商品の販売につきリスク（市場リスク、信用リスク、権利行使・契約解除の期間の制限）がある旨、ならびに当該リスクの内容、当該リスクの要因および当該リスクを生じさせる金融商品の販売に係る取引の仕組みのうちの重要な部分について説明義務を負う（松尾＝池田118～119頁）。

なお、顧客に対する説明は、顧客の知識、経験、財産の状況および当該金融商品の販売に係る契約を締結する目的に照らして、当該顧客に理解されるために必要な方法および程度によるものでなければならない（同条2項）。インターネット取引の場合には、顧客に画面上のボタンをクリックさせることによって説明事項の内容を理解したか否か確認することや、顧客からの問合せに対応できる体制を整備すること、照会頻度の高い質問についてはQ&Aのページを設けておくことなどによって理解度を確認する工夫が必要であるとされている（松尾＝池田128頁）。

b．断定的判断の提供等の禁止（金販法4条）

金融商品販売業者等は、金融商品の販売が行われるまでの間に、顧客に対し、当該金融商品の販売に係る事項に関して、不確実な事項について断定的判断を提供し、または確実であると誤認させるおそれのあることを告げる行為（断定的判断の提供等）を行ってはならない（同法4条）。

たとえば、金利、外国為替、株価等の、変動が不確実な指標について、「必ず上昇する（または低下する）」と告げる行為などがこれに当たる。

c．損害額の推定等（金販法6条）

金融商品販売業者等は、重要事項の説明義務（同法3条柱書）または断定的判断の提供等の禁止（同法4条）に違反して顧客に損害を生じさせた場合、当該損害につき無過失責任としての損害賠償責任を負い（同法5条）、元本欠損額が当該違反したことによって生じた損害額と推定される（同法6条）。

d．勧誘方針の策定、公表（金販法9条）

金融商品販売業者等は、業として行う金融商品の販売等に係る勧誘をしよ

うとするときは、あらかじめ、勧誘の対象となる者に対して配慮すべき事項等について、勧誘方針を定めなければならない（同法9条1項・2項）。また、勧誘方針を定めたときは、金販法施行令で定める方法により、すみやかに公表しなければならない（同条3項）。これらの義務に違反した場合、50万円以下の過料に処せられることがある（同法10条）。

インターネット上で金融商品の販売等を行う場合は、インターネット上で当該勧誘方針を公表しておく必要がある（勧誘方針の公表方法については、同法施行令12条2号参照）。

(2) 消費者契約法との関係

消費者契約法と金販法は、個人のみならず一般事業者の保護をも図るものであるかどうかの点で異なり、個別の要件・効果も異なる。そのため、互いに適用を排除しあう関係にはなく、重ねて適用されるものと考えられている（松尾＝池田18〜21頁）。

(3) 留意点

上記(1)(2)から、金融商品販売業者等は、顧客が、金販法のみならず、民法や消費者契約法等に基づき、別途金融商品販売業者等に対する損害賠償請求等を行うことができる点に留意する必要がある。

たとえば、重要事項でないからといって、ある事項について説明をしないと、そのことを理由に、顧客から不法行為（民法709条等）に基づく損害賠償請求をされることや、詐欺（同法96条1項）または消費者契約法等に基づく金融商品販売契約の取消し等を原因として、顧客から金融商品代金額の不当利得返還請求（民法703条、704条）をされること等が考えられる（松尾＝池田178頁）。

したがって、金融商品販売業者等は、重要事項に含まれない事項であっても、顧客の権利や義務に関する情報等、顧客にとって必要な情報については十分な説明を行う必要があるといえる。

> **コラム**

高齢者向け投資勧誘と自主規制

　一般に、高齢者は記憶力や理解力が低下することがあり、高齢化が進む昨今においては、高齢者に対する投資勧誘について、本人やその家族から苦情やあっせんの申立て等がなされる事例が生じている。このような背景から、日本証券業協会は、高齢顧客に対して投資勧誘を行う場合において、協会員が遵守すべき自主規制規則を2013年12月16日から施行することとし、同年10月29日にそのガイドラインを定めた。

　それらによると、日本証券業協会の協会員は、高齢顧客に対し有価証券等の勧誘による販売を行う際に従うべき社内規則の策定が義務づけられる。この社内規則においては、①75歳以上を目安に、年齢を基準として高齢顧客を定義し、80歳以上を目安に、より慎重な勧誘による販売を行う必要がある顧客を定義すること、②高齢顧客への勧誘に際して、「勧誘可能な商品」をそれぞれ具体的に定めることなどが必要となる（日証協・高齢顧客への勧誘による販売に係るガイドライン1～2頁）。

　なお、インターネット取引については、顧客自身がIDとパスワードを入力してログインしたうえ、自発的に銘柄、数量または金額を入力して行うものであることから、勧誘販売に当たるものではなく、協会員が特段、勧誘による販売に当たる行為をしなければ、協会員が前記の規定を遵守する必要はないことになる。

　金商法40条1号や金販法3条1項・2項なども、不適当な勧誘の禁止や、顧客への重要事項の説明が、当該顧客の状況等に照らして、当該顧客に理解されるために必要な方法および程度によるものでなければならないことを規定しているため、高齢者に対しては、その状況に応じて金融商品の販売について説明を行うなどしなければならない。

2 IT関連法務

〔1〕 電気通信事業法

(1) 電気通信事業法

　通信キャリアやプロバイダなどのいわゆる通信関係の事業を行う場合、電気通信事業法上の登録や届出が必要となる。一方で、インターネット上の情報交換等のサービス、いわゆる電子掲示板やチャットの環境を提供する場合には、通信設備を設置せず、かつ通信を媒介する場合でなければ、登録や届出の必要はないが、その場合でも、電気通信事業法上の通信の秘密および検閲の禁止の規制が適用される場合がある。

(2) プロバイダ責任制限法

a．プロバイダ責任制限法とは

　インターネットのウェブサイトや電子掲示板においては、公開性や匿名性などの特性上、第三者のプライバシーや著作権侵害等の権利侵害の問題が生じやすい。これらの被害者が情報の発信者やプロバイダに対して当該情報の削除や損害賠償などの請求を行う場合のプロバイダの責任を定めた法律として、プロバイダ責任制限法がある。

　プロバイダ責任制限法は、インターネットのウェブサイトや電子掲示板等で、プライバシーや著作権侵害等の権利侵害があった場合において、プロバイダが負う損害賠償責任の範囲や、情報発信者の情報の開示を請求する権利

を定めている。また、プロバイダ責任制限法ガイドライン等検討協議会が策定したプロバイダ責任制限法に関する各種ガイドラインにおいて、インターネット上で名誉棄損やプライバシーの侵害などが生じた場合に関する指針が公表されており、プロバイダ責任制限法が問題となる場面での対応の参考となる。

b．損害賠償の制限

(a) 被害者に対する損害賠償の制限

プロバイダ責任制限法では、権利侵害が発生した場合であっても、一定の条件を満たさない限り、情報を自ら発信していないプロバイダは被害者に対して賠償責任を負わないこととされている（同法3条1項）。具体的には、以下の①または②のいずれかに該当する場合は免責される。

① 技術的に送信の防止が不可能な場合
② 技術的に送信の防止が可能であり、かつ以下のⅰまたはⅱのいずれかに該当する場合
　ⅰ 情報の流通について知らなかった場合
　ⅱ 情報の流通自体は知っているが、権利侵害についてまでは知らず、かつ知ることができたと認めるに足りる相当の理由がない場合

(b) 発信者に対する損害賠償の制限

プロバイダが、情報の送信を防止するための措置を講じることにより、情報の発信者から表現を不当に妨害されたことによる精神的損害、収益をあげることが予定されていた表現行為を妨害されたことによる逸失利益などの損害賠償を請求される事態が考えられる。

プロバイダ責任制限法は、プロバイダが被害者の求めに応じて送信防止措置をとった場合の発信者に対する損害賠償の免責も定めている。具体的には、送信防止措置が権利侵害を防ぐために必要な限度で行われることと、以下の①または②のいずれかを満たす場合に免責される。

① 当該情報の流通によって他人の権利が不当に侵害されていると信じるに足りる相当の理由がある場合
② 被害者からの申請に基づき、発信者に送信防止措置を講ずることについ

ての照会を行ってから7日を経過しても回答がない場合
  c．発信者情報の開示請求等
　インターネット上の権利侵害では、被害者が損害賠償請求などを行うために必要な発信者の情報を特定することが困難である場合が多い。そこで、プロバイダ責任制限法では、被害者によるプロバイダへの発信者情報の開示請求について定めている。①情報流通による権利侵害が明らかであり、かつ②情報開示を請求する者に損害賠償請求権を行使する等の正当な理由がある場合に、開示請求が認められる（同法4条1項）。
　発信者情報の開示を受ける具体的な手続の流れとしては、原則として、まずサイト管理者に対してIPアドレスの開示請求を行い、当該IPアドレスをもとにプロバイダに対する発信者情報の開示を請求するという二段階の手続が必要となる。

〔2〕　電子商取引および情報財取引等における問題点

　インターネットの普及により、新たな経済行為が生み出されている。しかし、従来の法令はこのような新たな技術を前提とせずに制定されているため、電子契約法が制定されたり、経済産業省が、経産省・電子商取引準則を策定するなどしており、新たな取引に対する法令の適用に関する解釈の参考とすることが考えられる。

(1)　契約の成立

a．インターネットを通じた取引における契約の成立
  (a) 契約の成立
　契約は、一方からの申込みがあり相手方がその申込みを承諾した場合に成立する。隔地者間の契約においては、原則として承諾の通知を発したときに契約が成立する（民法526条1項）。しかし、電子メール等の電子的な方式による契約の承諾通知は短時間で相手に到達するため、承諾通知が電子メール等の電磁的方式により、電子計算機等との間を電気通信回線を通じてパソコ

ン間の通信を用いて行われる場合（たとえば、パソコンからパソコンに、インターネットを利用して電子メールで承諾する通知を行う場合）は、承諾通知が到達したときに契約が成立することされている（電子契約法4条、民法97条1項）。

(b) 到達時期

意思表示の到達時期について明文の規定はなく、一般的には、相手方が意思表示を知ることができる客観的状態が生じた時点をもって到達したと考えられる。相手方が意思表示を知ることができる客観的状態が生じた時点とは、意思表示が相手方にとって了知可能な状態におかれたこと、意思表示が相手方のいわゆる支配圏内におかれたことを意味すると考えられる（最判昭36.4.20民集15巻4号774頁、最判昭43.12.17民集22巻13号2998頁）。

ア 電子メールの場合

電子承諾通知については、相手方が通知に係る情報を記録した電磁的記録にアクセス可能となった時点をもって到達したものと解されている。電子メールの場合は、通知に係る情報が受信者（申込者）のメールサーバ中のメールボックスに読み取り可能な状態で記録された時点となる。

イ ウェブ画面の場合

インターネット通販等の場合、ウェブ画面上の定型フォーマットに商品名、個数、申込者の住所・氏名等の必要事項を入力し、これを送信することにより申込みの意思表示が発信される。この申込通知がウェブサーバに記録された後、申込者のウェブ画面に承諾した旨または契約が成立した旨が自動的に表示されるシステムが利用される場合がある。

このような場合は、相手方が意思表示を領知しうべき客観的状態を生じた時点である、申込者のモニター画面上に承諾通知が表示された時点に到達したと考えられる。また、承諾通知が画面上に表示されていれば足り、申込者がそれを現認したか否かは承諾通知の到達の有無には影響しない。

b．消費者の操作ミスによる錯誤

インターネットを通じた取引においては、誤操作により送信ボタンを押してしまうこと、数量を誤って入力してしまうことなどにより、申込者の意図

とは異なる契約が締結されることがある。そこで、電子契約法は、一定の場合に申込者の救済を認めている。具体的には、①事業者が消費者に対して申込みを行う意思や申込みの内容について確認を求める措置を講じた場合、②消費者自らが申込みを行う意思や申込みの内容についての確認の機会が不要である旨の意思を表明した場合を除き、申込者は、自らに重大な過失があったとしても、意図しない申込みや意図と異なる内容の申込みの意思表示を無効とできるとしている（同法3条）。

　たとえば、まったく申込みを行う意思がないにもかかわらず、操作を誤って商品の購入の申込みを行ってしまったような場合に、事業者が申込み画面のほかに、商品の購入の確認画面を設けていなかったときには、申込者は、自らに重大な過失があっても、申込みの意思表示を無効とすることができる。

コラム

スマートコントラクト

　近年、ブロックチェーンを活用する試みの一つとしてスマートコントラクトの分野に注目が集まっている。スマートコントラクトの概念自体は1990年代から提唱されており、明確な定義が確立しているわけではないが、おおむね契約の自動化を意味する。スマートコントラクトの導入例としては、自動販売機がある。利用者が必要な金額を投入し、特定の飲料のボタンを押すという条件が満たされることで、自動的に特定の飲料を提供するという契約が即時に実行されることになる。

　ブロックチェーンとは、ビットコインの基幹的な技術をいい、イメージとしては、複数の取引データを塊り（ブロック）にして暗号化してチェーンのようにつなぎあわせていく技術である。契約の自動実行のために必要な契約条件、履行内容、将来発生するプロセスなどを、ブロックチェーン上に記録することが考えられている。これにより、真正性の保証された透明性の高い取引が可能となり、ブロックチェーンを活用しスマートコントラクトをより普及させることが考えられている。ここでは、ブロックチェーンの機能のうち、「スクリプトによりアプリケーションをできること、真正性の保証され

た取引ができること、データ処理のトレースが可能であることにより透明性の高い取引が可能（改ざんが困難）であること、安定したシステムの構築・運用が可能（ゼロダウンシステム）であること」の四つが関係する。

スマートコントラクトのメリットとしては、①契約の相手方や仲介者を疑う必要がなくなることと、②コスト削減がある。

まず、①の点は、現状では、二重に売買契約を締結され、物を現実に手に入れられないという事態が起こりうる。スマートコントラクトが導入され、かつ契約がプログラム化され機械的に実行されるようなシステムを構築した場合には、取引の実行過程において不正行為を行う余地が減少する。

また、②の点については、仲介者や第三者機関を必要としないことから、取引コストを大幅に削減することも可能となる。従来は、契約の履行を担保するため、信用性の高い仲介者を用いたり、エスクロー（商品の注文後、買い手が第三者に料金を渡し、商品が買い手に到着した後、第三者が売り手に料金を渡す）という手法がとられることがあった。

スマートコントラクトでは、このような第三者を介在させることなく、信頼性の高い取引を実行することが可能となる。その他、不正を防ぐために紙の契約文書を作成する必要もなくなるようにシステムを構築しうる。また、紛争が未然に防止されることとなるため、紛争が生じた場合の紛争解決費用も減少することが考えられる。

(2) ライセンス契約の成立とユーザーの返品等の可否

オンライン契約画面を通じて、ベンダーのサーバからソフトウェアを有償でダウンロードしたが、ライセンス契約に同意できないことを理由としてソフトウェアを返還・返金できないかが問題となることもある。

ライセンス契約締結の必要性が事前に明示されている場合は、ライセンス契約の内容が事前に明示されたか否かによって取扱いが異なる。ライセンス契約の内容が事前に明示されており、当該ライセンス契約の内容に同意したうえで購入したときは、当該ライセンス契約を含めた契約が成立しているので、原則としてユーザーは返還・返金ができないと考えられる。これに対して、ダウンロード後に初めてライセンス契約内容が表示され、ユーザーがこ

れに同意しないときは、契約が成立しておらず、返還・返金が可能であると考えられる。

ライセンス契約の締結の必要性が事前に明示されていない場合には、当該ソフトウェア使用についてライセンス契約による条件を付けなかったと考えられ、ユーザーは当該ライセンス契約の条件に従う必要なく、著作権法の規定に反しない限り当該ソフトウェアを自由に使用することができるので、返還・返金の問題は生じない。

〔3〕 システム開発における紛争

コンピュータシステムはさまざまな場面で活用されており、システムに不具合が生じた場合にはさまざまなところへ影響が生じるため、損害賠償額が高額になることもある。また、IT業界の特性・風習もあり、システム開発においては一般の業務委託における紛争とは異なる問題が生じうる。たとえば、納期との関係で、プロジェクトの着手後に契約書が締結されたり、締結されないままプロジェクトが終了したりすることもある。

実際に使用してみないとユーザーの要望が満たされているかを判断することが難しいため、実際に納品したソフトウェアがユーザーのイメージと異なることもある。また、一つのプロジェクトにおいて工程ごとに契約を分割する多段階契約が締結されることも多く、各段階において請負や準委任と法的性質が異なることがあるという特殊性もある。

(1) 契約の成立に関する紛争

a．紛争の概要

契約は申込みと承諾の意思表示の合致によって成立するが、たとえば、請負契約であるシステム開発委託契約が成立するためには、仕事の目的物と報酬額が決定していることが必要となる。既に作業に着手していることは、契約成立をうかがわせる事情とはなるものの、目的物や作業内容が明確ではない場合や、有償であるとの認識が当事者にない場合には、契約の成立が否定

される傾向にある。

　以下に裁判例を紹介するが、契約の成否は個別の事案の具体的な事情を総合的に判断して決定されるべき問題であるので、具体的な事実関係によっては、提案書の提出をもって契約の申込みと評価できる場合もある点は留意が必要となる。

b．裁判例（名古屋地判平16．1．28判タ1194号198頁）

　地方自治体であるユーザーは、総合的な情報システムの導入を行うため複数の業者に対し提案を依頼し、ベンダーらから提出された提案書を検討のうえ採用するベンダーを決定し、決定したベンダーに発注先として採用する旨の通知を出した。税務システムはパッケージソフトを活用しカスタマイズを必要最小限にすることとしていたが、ベンダーが提示したカスタマイズの量が多く、仕様と費用の折合いがつかなかったため、ユーザーは、最終的に税務システムの導入を断念した。ユーザーは、税務システムまで含めた全体の請負契約が成立していたが、ベンダーの責に帰すべき事情により税務システムの導入ができなかったと主張して、ベンダーに対し損害賠償の請求を求めた。

　裁判所は、ベンダーの採用通知については、ユーザーの業務内容等を十分に検討したうえで作成されたものではなく、具体的な内容はその後の仕様確認等の交渉を経てされることが予定されていると指摘した。そのうえで、採用通知の送付は、今後本件総合システムの導入を委託する業者として交渉していく相手方を当該ベンダーに決定したことを意味するにとどまると判断した。

　契約の成否は、ベンダーとユーザー間の仕様書確認等の交渉を経て、ベンダーから仕様書および見積書が提示され、これをユーザーが承認して発注することにより初めて契約が成立するとし、本件では税務システムに関する請負契約は成立していないと判断した。

(2) システム開発の不完全履行に関する紛争

a．紛争の概要

　システムの開発工程に係る契約の法的性質については、請負と考えられる

ことが多い。請負では、仕事の目的物に瑕疵がある場合でも、「契約をした目的を達することができない」瑕疵に該当しない場合には、契約を解除することができない（民法635条）。

不完全履行の類型として、①仕事が未完成の場合、②仕事は完成しているが、「契約をした目的を達することができない」瑕疵（同法635条）がある場合、③仕事は完成し、「契約をした目的を達することができない」瑕疵もないが、損害賠償や瑕疵修補の対象とすべき瑕疵がある場合に分類することが考えられる。いずれの場合においても損害賠償請求は可能であるが、契約が解除できない場合にはベンダーのユーザーに対する報酬請求権が存するので、対当額が相殺される。

仕事が完成しているか否かについては、仕事が当初の請負契約で予定していた最後の工程まで終えているか否かで判断すべきと考えられている。また、プログラムに不具合が生じることは不可避であることから、不具合があることをもって直ちに瑕疵があるとは解釈されず、反対に、瑕疵が認定されるような不具合がある場合には、「契約をした目的を達することができない」と認められる場合が多い。

ｂ．裁判例（東京地判平14.4.22判タ1127号161頁）

ベンダーは、石材加工・販売会社であるユーザーの委託に基づき、販売管理等に関するシステムを開発し納品した。ユーザーが本システムを使用し始めたが不具合が生じ、ベンダーに対応を求めても納得のいく補修をすることができなかったので、代金の一部を支払わなかった。そこで、ベンダーは、ユーザーに対して、残代金の請求を行った。

裁判所は、瑕疵の該当性について、「情報処理システムの開発に当たっては、作成したプログラムに不具合が生じることは不可避である」とし、「システム開発の途中で発生したシステムの不具合はシステムの瑕疵には当たらず、システムの納品及び検収後についても、注文者から不具合が発生したとの指摘を受けた後、請負人（筆者注：ベンダー）が遅滞なく補修を終えるか、注文者（筆者注：ユーザー）と協議した上で相当な代替措置を講じたと認められるときは、システムの瑕疵には当たらないものと解するのが相当であ

る」と判断した。そして、在庫照会の処理に30分以上を要する場合もあり、ユーザーが手書きの在庫台帳を作成して問合せ対応を行うに至った不具合は瑕疵に該当するとした。そのうえで、当該瑕疵は、ユーザーの要望の肥大や使用方法の問題ではなく、システムの設計自体に問題がある蓋然性が高いとして、契約をした目的を達することができない瑕疵に該当すると判断した。

(3) システム開発後の運用・保守に関する紛争

a．紛争の概要

システムの開発後は、システムを稼働させ業務を円滑に遂行させるための作業や、システムが業務に適合するように維持管理が行われる。これらは、具体的な仕事の完成を目的とするものではないため、準委任契約と評価されることが一般的である。これら運用・保守の業務に関する具体的な定義があるわけではなく、運用・保守業者がどこまでの義務を負っているかがあいまいとなり、争点になりやすい。そのため、当事者間でサービスの品質に関する合意（SLA）を締結することが重要となる。

このような義務の範囲に加え、契約には損害賠償の制限条項が挿入されることが少なくないが、そのような点について判断した裁判例があるので、参考にされたい。

b．裁判例（東京高判平25.7.24判タ1394号93頁）

A証券の従業員が、1株61万円の売り注文を行うべきところ誤って1円61万株の売り注文を行ってしまい、直後に取消注文を出したものの、B証券取引所のシステムの不具合のため受け付けられず、A証券に400億円を超える損害が生じたとして、A証券がB証券取引所に対し損害賠償を求めた事案である。ただし、この事案は、ユーザーとベンダーとが争ったものではなく、当事者間で運用保守契約を締結していたわけでもない。B証券取引所の取引参加者契約に基づき売買システムを提供する義務を負うことを前提に、システム運用事業者であるB証券取引所がどのような義務を負うかが問題となった。

裁判所は、B証券取引所は、取引参加者が入力した注文につき取消処理が

> **コラム**
>
> ### AI
>
> 　技術の進歩に伴いコンピュータの活躍の場面が増加し、人工知能（AI）を備えたものが多く開発されている。これまでにも、チェスや将棋などを行うもの、人と会話を行うロボットなどが開発されてきた。最近では、自動車の自動運転や、ディープラーニングの能力を備えたものが開発されている。
>
> 　このようなAIの発展によりわれわれの生活が便利になる一方で、ロボットが人間と類似の活動を行うことに対する宗教上・倫理上の問題だけでなく、さまざまな法的問題も生じうる。たとえば、AIによる創作物の知的財産権の帰属の問題がある。AIを備えたロボット自体に人間と同様の権利を認めることは現段階では想定されていないが、AIが人間と同様の行動を行った場合には、個別の個人の行為がなく、AIのプログラムを組んだだけの可能性もあり、権利の帰属をどのように考えるかが問題となる。学習用データセット、学習方法であるアルゴリズム、学習済みモデルをそれぞれどのように知的財産権等で保護していくかという点も、実務的に非常に重要な課題となっている。また、AIによる自動運転において、人間の行為がないなかで発生した事故の責任の帰属の問題などがある。Ⅲ章のコラム「自動運転と新しい自動車保険」の議論とも関連するが、これらは現在の法制度では想定されていなかった事態であるため、今後、法制度を整えることも含めた検討が必要となる。

できるコンピュータシステムを提供する債務を負っていたとした。しかし、免責規定が定められていたので、取引市場の施設の利用に関する損害の賠償請求が認められるためには、B証券取引所に重過失が認められなければならなかった。重過失が認められるためには、売買システムのバグ発生を回避すること、発見・修正することが、可能かつ容易であることを要するが、本件ではこれが認められないとしてB証券取引所の重過失を否定した。

　ただし、裁判所は、B証券取引所は、証券市場および株式売買の管理者として公益および投資者保護のため売買停止権限のみならず、不法行為上の義務として売買停止義務を負っており、本件はこれに違反するとして、107億円の損害賠償請求を認めている。

〔4〕 クラウドと法律

(1) クラウドとは

クラウドコンピューティング（クラウド）とは、共有化されたコンピュータリソース（サーバ、ストレージ、アプリケーション等）について、利用者の要求に応じて適宜・適切に配分し、ネットワークを通じて提供することを可能とする情報処理形態のことをいう。クラウドには、大きく分けて、サービスを提供するSaaS（Software as a Service）、プラットフォームを提供するPaaS（Platform as a Service）、インフラを提供するIaaS（Infrastructure as a Service）の3種類があるが、明確な区分があるわけではない。

クラウドを利用するメリットは、コスト削減と柔軟性にある。クラウドでは、自前でサーバなどをもつ必要がないためサービス料金が安価に設定されている。また、必要に応じてサービスを受けることができ、需要に柔軟に応じた対応が可能となる。一方、デメリットとしては、以下で説明するような情報セキュリティリスク、マイナンバー法や個人情報保護法、国際法（所在地法）などの問題などがある。

(2) 法的問題

a．情報セキュリティ

クラウドでは、電磁的にデータを大量に管理することとなるため、情報の漏えいや消失に関する問題が生じうる。情報セキュリティについては技術上の対策や環境の整備が重要となる。ここで、情報漏えいなどの事故が生じた場合、クラウド事業者と直接契約関係にあるクラウドの利用者は、契約または物の保管を依頼された者が負う注意義務に違反したことを理由に損害賠償請求を行うことが考えられる。しかし、クラウドサービスの契約においては、一般的に事業者の免責規定が設けられることが多いため、損害すべての賠償が認められるケースは少ないと考えられる。

b．クラウド事業者の法的地位（マイナンバー法および個人情報保護法関連）

　たとえば、特定個人情報を取り扱う情報システムにクラウドサービスを活用している場合、マイナンバー法上の委託に該当するかが問題となりうる。

　マイナンバー法上は、契約条項によって当該事業者が個人番号をその内容に含む電子データを取り扱わない旨が定められており、適切にアクセス制御を行っている場合など、当該事業者が個人番号をその内容に含む電子データを取り扱わない場合には、マイナンバー法上の委託には該当しないと解されている。クラウドを用いたデータ管理の委託が、「利用目的の達成に必要な範囲内において個人データの取扱いの全部又は一部を委託する場合」（個人情報保護法23条4項1号）に該当する場合がありうる場合があることも指摘されている。なお、マイナンバー法と同様に個人情報保護法上もクラウド事業者が委託先に該当しない場合があるという見解もあるが、そのような見解が現時点での個人情報保護委員会等の資料において明示的に示されているとはいえない。

c．国際法（所在地法）の問題

　クラウドはボーダレスな特性を有しており、サービス事業者が海外の事業者である場合や、データセンターが海外にある場合も多い。そのため、データセンターが所在する海外の法令等の適用を受けることとなり、サービスの停止やデータの強制開示の措置を受ける場合がある。

　たとえば、米国における米国愛国者法がある。この法令は、テロリズムや一定の犯罪の場合に、裁判所の命令を必要とせずに、捜査機関が通信を防止したり電子メールを取得したりすることができることを認めるものである。

　各国により適用されうる規制が異なるので、データセンターの所在地について十分に確認する必要がある。

〔5〕 景品表示法、広告規制

　景品表示法は、不当な表示と過大な景品類の提供を規制している。同法は、不当表示や過大な景品類の提供により、一般消費者が自主的かつ合理的

な選択を阻害されることを防止することを目的とした消費者保護規制である。

(1) 不当表示

インターネットを通じて表示される広告は、景品表示法2条4項に規定する「表示」に該当し、事業者がインターネット上で展開する広告活動も、景品表示法の規制を受ける。

情報の受け手である消費者からすれば、インターネット上の広告はその技術的な特徴から、クリックで契約が成立してしまう、意識的にスクロールをしないと表示全体がみられないことがある等の問題が生じうる。このようなことから、インターネット上の広告表示については、消費者被害が生じやすいとされている。

Fintechにかかわる取引においても同様であるが、公正取引委員会が特に留意するべきポイントを公表しており、参考になる(公取委・消費者向け電子商取引における表示についての景品表示法上の問題点と留意事項)。たとえば、「ハイパーリンク」による表示については、リンク先のウェブページに取扱商品の重要情報を表示する場合には、ハイパーリンクの表示自体がそのリンク先の情報内容を明瞭に表示しなければならない等が留意事項として公表されている(同第1-2(3))。

(2) 不当景品

景品表示法は、過大な景品類の提供を禁止している。景品類の提供は、消費者からすれば一見利益にも思えるが、たとえば商品を購入してくれた消費者に高額な景品を提供するとして購買意欲を必要以上に刺激することは、消費者の判断を惑わせることとなり、消費者にとって品質の悪いものや割高なものを購入するという不利益を生じさせるという考えに基づいている。

ここでいう「景品類」とは、「顧客を誘因する手段として、取引に付随して提供する物品や金銭などの経済上の利益」を指す。「経済上の利益」とは広く、次のものを意味する。

①　物品および土地、建物、その他の工作物
②　金銭、金券、預金証書、当せん金附証票、公社債、株券、商品券その他の有価証券
③　饗応（映画、演劇、スポーツ、旅行その他の催物等への招待または優待を含む）、便益、労務その他の役務

　金品などを提供するいわゆる懸賞企画は、景品表示法の規制を受ける場合があり、その類型により景品額の限度額が設けられている。景品表示法の適用対象となるか否かは、取引に付随して経済上の利益が提供されているか否かによって判断される（取引付随性の問題）。他方で、商品・サービスの購入や来店を条件とせず、抽選で金品等が提供されるような企画は、一般に取引付随性が認められず、景品表示法の適用対象とならないとされている（「オープン懸賞」と呼ばれている懸賞企画である）。

　インターネット上でも、事業者がホームページ上で消費者に対する懸賞企画を行うことは多くみられるが、取引付随性は、ホームページの構造も踏まえて判断される。

　公正取引委員会は「インターネット上で行われる懸賞企画の取扱いについて」を公表している。これによると、事業者のホームページの構造として、①商品購入ページ等の商取引サイトを経由させ、別の懸賞サイトに誘導するもの（図表5-2-1）、②商取引サイト上に懸賞サイトを設けるもの（図表5-2-2）に整理したうえで、いずれの構造においても、いわゆるオープン懸賞として取り扱うとしている。その理由として、消費者はホームページ内のサイト間を自由に移動することができ、懸賞に応募しようとする者が商品やサービスを購入することに直ちにつながるものでないことをあげている（公取委・インターネット上で行われる懸賞企画の取扱いについて1）。

　他方で、懸賞に応募するための条件として、商取引サイトの閲覧のみならず、商取引をすること自体が必要とされている場合には、取引付随性が認められ、景品表示法の適用を受けるとされている。たとえば、商取引サイトで商品やサービスを購入しなければ懸賞企画に応募できない場合や、商品またはサービスを購入しないと応募するためのクイズの正解やそのヒントがわか

図表 5-2-1　商取引サイトを経由させようとするもの

図表 5-2-2　商取引サイト上に懸賞サイトがあるもの

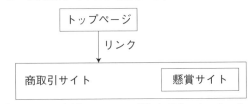

(出所)　図表 5-2-1、図表 5-2-2 いずれも「インターネット上で行われる懸賞企画の取扱いについて」公正取引委員会 2001年4月26日

らない場合には、取引付随性が認められる。

(3) 公正競争規約

a. はじめに

　景品表示法は、事業者や事業者団体に対して、公正取引委員会等の認定を受けて、自主的にルールである公正競争規約を設けることを認めている。これにより、事業者に対しては、表示等の自主的な改善を促すことが期待されており、事業者団体全体の信頼性が向上するという側面もある。また、消費者にとっては、よい商品・サービスを安心して選ぶことができる環境が整備されやすくなるという利点がある。

　公正競争規約は、消費者庁長官および公正取引委員会により認定されるものであるので、一般には、公正競争規約を遵守していれば景品表示法に違反することはないとされている。

　公正競争規約には、表示規約と景品規約があり、なかでも表示規約は事業者団体が扱う商品特性に応じて、必要表示事項（必ず記載する事項）や特定

事項の表示基準（そのサービスや業界に特有な用語等を用いる場合の基準）等を定めており、きわめて実務的な内容になっている。2015年1月1日現在で設定されている公正競争規約は、表示規約が67、景品規約が37であり、合計104にものぼる。

b．Fintechと公正競争規約

Fintechに関連しては、業種によって適用される公正競争規約が異なる。たとえば、全国銀行公正取引協議会・景品規約および同協議会・表示規約（以下総称して「銀行公正競争規約」という）がある。銀行公正競争規約は、銀行が一般消費者向けに行う表示や景品類の提供について、具体的な事項を定めているが、インターネット特有の事項についても言及している。

たとえば、上記表示規約では、金利条件等、表示が求められている事項に関して、表示有効期限や基準となる日付等を表示することとされているが、加えて、「インターネット上のホームページにあっては、金利を表示したページに表示するものとする（トップページの日付だけでは不可。）」という運用基準も付記されている。

なお、金商法および銀行法では、対象となるリスク商品の広告（広告類似行為を含む）について、手数料の情報やリスクに関する情報などを明確かつ正確に表示することが求められる（金商法37条、銀行法施行令4条の5、等）。この規制は広告行為に該当しない場合（特定の個人に対する提案書等）には適用されないが、上記表示規約は、口頭による勧誘なども含め、法人を対象としたものを除くあらゆる表示に適用される。

また、銀行が行うインターネットを利用したオープン懸賞についても公正競争規約上の解釈が示されている。インターネットバンキングの利用者がインターネットバンキングのサイトにログインした後に初めて応募受付画面をみることができるような設定の場合には、商品・サービスを購入しなければ懸賞企画に応募できない場合に該当するとして、取引付随性があり、景品表示法の規制を受けるとしている。

(4) 特定商取引法

　前記のほか、インターネット上で通信販売を行う場合には、特定商取引法上の広告規制等を受ける。同法の広告規制として、通信販売についての広告をする場合には必ず表示しなければならない事項の表示の義務づけと誇大広告等禁止が規定されている。また、迷惑メール規制として、あらかじめ承諾をしていない者に対する電子メール広告の提供の禁止等も定められている。

　Fintechに携わる事業者も、これらの規制を受ける可能性があるが、特定商取引法にはさまざまな適用除外も規定されている。たとえば、次のものがある。

① 外国にある者への販売、役務提供
② 金商法に基づき、金融商品取引業者、同仲介業者および登録金融機関が行う商品の販売・役務提供、認定投資者保護団体および証券金融会社が行う役務提供
③ 金融商品取引業、銀行業または保険業等の金融機関が行う取引であり、有価証券の売買、預貯金業務、保険の引受けなど
④ 電気通信事業、放送事業など、通信・放送に関する役務提供であり、電話サービス、インターネット接続サービス、ケーブルテレビでの放送、衛星放送など通信・放送に関するもの

(5) インターネット特有の広告方法

a．フリーミアム

　フリーミアムとは、FreeとPremiumとを組み合わせた造語で、基本的なサービスを無料で提供し、付加的なサービスを有料で提供して収益を得るビジネスモデルをいう。

　このようなビジネスモデルは特にインターネットを利用した事業者の間でよくみられる。事業者としては、多くの利用者を確保することを目的として、まずは無料で基本的サービスを提供する。ユーザーの基盤を形成した後に、有料でのプレミアムサービスの利用を働きかけることとなる。

このビジネスモデルで景品表示法との関係で問題になりうるのは、有料、無料という二段階の価格設定がされているが、それぞれの価格設定により受けられるサービスの内容が明確に区分され、それが明瞭に表示されているか否かである。

Fintechの分野では、大勢の利用者を確保することを前提としたビジネスモデルとして、フリーミアムが利用されることもある。このような場合、無料、有料のサービスの内容を明示的に表示することに留意する必要がある。

b．アフィリエイト

アフィリエイトサービスを利用した広告は、インターネット上でよく利用される広告手法の一つである。

景品表示法は、事業者が自己の供給する商品または役務の取引について不当表示をしてはならないと定めており、あくまでも自社の商品、サービスに関する表示だけに限り規制対象としている。そのため、アフィリエイターのようにたとえ広告主から業務委託を受け、その表示行為により報酬を得ていたとしても、その表示はあくまでも他人の商品、サービスに関する表示であるため、アフィリエイターの表示行為は、景品表示法上規制を受けることはないとされている。ただし、バナー広告の内容が景品表示法上の不当表示に該当するとして問題にされることがありうるため、広告主にとっては注意が必要である。

〔6〕 共同開発契約、業務委託契約に関する諸問題

(1) 契約の法的性質

システム開発契約は一方が他方に業務委託を行うケースと、両社で共同して開発業務を行うケースとが考えられる。

a．業務委託契約

業務委託契約については、一般に請負契約と準委任契約のいずれか、またはその混合契約といわれている。いずれの契約と評価されるかにより、仕事

を行った者が負う義務が何か、という点の判断に影響が及ぶ場合があるので、このいずれの契約であるかが問題となることもある。

まず、請負契約は仕事の完成を目的としたものであり、システム開発を受注した事業者が開発業務を完成する義務を負い、仕事を完成して成果物を引き渡した場合に報酬請求権が発生する。

他方、準委任契約においては、受託者である開発事業者が善管注意義務をもって開発業務という事務を行うが、受託者は開発業務を完成する義務を負わず、成果物に関する瑕疵担保責任を負うこともない。

このように、準委任契約と請負契約とでは、仕事の完成を目的としているかどうかが一つのメルクマールとなり、特に開発事業者が負うべき責任の範囲が異なってくるので留意する必要がある。

b．共同開発契約

共同開発契約の場合は、共同で開発業務を行うものであるから、最終的な成果物に関して、一方が他方に対して特定の仕事の完成を発注することは観念しがたい。そのため、原則としては請負契約には該当しないケースが多い。他方で、開発行為という事務を相互に委任するものとして準委任契約に該当するという考え方もある。しかし、準委任契約に適用される民法の規定には、委任者、受任者双方に理由を問わずに解除権を認めるなど（民法651条）、契約当事者が研究開発費をかけてプロジェクトとして進めていることが多い共同開発事業には、そぐわない規定もある。このように、共同開発の法的性質は一義的に明らかとはいえず、共同開発においては契約で詳細な条件を定めておく必要性が特に高い。

(2) 情報の取扱い

開発にあたっては、実際の契約を締結する前の段階であらかじめ相互に情報を提供して、開発の可能性や対象となる技術の絞込みを行うことが多い。日本においては、不正競争防止法上、営業秘密は保護の対象とされているものの、実際に同法に基づく保護を求める場合には、そもそも当該情報が「営業秘密」に当たるのか、秘密として管理されているか等の要件の該当性が問

題になることが多い。

そのため、当事者間で契約上の秘密保持義務を定める必要性は高く、秘密保持契約を締結し、機密情報の漏えいを防ぐことが一般的である。

a．Fintech分野の情報

Fintechビジネスにおいては金融機関が当事者となることが多く、金融機関独自の情報に限らず、顧客が情報主体となるいわゆる個人情報の秘匿性の高さには注意が必要である。金融機関に適用される情報セキュリティに関する規制としては、金融分野個人情報保護ガイドライン、金融分野個人情報保護実務指針や、銀行法施行規則、主要行等監督指針および預金等受入金融機関に係る検査マニュアル等があり、一般企業よりも厳格な対応が要求されている。また、金融機関は、金商法におけるインサイダー規制等への対応も必要であり、さらに、一般論として、顧客の取引内容に関する情報や、顧客の信用情報等についての守秘義務を負う。開発事業者側は、何らかの規制事業者でない限りは、経産分野個人情報保護ガイドラインへの対応が要求されるものの、金融機関に比べると、個人情報に関して留意するべき規制は少ない。

開発にあたっては、これらの情報保護に関する規制の違いにも留意して、秘密保持契約を結び、適切な情報管理をすることが求められる。

b．秘密保持契約作成の留意点

共同開発当事者間でやり取りをする情報は、共同開発の段階に応じて、その性質、秘密保持の重要性等が異なり、共同開発の段階別に検討する必要がある。典型的には、共同開発契約を締結する前にいったん秘密保持契約を締結し、その後実際に共同開発を進めることを決定した際には、①共同開発契約期間中、②共同開発契約終了後を想定して、秘密保持契約を新たに締結することとなる。

このなかで、共同開発契約期間の場面では、やり取りをする情報の範囲が広がり、重要性も高くなるうえに、情報に接する人間の範囲も広がることに注意が必要である。特に人を介して情報が流出するリスクは常に念頭に置く必要がある。秘密保持契約上は、情報受領者の範囲を可能な限り限定する、情報受領者には同様の秘密保持義務を課すことを義務づける、情報受領者の

法人内では厳密な秘密保持管理の体制を確保させる、等の手当が必要となる。

(3) 成果の帰属

　開発行為により得られた成果物に関し、いずれの当事者がどのような割合でその成果物に関する知的財産権を保有することになるのか、いわゆる成果物の帰属についても、契約上明確に定めておく必要がある。多額の研究開発費用を投じて開発を行っている以上、単独で権利を確保することが望ましいとも思われるが、著作権や特許権自体は保有せずライセンス契約により利用権を確保することも考えられる。

　契約上、どのように成果物の帰属を定めるのかは個別具体的事情によるが、本項では社内規程類の整備等の対応も必要となる職務発明制度、職務著作制度について触れる。

a．特許権

　開発の成果物について特許権の登録が予定されている場合には、職務発明の制度に留意する必要がある。

　日本の特許法においては、発明者が原始的に特許を受ける権利を取得することになるが、職務発明については異なる定めが置かれている（特許法35条）。平成27年改正後の同条によると、従業員がした職務発明については、契約等においてあらかじめ使用者等に特許を受ける権利を取得させることを定めたときは、その特許を受ける権利はその発生時から使用者等に帰属することになる。ここで、契約等とは、「契約、勤務規則その他の定め」であり、あらゆる形式の定めが含まれる。この点については、経済産業省がルールを定めており、職務発明規程の整備等にあたって一定の手続をとることなども求められているため、社内規程等の整備にあたっても留意が必要である。

　共同開発においても、職務発明について特許を受ける権利の発生時から使用者等に同権利を帰属させることができることとなった。これにより、上記改正前における特許権の帰属に関して別途従業員から有効に権利が承継され

ているにもかかわらず、権利が二重譲渡されるといった帰属の不安定性の問題は解消できることとなった。

b．著作権

ソフトウェアの開発やシステムの開発を行う場合は、共同開発会社との間で著作権の帰属を取り決める必要がある。

日本の著作権法上、著作権は著作者に原始的に帰属する。この場合の著作者は、現実に著作物を創作した者を指すが、その例外として職務著作の規定が設けられている（著作権法15条）。まず、一般の著作物については、①使用者の発意に基づき、②使用者の業務に従事する者が、③職務上作成し、④使用者の名義で公表するもので、⑤契約、勤務規則その他に別段の定めのないものは、当該使用者が著作者となる。また、コンピュータプログラムの場合は、これらのうち、④の公表要件が不要とされている。

これらの要件については、開発行為で得られた成果物であれば、通常は認められる場合が多いとも思われるが、⑤契約、勤務規則等を整備しているか等要件を満たすよう対応できているか確認が必要である。

〔7〕 データの権利性

データについては、「所有権」が有体「物」を客体とするため、ハードディスクやCDなど何らかの媒体にデータが記録されている場合、その媒体は所有権の対象となるが、データそのものは、「物」に当たらないことから、所有権としての保護対象とならない。そこで、知的財産権等により保護されないかが問題になる。

著作物とは、「思想又は感情を創作的に表現したものであって、文芸、学術、美術又は音楽の範囲に属するもの」である（著作権法2条1項1号）。このうち、データベースでその情報の選択または体系的な構成によって創作性を有するものはデータベースの著作権として保護される（同法12条の2第2項）。

この点、知財高判平成28年1月19日判例集未登載（知財高裁平成26年（ネ）

第10038号）は、「情報の選択又は体系的構成について選択の幅が存在し、特定のデータベースにおける情報の選択又は体系的構成に制作者の何らかの個性が表れていれば、その制作過程において制作者の思想又は感情が移入され、その思想又は感情を創作的に表現したものとして、当該データベースは情報の選択又は体系的構成によって創作性を有するものと認めてよい」と述べていることが著作物性の有無の判断において参考になる。ただし、「情報の選択」を保護することは著作権法上の保護は難しいとの指摘もあり、体系的構成において構造的な工夫を行っている場合に著作物性が認められる場合が多いと思われる。なお、現行法下においては、コンピュータが創作の主体となることを想定していないことから、たとえば人工知能が自律的にデータベースを構築した場合には、著作権法による保護を受けない可能性がある。

なお、特許法2条1項は、「自然法則を利用した技術的思想の創作のうち高度のもの」を特許権による保護対象としている。「技術的思想」を有するデータ構造については保護の対象となりうるが、個々のデータの内容それ自体が特許法の保護対象となることはなく、また、当該構造を有しない単なるデータの集合体等は保護されないという問題がある。

他方で近時のデータ流通等の動向からすれば、さまざまなデータの分析やデータ収集の目的を考慮して、むしろ普遍的な構造のデータベースが採用されることが多いと思われる。このようなデータベースについては、欧州において、投資の保護を目的として導入されたデータベース保護規則上の特別権であるsui generis rightのような権利が日本法上存しないことから、知的財産権としての保護を受けられないことが原則である。例外的に、データベースをそのままコピーした場合（デッドコピーの場合）において、不法行為法上データベース投資に対する利益が保護される可能性がある（たとえば東京地中間判平13.5.25判時1774号132頁）。しかし、著作権法上の著作物に該当しない著作物の利用行為が不法行為に該当するかが争点となった最判平23.12.8民集65巻9号3275頁において、著作権法6条各号「所定の著作物に該当しない著作物の利用行為は、同法が規律の対象とする著作物の利用による利益とは異なる法的に保護された利益を侵害するなどの特段の事情がない限り、

不法行為を構成するものではない」と判示されて以降、著作物侵害を否定しつつ不法行為責任を認めた裁判例がないことからすると、不法行為法による保護を受けるのも難しいと思われる。

　この点、秘密管理性、有用性、非公知性の三要件を満たす情報が含まれるデータベースについては、不正競争防止法の営業秘密としての保護が及ぶ可能性がある。ここでは、実務的には「秘密管理性」の要件を満たすような秘密保持の措置をとることが重要であり、2015年1月に経済産業省が公表した改訂版の経産省・営業秘密管理指針が重要である。

　ビッグデータの流通を想定した場合、公開型のデータベースも考えられるが、これについては営業秘密の要件を満たさないことから、不正競争防止法上の保護も及ばない。そのようなデータベースの保護については、関係者との契約の締結および技術的な情報管理の高度化（大量情報のダウンロード防止、頻繁なアクセスに対するブロック等）ということが保護の手法として用いられている。

　ただし、論文のエビデンスデータ等のオープンサイエンスの影響があるデータや、パブリックデータについては、管理がより難しい面もあるので、オープンサイエンス等の動向についても注意しつつ、どのような保護が図れるか継続的に検討を行う必要がある。

〔8〕　オープンデータの取扱い

　総務省は、オープンデータについて、①機械判読に適したデータ形式で、②二次利用が可能な利用ルールで公開されたデータであると表現している。これは、オープンデータの意義・目的がデータの二次利用を促進することにあるため、人手をかけずに二次利用が可能となるデータ形式であることが求められるからである。

　オープンデータの導入により、行政の透明性が高まることや、官民の協働による公共サービスの提供、さらには行政が提供した情報による民間サービスの創出の促進だけでなく、公共データを二次利用可能なかたちで提供する

ことにより、市場における編集、加工、分析等の各段階を通じて、さまざまな新ビジネスの創出や企業活動の効率化等が促され、わが国全体の経済活性化が図られることが期待されている。

　政府も、IT総合戦略本部において2012年7月4日に、①政府自ら積極的に公共データを公開すること、②機械判読可能な形式で公開すること、③営利目的、非営利目的を問わず活用を促進すること、④取組可能な公共データからすみやかに公開等の具体的な取組みに着手し、成果を確実に蓄積していくことという4点を基本原則とする、電子行政オープンデータ戦略を取りまとめた。

　また、2014年6月19日には、「二次利用の促進のための府省のデータ公開に関する基本的考え方（ガイドライン）」が公表され、二次利用を促進する利用ルールのあり方、機械判読に適したデータ形式による公開の拡大や、インターネットを通じて公開するデータの拡大について規定されている。

　なお、このようなオープンデータの利用を含めたデータ利活用の促進を目的とする官民データ活用推進基本法が2016年12月7日に成立しており、今後のデータ流通に関する政府の動向が注目される。

〔9〕　電子署名法

　電子署名法は、2001年4月1日に施行された法律で、電子署名が手書きの署名や押印と同等に扱われることを目的として定められた法律である。

　紙媒体の契約書の場合、署名・押印の効力が争われる場合でも、当事者が署名・押印したことを説明できた場合には、契約が成立したと認められやすくなる。民事訴訟法では、手続のなかで署名・押印をした人が当該文書を作成する意思をもって作成したことを推定する効力を有する（同法228条4項）と規定されている。

　「電子署名」とは、電磁的記録に記録できる情報に行われ、①当該情報が当該措置を行った者の作成によることを示すためのもので、かつ②当該情報に改変が行われていないかを確認できるものをいう（電子署名法2条）。

電子署名法3条は、電子データについて、本人による電子署名が行われているときには当該電子データは真正に成立したものと推定すると規定した。これにより、電子署名があれば、紙媒体に署名・押印がなされたことと同等の効力があることとされた。
　電子署名については、電子署名のうち、その方式に応じて本人だけが行うことができるものとして行われる認証業務である特定認証業務の認定制度が設けられている（同法4条以下）。

> コラム

電子記録債権

　金銭債権を利用した資金調達において主として利用されていた売掛債権の債権譲渡および受取手形には、いくつかの問題点が存在した。まず、売掛債権の債権譲渡については、債権の存否・帰属の確認や対抗要件具備手続の煩雑さが、円滑な流通を阻害していた。また、受取手形については、紙媒体であるため、保管・運搬コストや盗難・紛失のリスクが避けられず、その利用は減少傾向にあった。こうした背景のもと、電子記録債権法は、金融債権の取引の安全を確保することによって、従来の手形や債権譲渡にかかるリスクやコストを削減して、売掛債権などを保有する事業者の資金調達の円滑化を図ることを目的に、2008年12月に施行された。

　電子記録債権は記録原簿により債権者を確認することができるため、債権の譲受人としては債権の二重譲渡リスクを回避することができるほか、後述する人的抗弁の切断や善意取得の制度による保護を受けられるといった利点がある。また、電子記録債権においては債権譲渡の対抗要件としての債務者への通知や債務者からの異議なき承諾の取得は不要であり、譲渡手続の簡素化がされていることから、電子記録債権の流動性は向上している。後述のとおり電子債権記録機関間での債権移動を可能とする制度整備がなされたほか、金融庁の決済高度化官民推進会議においても、電子記録債権の利便性向上が主要事項の一つとして挙げられ、でんさいネットなどで発生した電子記録債権を利用したファクタリング・サービスの導入、アジア主要新興国での電子記録債権制度導入に向けた事業化の取組みの展開が想定されている。

(1) **電子記録債権とは**

　電子記録債権の主な特色を以下に挙げる。

(a) **権利内容の可視化**

　電子記録債権とは、法的に新しい類型の金銭債権で、電子債権記録機関が作成する記録原簿に電子記録をすることによって発生する金銭債権である（電子記録債権法2条1項）。発生記録により電子記録債権が発生し（同法15条）、譲渡記録により電子記録債権の譲渡の効力が生じる（同法17条）。電子記録債権を譲渡する場合、電子記録とは別に対抗要件具備の手続を行う必要はない。したがって、債権の存否および帰属の確認が容易であるとの利点がある。また、記録原簿の記録により、権利内容が定まるのであって（同法9

条)、電子記録の原因となった法律関係の有効性は、電子記録債権の発生、譲渡の有効性に影響を与えない。

(b) 手形類似の法的安定性

電子記録債権の譲受人として記録された者は、原則として、その譲渡人が電子記録債権の権利を有しなかった場合であっても、その事実につき悪意または重過失がない限り、当該電子記録債権を取得する（善意取得、電子記録債権法19条1項）。電子記録債務者は、原則として、電子記録債権の債権者に対して、当該電子記録債権を譲渡した者に対する人的抗弁を対抗することができない（人的抗弁の切断、同法20条1項）。電子記録名義人に対してした電子記録債権についての支払は、当該電子記録名義人がその支払を受ける権利を有しない場合であっても、その支払をした者に悪意または重過失がない限り、有効である（支払免責、同法21条）。また、民法上の意思表示の瑕疵に基づく無効または取消しは、原則として善意無重過失の第三者に対抗することができない（同法12条1項）。

(c) 内容の柔軟性

発生記録には、債権者、債務者の氏名、金額、支払期日等債権の特定のために必要な事項のほか、利息や期限の利益喪失に関する事項、譲渡禁止特約等を記録することができる（電子記録債権法16条2項）。電子記録債権は、必要的記載事項のみを記載して手形のように利用するだけではなく、当事者のニーズにあわせ、多種多様な内容とすることができる柔軟性を有している。

(2) 電子債権記録機関の変更

決済高度化WG報告において、電子債権記録機関の間で電子記録債権を移動させることができない点が電子記録債権の流動化の妨げになっているとの指摘があり、記録機関の間で電子記録債権の移動を可能とするための制度整備が提言された。かかる制度整備は、2016年6月3日に公布された銀行法等改正法による電子記録債権法の一部改正により実現されている。

改正電子記録債権法では、「電子債権記録機関の変更」と題する節が新設され、電子記録債権の債権者として記録されている者が債務者全員の承諾を得たうえで、記録機関変更記録の請求を行うことにより、電子債権記録機関の変更が可能となる。ただし、当該電子記録債権の債権記録（以下「変更前債権記録」という）に質権設定記録がされている場合や、変更後電子債権記録機関の業務規程に規定される電子記録の禁止、回数制限等に変更前債権記録の内容が抵触するときは記録機関変更記録の請求を行うことはできない。

3 Fintechスタートアップの資金調達と買収

〔1〕 はじめに

　金融機関とFintechスタートアップが相互に提携を検討することや、Fintechスタートアップの買収を検討すること、Fintechスタートアップが自社の売却を検討することも、今後ますます多くなるものと思われる。

　しかし、そのような場合、スタートアップであること、そしてFintechを取り扱っていることからくる特殊性に着目することが欠かせないと考えられる。スタートアップであるため、資金調達の仕方は通常の企業と異なることが多くなると考えられるが、その資金調達のあり方が、Fintechスタートアップおよび資金の出し手の行動を方向づけるという面がある。そして、Fintechスタートアップの買収の際には、そのような資金調達とそれによって方向づけられた関係者の行動に着目する必要があるうえ、Fintechである以上金融規制法などについても留意が必要となる。

　ここでは、議論を複雑化させすぎないようにするため、株式の発行により資金調達を行ったFintechスタートアップが当該株式の譲渡により買収されるという場面を想定して、資金調達、買収の順で、それぞれの留意点について検討したい。

〔2〕 Fintechスタートアップの資金調達

(1) スタートアップの資金調達における特殊性

　スタートアップ企業一般の資金調達が通常の企業のそれと大きく異なるのは、借入れをはじめとしたデット・ファイナンスが難しいという点にある。起業したばかりで十分なキャッシュフローがあげられておらず、また、担保に供することができる資産にも乏しい状況では、融資等のデット・ファイナンスを供与する側も容易に資金提供ができないことになる。

　また、内部留保を含む自己資金や、国・自治体や政府系金融機関等による補助金・優遇された融資等を受けることができる場合もあるが、そのような資金は、必ず得られるものではなく、スタートアップとしての成長をカバーし切れるものでものでもないのが通常と思われる。

　その意味で、スタートアップの場合、一般的に、デット・ファイナンスや補助金などにかえて（またはそれとともに）、エクイティ・ファイナンス（主に株式による資金調達）を視野に入れる必要があるという特殊性がある。

　エクイティ・ファイナンスによって得た資金は、会社にとって法的には返済する必要がないため、スタートアップが成長する段階で、資金繰りの悩みを生じさせないという特徴がある（ただし、資金提供者から、一定の成長率での成長など実際上のハードルを設定されうる点には留意が必要となる）。また、資金提供者にとっては、スタートアップの企業価値が向上した場合には、一定の利息しか得られない貸付を行う場合と比して、株式の売却による巨額のリターンを得られる可能性があるため、成功しそうなビジネスモデルを有するスタートアップに対しての資金提供方法として優れている。

　以上の点は、Fintechに関するスタートアップについても当てはまるものであり、現にエクイティ・ファイナンスとしての資金調達が行われている。

(2) 資金調達における工夫

a．種類株式の利用

　では、Fintechスタートアップは、通常の会社の多くと同様に、普通株式を発行すればよいのだろうか？　この場合、出資者に、起業家であり普通株式を有する株主との不公平感を感じさせてしまい、出資がつかなくなる可能性がある。普通株式では、剰余金の配当・残余財産の分配などで、普通株式を有する他の株主との関係で、1株当りの権利・価値に差がつかなくなる。そうすると、起業家の持分比率が多ければ配当・分配の点で多くのリターンを受けられなくなる。また、出資者の持分比率が多かったとしても、たとえば起業家が、出資者が予想もしない低い価格で会社を売却した場合、多額の出資をした出資者が投資を回収することすらできなくなるおそれがあることになる。

　そこで、種類株式を利用して、出資者により有利なスキームを設計することがある。たとえば、剰余金の配当・残余財産の分配について優先的取扱いを定めた優先株式が発行されることがある（起業後当面は剰余金の配当が望めないスタートアップの場合、残余財産の分配の優先株式が重要となる）。また、議決権比率を他の株式と異なる割合にする、一定の事項について拒否権をもつ、取締役のうち一定数をその種類株主が選任する、などといったことも選択肢になりうることになる。

　したがって、種類株式の利用という選択肢を考えること、そして種類株式を導入する場合にはその内容などについて工夫を凝らすこと、が重要になる。

b．株主間契約の利用

　しかし、種類株式だけを導入すれば十分とは限らない。種類株式として定めることができる事項は会社法上決まっているため、それ以外の事項を盛り込むためには株主間契約によることを考える必要がある。

　株主間契約が作成される場合、経営の仕方や役員の選任などについての

ルールを定めることが多いが、それに加えて、出資者や起業家の権利義務を規定する条項を入れることがある。たとえば、出資者が株式譲渡によりスタートアップを売却することでExitしたい場合に、その株式譲渡の譲受人が全株式の取得を望むときは、起業家に対してその有する株式を売却することを強要できるドラッグ・アロング権（Drag Along Right）が規定されることがある（逆に、譲受人が少しの株式取得しか望まない状況でも、起業家が自己の株式を売却できるタグ・アロング権（Tag Along Right）という、起業家にとっての権利もある）。また、出資が数次にわたって行われる場合に、少ししか出資しない者が後から出資する者の出資や経営関与により一方的に得をする事態を避けるため、その後から出資する者の出資と同じ出資を迫られる（しなければ権利行使に制約を受ける）という条項（Pay on Play）が規定されることもある。

c．ストックオプションの利用

一面で投資家にとって投資しやすい条件をつくっていくと同時に、他面で、スタートアップとしてのビジネスを行う仲間ないし従業員の利益も考える必要がある。汗を流してさまざまなものを生み出しているのに、その果実を出資者にさらわれるだけとなれば、そのようなスタートアップでチームとして働こうという意欲を喚起できなくなり、結局立ち行かなくなることも想定される。

そのため、一定の条件で行使できるストックオプション（新株予約権）を仲間や従業員に付与することで、エクイティの権利をもたせ、起業家などと利益状況を近づけ、かつインセンティブを与えることも考えられる。

d．ベンチャーキャピタルなどによる出資

なお、詳述しないが、ベンチャーキャピタルが投資事業有限責任組合などのかたちをとる場合、組合員間の利益調整について組合契約書などでの手当をすることが重要になる。

〔3〕 Fintechスタートアップの買収

(1) スタートアップの買収における特殊性

　スタートアップ企業一般の買収も、通常の企業のそれと異なる点がある。それは、一定の人ないし事業に大きく依存した経営状態にあることに加え、上記のとおり資金調達面での特殊性や工夫があることなどによる。さらに、Fintechスタートアップの場合には、金融規制法をも意識する必要がある。

(2) Fintechスタートアップの法務デューディリジェンス・M&A契約作成上の留意点

a．人とチームについて

　まず、Fintechに限られないが、スタートアップの場合、人ないしチームがとても重要になる。その人・チームがあるからこそスタートアップのビジネスが成り立っている場合が多いからである。その意味で、重要な人・チームを特定し、その役割がどのようなものか、その人との間の契約関係はどうなっているか、辞められた場合にどのような不利益が考えられ、それを防ぐ・それに対処するためにどのような対策が考えられるか（競業避止義務、守秘義務等）、を意識する必要がある。

　さらに、ベンチャー一般に共通するが、買収に伴い、ストックオプションの処理をどうするのかも重要になる。広くとらえれば、創業者に残ってもらうなら、そのインセンティブプランをどうするのかなどが問題になると思われ、金融機関グループが買収する場面が多くなりやすいと思われるFintechの場合には、インセンティブプランとしてどのようなものを提供できるのかが、グループのポリシーとの関係でも問題となると思われる。

b．コア事業について

　次に、Fintechスタートアップの買収を検討する場合には、特定のビジネスモデル（コア事業）やイノベーションに必要となる技術・アイディアが比

較的明確であり、また、一方で不動産などの価値のある資産が企業価値に占める割合が低いことが多いと考えられる。

そのため、ビジネスの視点からは、当該Fintechスタートアップが競合他社とは一線を画する強みとなっている理由・基盤を分析することが特に重要になる。法務の視点からは、その強みの理由・基盤が法的に保護されているのか、これにより他者の権利義務や業規制に違反しないかといった点を重点的に確認する必要がある。

たとえば、新規のビジネスモデルを有するFintechスタートアップの場合には、事業そのものが適法か否かという視点を欠かすことができない（その意味で、Ⅳ章および本章に記載の法務に関する点は重要となる）。また、ビジネスモデルが特定の知的財産権に依存したものである場合には、その知的財産権の有効性等を確認する必要がある。

c．起業家・出資者との権利義務関係

さらに、〔2〕(2)b．で述べたとおり、種類株式・株主間契約等によって、複雑な権利義務関係が構築されている場合があるので、そのことを意識しなければならない。まずは買収対象となるFintechスタートアップの株式保有状況を確認する必要がある。そして、ある株主から買収について賛同を得ていたとしても、それを拒否できる拒否権付種類株式や、想定よりも多い株式取得を迫られるタグ・アロング権の存在などについて意識をする必要がある。すべての株式が株式譲渡しない場合に、Pay on Play条項がどのように働くことになるのか、また、爾後の権利関係をどのように組み立てていくのか、なども検討が必要と考えられる。

d．対価の支払方法

Fintechスタートアップの買収に関しては、これまでに十分な事例の蓄積があるとは言いがたく、買収後の経営成績の予測は通常のM&Aと比べても困難が伴うものと考えられる。また、Fintechスタートアップの経営は、経営者を含めた会社関係者の属人的な能力に依存している場合も多いものと思われる。

このように、将来的な業績予測が立てづらい状況にあるため、株式取得後

スムーズに当該買収によるシナジー効果を実現するために、PMI（ポスト・マージャー・インテグレーション）の計画を前提として、株式取得後の企業価値の変動に応じて対価を調整するといった価格調整条項（アーン・アウト条項）を採用することが考えられる。たとえば、買収対価の一部については、クロージングから1年経過後に支払うこととし、当該一部の金額はクロージング後の業績を反映させるといった方法がありうる。

e．銀行グループが買収する場合の留意点

　金融機関、特に銀行グループがFintechスタートアップを買収する場合、上記Ⅳ章1〔2〕(2)および(4)において述べたように、改正銀行法上の規制に注意する必要がある。銀行の従属業務（たとえば、広告宣伝業務やコンピュータ関連業務等）、金融関連業務（銀行等の業務の代理業や資金移動業の代理または媒介等）をもっぱら営む会社であるか、「情報通信技術その他の技術を活用した銀行業の高度化もしくは利用者の利便の向上に資する業務またはこれに資すると見込まれる業務を営む会社」として認可を受けられそうであるか、を考える必要がある。

　また、銀行の経営管理などの観点なども問題となりえ、かつ銀行法のみならず、主要行等監督指針や金融分野個人情報保護ガイドライン等の金融機関特有の各種規制がかかってくることへの意識も必要となる（たとえば、主要行等監督指針では、(i)グループ全体のシナジー効果を発揮するための経営戦略は明確か、(ii)金融関連子会社について、財務の健全性は確保されているか、(iii)従属業務子会社については、グループ全体のコスト競争力等の向上を目指しているか、(iv)関連またはいわゆる「緊密先」といわれる不動産管理会社の財務の健全性は確保されているかといった点に留意する必要があるとされている。主要行等監督指針Ⅴ-3-3-7）。

　Fintechスタートアップとしても、金融機関への自社売却という選択肢を有効に活用するためには、金融法制を十分に理解したうえで、買い手である金融機関からコンプライアンス等の観点に基づく検討をされたとしても納得して買収できるような体制づくりが求められることになると思われる。

4 個人情報保護法

〔1〕 概　要

　情報通信技術の進展により、膨大なパーソナルデータが収集・分析されるビッグデータ時代が到来し、適切な利用を促すための対応が必要であることや、情報流出および名簿販売業者の存在等、近年個人情報の取扱い等に対する懸念が高まってきたことを背景として、個人情報保護法が改正された。本稿執筆時点（2016年12月1日）において、未施行部分が残っているが、本書においては未施行部分も含めて主要な改正点を紹介する。

　改正個人情報保護法では、個人情報の定義を明確化し、匿名加工情報についての利活用を認め、名簿販売業者対策としては個人情報の流通経路をたどることができるようにし、さらに、不正に個人情報を提供することを犯罪として罰則を設けるなどされた。また、同法のもとでは、個人情報の定義自体が変更され、要配慮個人情報を特に厚く保護するなどの変更がなされている。

〔2〕 個人情報とは

(1) 個人情報の定義

　改正前の個人情報保護法における個人情報の定義は、「生存する個人に関する情報であって、当該情報に含まれる氏名、生年月日その他の記述等により特定の個人を識別することができるもの（他の情報と容易に照合することが

でき、それにより特定の個人を識別することができることとなるものを含む)」とされていた。

改正個人情報保護法において、以前から「個人情報」とされてきた部分の定義は、次のとおり変更された。すなわち、「当該情報に含まれる氏名、生年月日その他の記述等（文書、図画若しくは電磁的記録（電磁的方式（電子的方式、磁気的方式その他人の知覚によっては認識することができない方式をいう。次項第2号において同じ。）で作られる記録をいう。第18条第2項において同じ。）に記載され、若しくは記録され、又は音声、動作その他の方法を用いて表された一切の事項（個人識別符号を除く。）をいう。以下同じ。）により特定の個人を識別することができるもの（他の情報と容易に照合することができ、それにより特定の個人を識別することができることとなるものを含む。）」と変更され（同法2条1項）、さらに、「個人識別符号」も含まれることになった。

個人識別符号とは、「特定の個人の身体の一部の特徴を電子計算機の用に供するために変換した文字、番号、記号その他の符号であって、当該特定の個人を識別することができるもの」または「個人に提供される役務の利用若しくは個人に販売される商品の購入に関し割り当てられ、又は個人に発行されるカードその他の書類に記載され、若しくは電磁的方式により記録された文字、番号、記号その他の符号であって、その利用者若しくは購入者又は発行を受ける者ごとに異なるものとなるように割り当てられ、又は記載され、若しくは記録されることにより、特定の利用者若しくは購入者又は発行を受ける者を識別することができるもの」のうち政令で定めるものと定義された（同条2項）。

さらに、改正個人情報保護法施行令1条により、以前から個人情報に当たるかについて見解が分かれていた、指紋、顔認識等の個人の身体の特徴を電子計算機の用に供するために変換したものや、旅券の番号や運転免許証の番号などであって、特定の個人を識別するに足りるものとして個人情報保護委員会規則で定める基準に適合するものも個人情報に含まれることとなった。ここでいう、「特定の個人を識別するに足りるものとして個人情報保護委員会規則で定める基準」とは、特定の個人を識別することができる水準が確保

されるよう、適切な範囲を適切な手法により電子計算機の用に供するために変換すること」とされており（改正個人情報保護法施行規則2条）、さらに個人識別符号ごとにこの基準が具体的に示されている（個人情報保護委員会・個人情報保護法ガイドライン（通則編）2-2）。一方で、携帯電話の番号は個人識別符号には含まれていない。

(2) 要配慮個人情報

改正個人情報保護法においては、新たに、要配慮個人情報という概念を導入した。要配慮個人情報とは、本人の人種、信条、社会的身分、病歴、犯罪の経歴、犯罪により害を被った事実その他本人に対する不当な差別、偏見その他の不利益が生じないようにその取扱いに特に配慮を要するものとして政令で定める記述等が含まれる個人情報をいうものと定義され（改正個人情報保護法2条3項）、特に保護すべき情報と位置づけられた。

改正個人情報保護法施行令2条により、「身体障害、知的障害、精神障害（発達障害を含む。）その他の個人情報保護委員会規則で定める心身の機能の障害があること」（同条1号）や、「本人を被疑者又は被告人として、逮捕、捜索、差押え、勾留、公訴の提起その他の刑事事件に関する手続が行われたこと」（同条4号）などのように具体的に定められている。

要配慮個人情報については、一定の場合を除いて、本人の同意を得ないで取得することを禁止しており（改正個人情報保護法17条2項）、さらに、オプト・アウトの手続からも除外されることとなった（同法23条2項）。

改正個人情報保護法施行令7条によると、要配慮個人情報を本人の同意なく取得することができるのは、①本人を目視し、または撮影することにより、その外形上明らかな要配慮個人情報を取得する場合（同条1号）や、個人情報保護法23条5項各号に掲げる場合において、個人データである要配慮個人情報の提供を受ける場合（同施行令7条2号）である。同施行令7条1号は、外形上明らかに身体障害等を有する本人について撮影による写り込みが起きたような場合の取得を適法にするための手当である。

(3) クレジットカード番号は個人情報に当たるか

クレジットカード番号についてもその社会生活上の重要性から、保護するべきかについて問題となっている。クレジットカード番号は、現行法においては個人情報に当たらないとされる。

改正個人情報保護法においては、生存する個人に関する情報であって「個人識別符号」を含むものが「個人情報」に含まれることになった。

しかし、産業構造審議会商務流通情報分科会割賦販売小委員会は、この改正に係る国会審議において、クレジットカード番号が個人識別符号に該当するかについても議論があり、個人識別符号を指定する政令の定めに委ねられることとなったことを指摘している（割賦販売小委員会報告書4頁）。結論としては、クレジットカード番号については、「法人契約に係る番号の場合には特定の個人を識別できるとは限らないこと等から」個人識別符号とは定めないこととされている（個人情報保護委員会・個人情報保護法施行令改正政令及び同法施行規則パブリックコメント回答4頁11番等）。

〔3〕 第三者提供

(1) 第三者提供に係るトレーサビリティの確保

改正前個人情報保護法のもとでは、個人情報を第三者に提供するケース（第三者提供）について、本人が容易に知りうる状態に置き、必要事項を個人情報保護委員会に届け出ることにより、本人の同意なく第三者提供ができるとされていた。

ただし、前記のとおり、改正個人情報保護法のもとにおいては、要配慮個人情報については本人の同意なく第三者提供をすることができないという規定に変更された（改正個人情報保護法23条2項）。

そのうえで、第三者提供を行う際および第三者提供を受けるには、トレーサビリティの確保の観点から、次のとおりの確認・記録義務に関する規定が

新設されている。

a．第三者提供を行う場合

オプト・アウト手続により第三者に個人データの提供をする際には、次の事項に関する記録を作成し、トレーサビリティを確保しなければならないとされた。

① 当該個人データを提供した年月日
② 当該第三者の氏名または名称その他の当該第三者を特定するに足りる事項（不特定かつ多数の者に対して提供したときは、その旨）
③ 当該個人データによって識別される本人の氏名その他の当該本人を特定するに足りる事項
④ 当該個人データの項目

また、本人の同意を得て第三者に個人データの提供をする際には、上記②〜④のほか、「本人の同意を得ている旨」が記録事項となる（改正個人情報保護法25条、同法施行規則13条）。

個人情報保護委員会・個人情報保護法ガイドライン（確認記録義務編）4-2-1-1によると、「当該個人データによって識別される本人の氏名その他の当該本人を特定するに足りる事項」には、「本人ごとに番号・IDなどを付して個人データの管理をしている場合において、当該番号・IDなどにより本人を特定できるときの当該番号・ID」などが該当するとされている。

以上から、オプト・アウト手続による第三者提供のみならず、本人の同意を得て第三者提供をした場合であっても、第三者提供のトレーサビリティを確保することが必要になった。各社において対応が必要である。

b．第三者提供を受ける場合

第三者から個人データの提供を受ける際には、受領者は、記録義務の前提としての確認義務を負う。すなわち、当該第三者の氏名および住所等を、当該第三者から申告を受ける方法その他の適切な方法により確認をすること、また、当該第三者による当該個人データの取得の経緯を、当該個人データの取得の経緯を示す契約書その他の書面の提示を受ける方法その他の適切な方法により確認をする必要がある（改正個人情報保護法26条1項、同法施行規則

15条)。

さらに、受領者には記録作成義務が課せられている。オプト・アウト手続により個人情報取扱事業者から第三者提供を受ける場合の記録事項は次のとおりである。
① 個人データの提供を受けた年月日
② 当該第三者の氏名および住所等
③ 当該第三者による当該個人データの取得の経緯
④ 当該個人データによって識別される本人の氏名その他の当該本人を特定するに足りる事項
⑤ 当該個人データの項目
⑥ 個人情報保護委員会による公表がされている旨

また、本人の同意を得て個人情報取扱事業者から第三者提供を受ける場合の記録事項は、上記②～⑤のほか、「本人の同意を得ている旨」となる(同条3項、同法施行規則17条)。

(2) 個人情報データベース等提供罪の導入

改正個人情報保護法のもとでは、意図的な個人情報の流出対策、名簿販売業者による個人情報の流通対策として、個人情報データベース等提供罪が新設された。

同罪においては、個人情報取扱事業者もしくはその従業員等が、その業務に関して取り扱った個人情報データベース等を自己もしくは第三者の不正な利益を図る目的で提供し、または盗用したときについて、1年以下の懲役または50万円以下の罰金と規定された(改正個人情報保護法83条)。

(3) オプト・アウトによる第三者提供の厳格化

本人同意を得ない第三者提供の特例(オプト・アウト)による第三者提供については、要配慮個人情報についてオプト・アウトによる第三者提供を認めないこととしたほか、個人データを第三者に提供する場合には原則として本人の同意を必要とした。

さらに、オプト・アウト方式により個人データを第三者提供する場合には、次の事項について、あらかじめ、本人に通知し、または本人が容易に知りうる状態に置くとともに、個人情報保護委員会に届け出る必要がある（改正個人情報保護法23条2項。届出内容は、個人情報保護委員会によって公表されることになった。同条4項）。
① 　第三者への提供を利用目的とすること
② 　第三者に提供される個人データの項目
③ 　第三者への提供の方法
④ 　本人の求めに応じて当該本人が識別される個人データの第三者への提供を停止すること
⑤ 　本人の求めを受け付ける方法

　「通知又は容易に知り得る状態に置く措置」については、「本人……が当該提供の停止を求めるのに必要な期間をおくこと」「本人が法第23条第2項各号に掲げる事項（注：第三者に提供される個人データの項目等の法定事項）を確実に認識できる適切かつ合理的な方法によること」とされている（同法施行規則7条1項）。

　また、個人情報保護委員会への届出方法等については、(i)電子情報処理組織を使用する方法、(ii)届出書および当該届出書に記載すべき事項を記録した光ディスク等を提出する方法のいずれかによるべきことが規定されている（同法施行規則7条2項）。

　さらに、個人情報保護委員会は、個人情報取扱事業者からオプト・アウト方式についての届出がなされた場合には、遅滞なく、当該届出に係る事項を公表しなければならないとされているが（改正個人情報保護法23条4項）、その届出方法についても、「遅滞なく、インターネットの利用その他の適切な方法」によるべきことが規定されている（同法施行規則9条）。

　個人情報保護委員会による公表がなされた後、個人情報取扱事業者は、すみやかに、インターネットの利用その他の適切な方法により、第三者に提供される個人データの項目等の法定事項を公表するものとされている（同法施行規則10条）。

なお、「インターネットの利用その他の適切な方法」については、基本的には、インターネットによる方法による公表が望ましいが、個人情報取扱事業者の特性、本人との近接性などにより、当該方法以外の適切な方法による公表も可能とされている（個人情報保護委員会・個人情報保護法ガイドライン（通則編）」3-4-2-1（※6））。

〔4〕 ビッグデータの利活用を促進するための匿名加工情報

(1) 匿名加工情報に関する加工方法等の規定の整備

「匿名加工情報」の定義が設けられ、「匿名加工情報」とは、「特定の個人を識別できないよう加工し当該個人情報を復元できないようにしたもの」（改正個人情報保護法2条9項）とされた。そして、この「匿名加工情報」については、法律の規定に基づいて作成され（同法36条）、個人情報保護委員会規則で定めるところにより、あらかじめ、第三者に提供される匿名加工情報に含まれる個人に関する情報の項目およびその提供の方法について公表するとともに、当該第三者に対して、当該提供に係る情報が匿名加工情報である旨を明示して第三者提供をする際（同法37条）には、本人の同意が不要であることが明確になった。この規定の整備により、パーソナルデータの利活用の促進が期待されている。

匿名加工情報は個人情報保護法施行規則で定める基準に従い加工しなければならない。この基準については、次のとおり定められている（同法施行規則19条）。

① 個人情報に含まれる特定の個人を識別することができる記述等の全部または一部を削除すること（当該全部または一部の記述等を復元することのできる規則性を有しない方法により他の記述等に置き換えることを含む）
② 個人情報に含まれる他人識別符号の全部を削除すること（当該個人識別符号を復元することのできる規則性を有しない方法により他の記述等に置き換

えることを含む)

③　個人情報と当該個人情報に措置を講じて得られる情報とを連結する符号（現に個人情報取扱事業者において取り扱う情報を相互に連結する符号に限る）を削除すること（当該符号を復元することのできる規則性を有しない方法により当該個人情報と当該個人情報に措置を講じて得られる情報を連結することができない符号に置き換えることを含む）

などが指定されている。

　もっとも、これらの基準自体も相当程度抽象的であることから、個人情報保護委員会・個人情報保護法ガイドライン（匿名加工情報編）3－2以下において具体的な作成方法等が示されている。

　ただし、匿名加工情報を自社利用する際にも、加工に際しては個人情報保護委員会規則の基準に従わなければならず、同規則の基準に従って加工の方法等に関する安全管理措置を講じ、匿名加工情報に含まれる個人に関する情報の項目を公表する必要があるとされた（改正個人情報保護法36条2項）。さらに、利用に際しては、本人識別のために、匿名加工情報と他の情報との照合を禁止されることとなった（同条5項）。上記加工の方法等に関する「安全管理措置」として、(i)加工方法等情報を取り扱う者の権限及び責任を明確に定めること、(ii)加工方法等情報の取扱いに関する規程類を整備し、当該規程類に従って加工方法等情報を適切に取り扱うとともに、その取扱いの状況について評価を行い、その結果に基づき改善を図るために必要な措置を講ずること、(iii)加工方法等情報を取り扱う正当な権限を有しない者による加工方法等情報の取扱いを防止するために必要かつ適切な措置を講ずることが求められている（同法施行規則20条）。

　また、第三者へ提供する場合には、個人情報保護委員会規則に従って、あらかじめ第三者に提供される匿名加工情報に含まれる個人に関する情報の項目、提供方法を公表し（改正個人情報保護法36条3項）、当該第三者に、当該提供の情報が匿名加工情報である旨を明示しなければならないことが規定された（同条4項）。ここでいう公表の方法とは、インターネットの利用その他の適切な方法により行うことが定められている（同法施行規則21条）。

(2) 個人情報保護指針についての規定の整備

さらに「匿名加工情報」に関連した規定の整備として、個人情報保護指針に関する規定も整備された。具体的には、改正法では、個人情報保護指針を作成する際に、匿名加工情報に係る作成の方法やその情報の安全管理のための措置その他の事項に関し、消費者の意見を代表する者その他の関係者の意見を聴いて作成するよう努めることとされている（改正個人情報保護法53条1項）。

〔5〕 グローバル対応

(1) 外国に所在する第三者への個人データの提供に関する規定の整備と域外適用

国外の第三者に対して本人の同意を取らずに個人データを提供する場合、次のいずれかに当たる必要があるとされた。
① 第三者の所在する国が日本と同水準の個人情報保護制度を有していると個人情報保護委員会によって認められていること
② 当該第三者が日本の個人情報取扱事業者と同じような個人情報保護の体制を整備していること

このうち、①にいう「日本と同水準の個人情報の保護制度を有していると個人情報保護委員会によって認められている」国は、指定されていない（個人情報保護委員会・個人情報保護法ガイドライン（外国第三者提供編）2）。

また、②にいう「日本の個人情報取扱事業者と同じような個人情報保護の体制を整備している」という基準については、
(i)「個人情報取扱事業者と個人データの提供を受ける者との間で、当該提供を受ける者における当該個人データの取扱いについて、適切かつ合理的な方法により、改正個人情報保護法第4章第1節（注：個人情報取扱事業者の義務）の規定の趣旨に沿った措置の実施が確保されていること」、ま

たは、

(ii) 「個人データの提供を受ける者が、個人情報の取扱いに係る国際的な枠組みに基づく認定を受けていること」。個人情報保護委員会・個人情報保護法ガイドライン（外国第三者提供編）3-3によれば、（具体的には、提供先の外国にある第三者がAPECのCBPR（Cross Border Privacy Rules）システムの認証を取得していること、

のいずれかに該当する場合とされている（改正個人情報保護法施行規則11条）。ただし、後者の「個人データの提供を受ける者が、個人情報の取扱いに係る国際的な枠組みに基づく認定を受けていること」については、「国際的な枠組み」とだけ規定されていることから、今後、CBPR以外の認定枠組みが新たに指定される可能性も残されている。

　そして、日本国内の個人情報を取得した外国の個人情報取扱事業者についても改正個人情報保護法を原則適用することとし、域外適用されることを定めている（改正個人情報保護法86条）。域外適用の背景の法理には、外国の行為者が、自国の個人を標的として何らかの行為を行った場合に、その行為に対して自国法が適用可能であるとする、標的基準と呼ばれる基準がある。域外適用されることが明らかな規定は、改正個人情報保護法15条、16条、18条（2項を除く）、19条から25条まで、27条から36条まで、41条、42条1項、43条および76条である（日置＝板倉135頁）。

(2) 外国執行当局への情報提供

　改正個人情報保護法では、外国執行当局に対して情報提供を行うことができると規定し、その権限を個人情報保護委員会に付与した（改正個人情報保護法78条1項）。ただし、刑事事件の捜査に提供した情報を使用する際には個人情報保護委員会の同意を要件とした（同条3項）。

〔6〕 金融分野における個人情報保護

(1) 金融分野における個人情報保護に関するガイドライン

　金融庁が公表している「金融分野における個人情報保護に関するガイドライン」(金融分野個人情報保護ガイドライン)では、金融分野における個人情報取扱事業者に対して、金融分野における個人情報の性質等に鑑みて適切かつ有効な措置がとられるようルールが定められている。以下では、2016年12月時点のガイドラインに言及する。なお、これまでの金融分野個人情報保護ガイドラインは、改正個人情報保護法施行と同時に廃止され、新たに同名の「金融分野における個人情報保護に関するガイドライン」が制定されるなど、改定という範疇にはとどまらない変更がなされる可能性がある。

　2016年12月時点の金融分野個人情報保護ガイドラインの具体的内容は次のとおりである。

　たとえば、金融分野における個人情報取扱事業者が、与信事業に際して、個人情報を個人信用情報機関に提供する場合には、その旨を利用目的に明示しなければならないとされている。さらに、明示した利用目的については本人の同意を得ることとされている。

　また、「政治的見解、信教(宗教、思想及び信条をいう。)、労働組合への加盟、人種及び民族、門地及び本籍地、保健医療及び性生活、並びに犯罪歴に関する情報」を「機微(センシティブ)情報」と呼び、原則として、金融分野における個人情報取扱事業者が、取得、利用または第三者提供を行わないこととするなど、特に慎重な取扱いを求めている。

　さらに、日本証券業協会は「個人情報の保護に関する指針」や「個人情報の保護に関する指針の解説」を公表している。たとえば、「個人情報の保護に関する指針」は、金融分野個人情報保護ガイドラインに沿って規定されており、その解説は、具体例を示している。これらの「個人情報の保護に関する指針」等についても、改訂が予定されている。

(2) 金融機関が行政処分を受けた近時の事例

近年、金融機関が顧客情報等の流出事案により金融庁から処分されるケースもみられる。

2009年度に行政処分がされたケースでは、職員が顧客情報等の検索ツールを利用して個人顧客情報を流出させ、データ処理を担当する外部委託先職員に偽って個人顧客情報をディスクに保存させ社外に持ち出して第三者に売却したケースがある。このケースにおいては、当該会社内部における研修が足りず、情報セキュリティにおけるリスク管理上の問題点についての議論が希薄だったとして、金商法51条に基づく業務改善命令および個人情報保護法34条1項に基づく勧告がなされた。

また、2009年度に別の事案で行政処分がされたケースでは、業務委託先においてホストコンピュータへのアクセスに必要となるIDおよびパスワードを日常的に担当者間で使い回しする等、個人顧客情報管理が杜撰であり、情報漏えいが起こりやすい状況であったとされ、本社においても①ホストコンピュータへのアクセス権限の付与範囲について、業務遂行の実態に応じた必要最小限のものになっていない、②サーバや業務委託先のコンピュータ端末の一部において操作履歴が残らないものがあったため、不正利用に対する牽制効果が不十分であるとともに、万一不正利用があった場合に原因究明を困難にするという問題があった、③業務委託先の従業員にホストコンピュータへのアクセス権限を付与する際の本人確認および付与後の管理が不十分であり、また、本件業務委託先に対する立入検査も不十分であったとされ、保険業法204条1項に基づき業務改善命令および個人情報保護法34条1項に基づく勧告がなされた。

〔7〕 プライバシー権（その他情報利用に関する最新論点）

(1) マイキープラットフォーム構想

　マイキープラットフォーム構想とは、マイナンバーカードのICチップの空きスペースと公的個人認証をマイキー部分として民間で活用しようとする計画であり、マイナンバーカードと連系する共通情報基盤がマイキープラットフォームと呼ばれている（総務省・マイキープラットフォーム1頁）。たとえば、民間企業のポイントサービスの管理として利用することを通じて新たな商店街振興策として地域経済を活性化することや、民間認定事業者と連携してマイナンバーカードを各種会員カードとしたりして利用することを通じてさまざまなサービスイノベーションを誘発することが、マイキープラットフォームによる地域活性化方策検討会によって検討されている。

　プライバシー権の観点からは、税・社会保障・災害にしか使えないマイナンバーの部分とは無関係であるように運用されることにはなっている。しかし、マイキープラットフォームに消費者等の各商店等でマイキーを利用したという程度の情報が残るだけであっても、その情報が集積することでカード利用者の行動記録が残されるようになるという点が指摘されている。具体的には、同検討会の第1回議事概要では、審議官から「マイキープラットフォームはあくまでも既存の図書館の番号とか商店のポイントカードの番号との対応づけをするだけで、それ以上のものは持たない。図書館の閲覧履歴などは、おそらく図書館のシステムの中に運用はされていると思うが、これについてマイキープラットフォームは一切、手を触れることはない」との説明がなされている。もっとも、マイキープラットフォーム部分に図書館のサービスを受けたという程度の記録は残りうる。その場合、一つひとつの利用履歴の集積により個人の行動記録としてマイキープラットフォーム部分に残る可能性があり、取扱いに注意する必要がある。

(2) 位置情報

　近年、携帯基地局、GPSおよびWi-fi等通信設備の設置が進められているが、これらの通信機器は利用する際に位置情報を提供することになるため、ビッグデータとしての利用がプライバシーの観点から問題となる。

　大原則として、通信の秘密は、憲法の基本的人権の一つ（憲法21条2項）として保護されており、電気通信事業法においても、電気通信事業者の取扱中にかかる通信の秘密について侵してはならないことが罰則をもって定められている。

　そして、通信の秘密の範囲には、個別の通信に係る通信内容のほか、個別の通信に係る通信の日時、場所、通信当事者の氏名、住所・居所、電話番号等の当事者の識別符号等これらの事項を知られることによって通信の意味内容を推知されるような事項すべてが含まれる（総務省・位置情報プライバシーレポート9頁）。

　そのため、基地局に係る位置情報およびWi-fi位置情報は電気通信事業者にとって通信の秘密の侵害に該当する。さらに、通信の秘密に当たらなくとも、プライバシー権として保護されるケースが考えられる。個人のPCやスマートフォン等の識別情報（端末ID等）などは、一義的にはPCやスマートフォンといった特定の装置を識別するものであるが、実質的に特定の個人と継続的に結びついており、プライバシーの保護という基本理念を踏まえて判断すると、実質的個人識別性の要件を満たし、保護されるパーソナルデータの範囲に含まれると考えられる（総務省・パーソナルデータ報告書25頁）。

　そして、通信の秘密に該当する位置情報をビッグデータとして利用・第三者提供するには、位置情報のプライバシー性の高さゆえ、その時点の技術水準では再特定化・再識別化が不可能またはきわめて困難といえる程度に加工することが必要であり、さらに、有効な同意をとる必要がある。そして、契約約款等に基づく事前の包括同意であっても、①対象となる情報の範囲が通信内容以外の通信の構成要素のうち、通信の場所、日時および利用者・端末識別符号に限定されること、②加工の手法・管理運用体制（「十分な匿名化」

の過程で作成される情報の管理体制を含む）が適切であることおよびそれについて適切に評価・検証が行われていること、③利用者が、いったん契約約款等に同意した後も、随時、同意内容を変更できる（設定変更できる）契約内容であって、同意内容の変更の有無にかかわらず、その他の提供条件が同一であること、④契約約款等の内容（事後的に利用者が同意内容を変更できる（設定変更できる）ことならびに「十分な匿名化」後の情報の利用目的および第三者提供に関する事項を含む）ならびに加工の手法・管理運用体制およびその適切性についての評価・検証結果について、利用者に対する相応の周知が図られていることのすべての要件を満たせば、有効な同意となるものと考えられる（総務省・位置情報プライバシーレポート47頁）。

　なお、2016年7月時点において、Wi-fiの利用が進み、各所で無料Wi-fiポイント等も設置されるようになったが、アクセスポイント設置者たる電気通信事業者はWi-fi位置情報を取得することができるため、当該情報の管理利用制度も問題となる。この点については、Wi-fiの単独または複数のアクセスポイントによって把握される位置情報は、数メートル単位で位置の把握が可能と精度が高く、MACアドレスその他の特定の識別子と紐づいて継続的に取得された場合、端末利用者の移動の軌跡も把握可能であることから、他の位置情報と同様に高いプライバシー性を有するとされている。このことから、基本的に基地局に係る位置情報やGPS位置情報と同様の取扱いをすることが適当であるとされている。そのため、通信以外の目的で利用・第三者提供する場合については、「電気通信事業者は、原則としてWi-fi通信端末利用者の個別かつ明確な同意を取得すべきであり、また、事後的に同意内容を変更できる」機能を設けることを必要としている（総務省・位置情報プライバシーレポート50～53頁）。

　加えて、「十分な匿名化」・低減データ化された場合については、「電気通信事業者は利用者の同意なく利用・第三者提供することが可能である」としつつも、「利活用されていることに関しては十分な方法で説明・表示」を行うことが必要であると提言がなされているところである。

(3) ライフログ情報の活用について

インターネットの検索履歴、ウェブサイト閲覧履歴やネットショッピングの購入履歴等個人の生活の記録についての情報をライフログ情報という。

昨今、プログラミング技術の高度化により、ライフログ情報を利用して各個人の趣味趣向を推定し効率よく広告を表示することが可能となっている。コンピュータネットワークのセキュリティ技術に、ディープ・パケット・インスペクション（DPI）と呼ばれる技術があり、これは送受信されるデータの一部をフィルタリングして、その有害性を判断する技術であるが、このフィルタリング技術をインターネットサービスプロバイダが実施すれば、使途の閲覧履歴等を調べることにも利用可能であり、実際に利用される例もある。

このライフログ情報は、当該ネット利用者の趣味趣向を推知することができるだけでなく、場合によっては当該ネット利用者の思想についても推知しうる重要な情報となりうる。

もっとも、ライフログ情報は、それだけでは個人識別性がないとして、改正個人情報保護法によっても個人情報の定義には当たらない場合が多いとも思われる。この点、たとえば、電気通信事業における個人情報保護指針では、「個人識別性を喪失した情報には改正個人情報保護法および関係各ガイドラインの保護が及ばない他、匿名化という行為自体も利用目的として特定する必要がないものの、ライフログを活用するサービスは、その態様によっては、プライバシーを侵害し得るし、利用者の不安感等を惹起し得る。よって、ライフログを取得・保存・利活用する事業者は、利用者に対して一定の配慮をなし、円滑なサービスに資するための対策を取ることが望ましい」とされている。

5 国際取引法務

　Fintechビジネスにおいては、日本国内の事業者が海外の事業者と契約関係に入ることも多いと思われる。このような場合は国際的な法律関係が生じ、日本の法律だけではなく国際法や外国法に配慮しなければならない。本項では、日本国内の事業者が海外の事業者と契約を締結する場合に留意すべき国際取引契約に関する事項およびFintechビジネスに関するライセンスに関する事項について解説する。

〔1〕 Fintechビジネスと国際取引契約

　Fintechビジネスに関係する契約としては、秘密保持契約、売買契約、代理店契約、合弁事業契約、共同開発契約、ソフトウェアライセンス契約、商標・特許ライセンス契約などが想定できる（共同開発契約以下についてはⅤ章2「IT関連法務」を参照されたい）。海外の事業者と締結される契約は英文であることが多く、国際契約に共通する問題に配慮する必要があるほか、個々の国際契約類型に応じた留意が必要となる。

(1) 国際取引契約類型ごとの留意点

a．契約交渉段階に締結する文書について

　国際取引分野においては、契約交渉段階において、その時点における合意事項を記載した文書を作成することも多い。これは、意思表明状（Letter of Intent）や覚書（Memorandum of Understanding）など（以下「意思表明状等」

という)の名称で作成される。これらの文書は、本契約の契約書とは異なり一般的には法的拘束力を有さず、通常記載される内容も意図的に具体性を欠く表現になっていることも多い。もっとも、たとえ文書名が意思表明状等となっていたとしても、内容によって法的拘束力が認められることもあるため注意が必要である。

　また、交渉段階において契約当事者間に開示される情報の秘密を保持するために秘密保持契約が締結されることも多い。秘密保持契約においては、その背景となる取引を前提として、秘密情報の範囲およびその例外、さらに秘密保持を義務づける期間などを取り決めておくもので、Fintechにおいては機密性の高い情報が多いと考えられることから、秘密保持契約の重要性はいうまでもないであろう。

b．各種契約類型に基づく留意点

　Fintechビジネスに関連した物品の売買を行う場合、価格、危険負担、引渡し、代金決済、商品の品質保証などの取引条件を明確に定めておくべきである。国際貿易取引では、国際商工会議所(ICC)が策定するインコタームズに基づいて取引条件を決定しているケースも多い。また販売店契約や代理店契約を締結する場合においては、独占的権利や市場分割などが契約上合意されることも多く、販売が行われる国の競争法についても検討が必要である。

　国際取引を合弁事業形態で行う場合には、実際の事業主体の機関設計によって、当事者間における出資比率や持分売却のオプションなどを含め、合弁事業遂行に当たっての意思決定方法について、適用される準拠法に基づいて定める必要がある。また、取引に各種ライセンス合意が付随する場合、ライセンスの範囲・条件、ロイヤルティの種類、技術開示料などについても、適用される国の知的財産法や競争法を斟酌しながら検討しなければならない。

(2)　国際取引契約書によくみられる条項

　国際取引契約をレビューする際に最低限確認しなければならないのは、取

引条件、義務的事項の執行可能性、調印者の権限、契約の効力発生日などである。国際取引契約では、異国間における文化や法制度および商慣行などの違いから生じる誤解や紛争を可能な限り防ぐため、その契約には取引条件を詳細に定める傾向があり、外国法が準拠法とされる場合には日本法とは異なる概念も存在するため、契約書の検討にあたっては注意深くレビューすることが求められる。

　国際取引に用いられる契約書は、通常、表題、前文、定義規定、契約の中核的内容を定めた規定、一般条項、末尾文言、別表の順で構成される。前文には、契約締結までの経緯や契約の目的などが記載され、説明条項（Whereas Clause）と呼ばれる。国際契約に共通して特徴的な条項には主として以下のものがある。

a．表明保証条項および確約条項

　国際取引契約では、各当事者の存立を含めた取引関係に入るうえで前提とすべき事項を容易に確認することができない場合も多い。このため、かかる事項について当事者に表明保証責任を負わせることが多い。すなわち、表明保証条項は、両当事者が契約締結時点における一定の事実関係について、当該事実の主体となった当事者が表明（Representations）しかつ保証（Warranties）するものである。表明保証とセットで規定されることの多い確約条項は、契約締結後に当事者が一定の義務を果たすことを確約（Covenants）するものである。これらの規定を根拠とする損害賠償請求もなされることが多いため、注意深く確認したほうがよい。

b．完全合意条項など

　契約書の終わりのほうでは、調印の対象となる国際取引契約書に記載された内容が完全合意（Entire Agreement）の対象となり、調印以前に交わされた（意思表明状等を含む）合意は、口頭または文書であることを問わずすべて失効し、当該契約が優先適用される旨の完全合意条項が規定される。また、契約条項のうち一部が無効となる場合であっても、当該無効は他の条項に影響を及ぼさないという分割可能性（Severability）に関する文言が掲載されるのが通常である。

c．契約の終了に関する条項

　契約期間や契約解除の条件、契約終了の効果や不可抗力の具体的内容など、契約に基づく当事者間の清算が必要な場面を想定した条項もまた重要である。通常このような合意については、各契約類型によって想定される事実関係をリスクのレベルごとに細分化し、各要件・効果を契約上対応する各条項に落とし込んでいくことになる。また、当事者間の契約に基づく具体的な権利義務関係を清算する場面を想定した、権利放棄条項（Waiver）や損害賠償額の予定に関する条項を具体的に策定しておく場合もある。

d．契約に関する紛争が生じた場合に機能する条項

　契約に関して紛争が生じた場合に、いかなる手続機関に対して当該解決を申し立てることができるのか（管轄（Jurisdiction）の問題）、また管轄を有する手続機関はいかなる法令に基づいて当該法律関係を解釈して紛争解決にあたるのか（準拠法（Governing Law）の問題）という点は、国際取引契約において最も重要な問題の一つである。

　紛争解決については、実務上は日本国内の裁判所を合意管轄裁判所とする場合が多いものの、国際取引においては、仲裁を選択することが多い。両当事者の母国ではない第三国を仲裁地として合意する場合、原則として各当事者の母国の司法機関の監督（関与・影響）を受けずに仲裁手続を行うことができる。また、ニューヨーク条約加盟国における仲裁であれば、原則として、他の加盟国は当該仲裁判断を承認・執行するものとされ、当該仲裁地の裁判所から仲裁判断を取り消されない限り、その判断は加盟国において効力を有し、仲裁地以外の国の司法機関は、当該判断を取り消すことはできず、同判断の承認・執行を拒否することができる場合があるにとどまる。こうしたことから、当事者の所在地（事業拠点）や、事業・投資額規模を含めた案件内容の性質によっては、当事者の母国の司法機関の関与を排除するため、国際取引契約の締結時には、第三国における仲裁合意の可能性も十分に検討したほうがよい。

　また準拠法について注意しなければならないのは、たとえ契約上準拠法を合意していても、合弁契約において法人を設立するなどの場合、基本的には

当該設立手続はその手続を管轄する国の法令に準拠すると定められている場合が一般的であり、実際にどのような場面でどの国の法令が有効に適用されるのか（または影響するのか）を検討しつつ契約上の準拠法を定める必要がある。このようにいかなる国の法令がいかなる場面で適用されるのかを規律する法を国際私法（抵触法（Conflict of Laws））といい、当該契約に関する紛争を解決する管轄裁判所または仲裁地の国の国際私法が通常は適用されて、当該契約の各場面における準拠法が確定される。

〔2〕 国際取引を伴うFintech事業に影響する行政法規

国際取引を伴うFintech事業の検証にあたっては、〔1〕で論じたような国際取引契約一般に関する留意点のほか、その事業を管轄する各国の法規制も考慮しなければならない。本項では日本の法規制について述べるが、日本の行政法規は本来日本国内における法執行のために策定されるものであるため、日本国外における法執行のために適用されることは原則として想定されていないところ、クロスボーダーでサービスが提供される場合など日本国内における行政法規の法執行と密接に関連する場合、行政法規の国際的適用範囲（行政法規の域外適用）を検討する必要が生じる。以下では、Fintech事業に関連する主な許認可等についての域外適用につき掲載するが、日本の事業者が日本から海外に対し規制業種に係る事業を行う場合には相手国の法規制について同様の問題が生じることに留意すべきである（図表5-3）。

図表5-3 クロスボーダーで問題となる日本の行政法規

法律	クロスボーダーで問題となる場面	関連条文
銀行法	① 日本に拠点を有しない外国銀行が日本国内にある者から預金の受入れを行う場合に銀行業の免許の要否が問題となる。たとえば当該外国銀行の従業員が日本国内に出張して見込み顧客に勧誘を行ったうえで口座開設手続を行うような場合は日本国内で預金の受入行為がなされているため、銀行業の免許が必要となる可能性があるが、預金の受入行為がすべてオンラインで行われるなど日本国内での行為があると評価されなければ銀行業の免許が必要とは解されない可能性がある。 ② 日本に拠点を有しない外国銀行が日本国内にある者に対して為替取引（送金）の勧誘を行う場合（たとえばサーバが海外にあり、勧誘はインターネット上で行われ、送金資金もクレジットカード決済などでなされる場合であっても）、銀行業の免許が必要となる可能性がある。また、後記の資金決済法の問題となる。 ③ 日本に拠点を有しない外国銀行が日本国内にある者に対して業として貸付けを行う場合は、次の貸金業法の問題となる（預金の受入れをあわせ行わない場合）。 ④ 上記①ないし③にかかわらず、外国銀行は、当該外国銀行	外国銀行が日本において銀行業を営もうとするときは、当該外国銀行は、内閣府令で定めるところにより、当該外国銀行の日本における銀行業の本拠となる一の支店（略）を定めて、第4条第1項の内閣総理大臣の免許を受けなければならない。（47条1項）

318

	を所属外国銀行とする外国銀行代理銀行による代理または媒介をもって、日本国内にある者に対して銀行業を行うことができる。	
貸金業法	日本に拠点を有しない外国会社が日本国内にある者に対して業として貸付けを行う場合、貸金業該当性について議論がある。仮に貸金業登録を要すると解した場合、日本に拠点を設けない限り貸金業登録はできないため、貸付けができないと理論上解されるため問題となっている。	貸金業を営もうとする者は、二以上の都道府県の区域内に営業所又は事務所を設置してその事業を営もうとする場合にあつては内閣総理大臣の、一の都道府県の区域内にのみ営業所又は事務所を設置してその事業を営もうとする場合にあつては当該営業所又は事務所の所在地を管轄する都道府県知事の登録を受けなければならない。（3条1項） 第3条第1項の登録を受けない者は、貸金業を営んではならない。（11条1項）
資金決済法	① たとえば、日本に拠点を有しない外国会社が海外にあるサーバを利用したプリペイドカードをその外国で発行する場合でインターネット上で日本国内にある者に対して勧誘を行う場合、かかる勧誘行為は禁止される可能性がある。 ② 日本に拠点を有しない外国会社が日本国内にある者に対して為替取引（送金）の勧誘を行う場合（たとえばサーバが海外にあり、勧誘はインターネット上で行われ、送金資金もクレジットカード決済などでなされる場合であっても）、かかる勧誘行為は禁止される可能性があり、あるいは資金移動業の登録を受	外国において前払式支払手段の発行の業務を行う者は、国内にある者に対して、その外国において発行する前払式支払手段の勧誘をしてはならない。（36条） 第37条の登録を受けていない外国資金移動業者は、法令に別段の定めがある場合を除き、国内にある者に対して、為替取引の勧誘をしてはならない。（63条）

	ける必要がある。	
金商法	外国証券業者は、日本国内における有価証券関連業の本拠として設ける主たる営業所または事務所について登録を受けない限り、国内にある者を相手方として有価証券関連業に係る行為を行うことはできない。たとえば、外国証券業者がホームページ等に有価証券関連業に係る行為に関する広告等を掲載する行為は、原則として、「勧誘」行為に該当し、金融商品取引業の登録を要する。ただし、監督指針に掲げる措置をはじめとして、日本国内の投資者との間の有価証券関連業に係る行為につながらないような合理的な措置が講じられている限り、国内投資者に向けた「勧誘」には該当しないとされる。 （金商業者監督指針Ⅹ－1－2）	外国証券業者は、国内にある者を相手方として第28条第8項各号に掲げる行為を行つてはならない。ただし、金融商品取引業者のうち、有価証券関連業を行う者を相手方とする場合（当該外国証券業者がその店頭デリバティブ取引等の業務の用に供する電子情報処理組織を使用して特定店頭デリバティブ取引又はその媒介、取次ぎ（有価証券等清算取次ぎを除く。）若しくは代理を行う場合を除く。）その他政令で定める場合は、この限りでない。（58条の2）

VI

日本のFintechの展望

FintechへのKSF

 これまで、Fintechの概要、課題などを論じてきた。ここでは各プレイヤーがどのようにFintechに取り組んでいくべきかについて考察したい。

〔1〕 行　政

 まずは行政のFintechへの取組みについて考えてみたい。
 各国の行政の取組みとしては、三パターンに大きく分かれるのではないだろうか。これは、各国での金融事業に対するスタンスや金融に関係する企業の育成度・成熟度に左右されると考えられる。
 第一のパターンとしては「民間主導型」。米国に代表されるように、自由主義経済のもと、企業が中心となってFintechに取り組んでいるパターンである。金融に関連する企業がこれまでも育っており、また、企業活動への行政からの干渉を最小限にする風土が根づいている国がこれに当たる。金融を重要な産業として認識はしていながらも、金融以外にも重要な産業が育っている国が多い。
 第二のパターンとしては「行政主導型」。英国等がこれに該当する。金融が産業および国家戦略の中心となっている国や、今後、金融を国家戦略の中心とするべきだと考えていながら、金融業界が成熟しておらず、その育成が国家命題となっている国が該当する。したがって、英国などの金融先進国だけではなく、資源に乏しい新興国なども該当する可能性がある。
 第三のパターンとしては、「行政・民間協働型」。これは第一と第二のパ

ターンの中間に当たり、行政と民間が協働してFintechに取り組んでいる国である。

　日本の行政は現時点では、第二のパターンに分類されると考える。さまざまな取組みを行政が主導していることが多い。一方で、民間は独自に取組みを進めていることも多く、行政と民間の協働が進んでいるとは言いがたい面もあるのではないだろうか。これは、戦後の復興に際し金融事業の育成が国家戦略の中心に位置づけられてきたが、グローバルスタンダードへの対応に迫られ急速に規制緩和を進めたことが、影響していると思われる。いまは、行政から民間への主体移動の過渡期にある。これまでの日本の金融業界の特徴は「間接金融が主体の資金調達」「強固なメインバンク制」「（緩和されたとはいえ）数多くの規制」などであり、これらは他国ではそれほどみられないものである。他国に比べ金融業界が"公"としての意味合いが強かった。しかしながら、現在ではグローバルスタンダードへの対応に迫られたこともあり、「直接金融」「（大企業では特に）銀行に頼らない企業経営」「規制緩和」という流れになってきており、金融機関の役割が変化してきている。行政側は金融機関の役割が変化してきていることを前提とすべきではあるが、まだまだメガバンクを中心とした従来の金融機関主体の考えから抜け出せていないのではないだろうか。一方で、規制が緩和されてきたことで、民間では新しい金融への取組みが進んできている。ソーシャルレンディングのmaneoや家計簿サービスから発展しているマネーフォワードなど、金融を生業としながらも、従来の金融機関とは一線を画す企業が出てきている。まだまだこのような動きや意識の変化に、行政側としては十分についていけていないようにみえる。

　それでは、日本の行政としては今後、どのようにFintechに向き合うべきであろうか。今後、必要になるであろうことは、民間の活力を最大化するための意識と仕組みづくりである。特に、新しい企業やサービスの出現を支援することこそが行政の役割だと認識し、過度に主導権を握ろうとしないことである。このように書くと、既にそのような意識で取り組んでいるとの声が聞こえるかもしれない。たしかに、支援する枠組みはいろいろと出てきてい

る。ただし、繰り返しになるが、その際に重要なのは、行政としてはあくまで仕組みを提供することだとの認識に立つことである。テクノロジーの進化は時として想像を超えることがある。また、当初の目的と異なるかたちで進化が進むことも多い。その場合に行政は進化の主役とはなりえない。インターネットがそうであったように。

　言い換えると、行政の大きな役割は自由に発想できる土壌をつくることである。いかに関連プレイヤーにクリエイティブジャンプを起こさせるか。それには過度の干渉は時として障害となりうる。特に、護送船団方式からの考え方は払しょくせねばならない。良い悪いではなく、金融事業は、グローバルでの自由競争の側面が強くなっていることを理解する必要がある。その場合、行政が道を決めてしまうと、新しい取組みで大きな進化が出にくくなる。主役は企業だとの認識をいま一度強くするべきである。また、同時に、志のある企業や個人が何度でも挑戦できる仕組みの整備も必要である。残念ながら、日本では起業に一度失敗すると、次に挑戦することが困難になることが多い。この点については、米国に学ぶことが多いのではないだろうか。

　こう書いていくと、日本におけるベンチャー企業創出の課題と大きく重なってくるように感じる。グローバルでみると、Fintech自体がベンチャー企業による新しい発想のサービス提供に引っ張られているので、当然とはいえるが。

　さらに、従来の金融関連企業や金融事業を今後行おうと考えている企業が横連携できる仕組みも重要である。こちらは、現時点でもいくつかの仕組みが構築されている。Fintechにおいて重要なのは、これをグローバルの視点で進めていくことである。そういう点では、再生医療のFIRMの取組みなどが参考になるかもしれない。

　FIRMとは、富士フイルムが中心となっている再生医療の業界団体である。もともとは経済産業省が今後の再生医療の発展をねらい、業界団体設立を推進した。専門的な知見をもった企業を経済産業省がリストアップし、そのなかでも主導的な立場になりうる大手4社（富士フイルムも含まれる）との意見交換を進めた。4社のなかで富士フイルムが再生医療を事業の柱とする

ことを明確にし、議論を主導することとなったため、経済産業省はあくまで業界団体を支援する立場となり、富士フイルムを中心とした民間企業に推進を任せた。富士フイルムも自社の利益追求ということではなく、取りまとめ役・情報ハブとしての機能を発揮した。結果、民間での自由な議論が進み、現在では150社を超える企業が団体に所属し、再生医療業界としての問題提起や政策に対する意見を発信している。Fintechにおいても、行政の役割は上記のようなものではないだろうか。新しい取組みにおいては、民間企業同士ではどうしても利害関係があるため、なかなか大きな枠組みでの推進は難しい。FIRMにおける経済産業省の役割は、今後の重要課題である再生医療に関して、取組みを始めている民間企業同士の対話を推進する場を設定したことである。さらに、社会課題としての視点で取組みを推進できる民間企業が積極的に活動できる土壌をつくったことである。本邦におけるFintechへの取組みを行政が支援することに置き換えて考えてみると、さまざまな示唆が得られるのではないだろうか。

〔2〕 金融機関

"Banking is necessary, but banks are not" ビル・ゲイツはかつてこう語ったことがある。ビル・ゲイツは銀行について語ったが、これは銀行だけに限らず、銀行以外の金融機関にも当てはまるのではないか。本邦金融機関は事業主体として特殊な立ち位置を築き、さまざまな恩恵を受けてきた。ただし、今後は、テクノロジーの進化と規制緩和により一般の事業法人と同じ土俵に立たざるをえない場面が増えてくることが想定される（必ずしも、すべてが同じ土俵になるとは思えないが）。その際にどう変化した事業環境と向き合うか。これは今後の金融機関の事業戦略を考えるうえで大きなテーマとなっている。

　それでは、テクノロジーの進化と規制緩和の進展による事業環境変化に金融機関がどう向き合うかについて考えてみたい。これはFintechにどう取り組むべきかということにほかならない。金融機関がFintechに取り組む際に

は、その活動を「顧客に対する金融サービスの提供」と「金融機関内部への価値提供」に分けて考える必要がある。

(1) 顧客に対する金融サービスの提供の視点

「顧客に対する金融サービスの提供」の視点でFintechを考える際に注意すべきは大きく3点である。1点目は、徹底した顧客志向である。このように書くと、金融機関に勤務されている方からは「そんなの当たり前だ」という声があがるかもしれない。そういう方は、ぜひ一度、周囲の金融機関にお勤めではない方に金融機関の顧客対応について印象を聞いていただきたい。想定以上に厳しい声が聞こえることに驚かれるであろう。わかりやすく銀行で考えてみたい。代表的な例では、「銀行の窓口に行くと待つのが当たり前……」これは本当に当たり前なのだろうか。また、「窓口の営業時間は9時から15時……」これもよくいわれることだが、顧客にとっては当たり前なのだろうか。

これまで、本邦金融機関で顧客志向が徹底されてきていないことの背景には、風土的な背景もあると考える。日本では「金融」について興味があることを表明するのはよしとされない時代が長く続いてきた（いまも、そうかもしれない）。「金は三欠くに溜まる」ということわざがあるように、お金を稼ぐことについては表面的には、いい印象をもたれない風潮があった。その結果として、「お金」に関してどういうニーズがあるのかを消費者は明らかにはせず、金融機関もニーズを明確につかめないがゆえに、プロダクトアウト的な発想に基づいて顧客に対応せざるをえなかった面がある。さらにいうならば、顧客ニーズが顕在化しないことが常態化しており、それをあえて探るということに関しても、なんとなく後ろめたい気がするのではないだろうか。「他人の財布に手を突っ込む」というような感覚が存在してはいないだろうか。

われわれが危惧するのは、Fintechというのは手段であって目的ではないはずが、従来の不十分な顧客志向や顧客に十分に向き合えない金融機関の意識のもと、金融機関がプロダクトアウト的に、できること起点でのサービス

や商品開発に走ることである。消費者不在のテクノロジー活用は、商品やサービスの押し売りにつながり、業界全体の信用や顧客からの関心を失わせることにつながりかねない。また、異業種で顧客志向を徹底している企業があれば、そこに顧客を奪われることにつながる。

　それでは、徹底した顧客志向でFintechに取り組むとはどういうことだろうか。個人、法人問わず、すべての顧客を"見る""診る""視る"ことである。この三つの"みる"には意味がある。まずは、"見る"。行動を徹底的に観察することである。顧客の金融に関連する行動にはどういうものがあるかを理解することである。次に"診る"。顧客を診察・理解することである。顧客の内面に潜む真のニーズを探しあてることである。最後に"視る"。顧客の行動の背景にあることを知ることである。この三つの"みる"を実行したときに初めて顧客を理解でき、何をテクノロジーで解決すべきかが明らかになる。

　三つの"みる"を実行する際に重要なのが、データである。テクノロジーの進化でデータを分析することで潜在的なニーズを探ることも可能になってきた。データ活用力の向上、これが2点目の注意すべき点になる。これまで、本邦金融機関ではデータをうまく活用できていなかった。特に情報系のデータに関しては一元化が進まず、メンテナンスも不十分であったことも多い。欧米の金融機関では、かなり前から顧客の一元管理を進め、データを常に最新の状態にしている。データスチュワードやデータアーキテクトなど欧米の金融機関にみられる役職で本邦金融機関ではみられないものも多い（図表6-1）。

　ここで、データとは何かについて触れておきたい。同じような言葉で語られるものに、情報がある。データと情報では何が違うのだろうか。

　『大辞林〔第三版〕』によると、データとは「判断や立論のもとになる資料・情報・事実」であり、情報とは「①事物・出来事などの内容・様子。また、その知らせ。②ある特定の目的について、適切な判断を下したり、行動の意思決定をするために役立つ資料や知識」とある。すなわち、一般的には、データと情報は区別され、データは情報を加工、修正などを加えながら

図表6-1　データスチュワードなどデータ関連役職の役割

名　称	役　割
データスチュワード	➤　データクオリティの管理 ・必要なクオリティレベルの定義 ・データクオリティに関する課題抽出 ・データクオリティの改善計画の策定と実行 ・データクオリティのモニタリングと必要部署へのレポーティング
データアーキテクト	➤　データおよびデータインフラに関する全体像の設定・管理 ・データベースのコンテンツとクオリティの確認・分析 ・必要データとデータベースデザインの定義 ・データモデルとメタデータ（データ属性に関するデータ）の作成 ・データクオリティ改善に関するデータスチュワードの支援
データベース管理者	➤　データベースセキュリティと効率の確保 ・データベース環境のメンテナンス ・データベース管理のポリシー手続などの策定 ・データベースデザインの実装 ・データベース利用者のサポート
データベース開発者	➤　データベースの開発 ・ビジネス要件に基づいたデータベースとアプリケーションの開発・実装データベース管理のポリシー手続などの策定 ・抽出処理と手続を格納した規約データベースの開発

　有用な状態にしたものと考えられる。そういう意味では、データ化が十分にされていないともいえる。

　データ化されれば、バラ色の活用ができるのかといえばそうではない。特に金融機関の場合、多くの部署やサービスが存在し、それぞれでデータを管理している場合も少なくない。結果、部署によるデータの不整合やそれに伴うピントはずれのセールスなどが行われている。本邦金融機関では、これらのデータを一元化することが遅れている。データは一元化することで、はじめて全体最適、部分最適両方の活用が可能となる。法人、個人問わず顧客はどこの部署に話そうが、誰に相談しようが、一金融機関と付き合っているという意識なのである。金融機関の都合にあわせて、顧客がきちんと情報を提供し、データ化を助けてくれると思うのは間違いである。これが金融機関の対応に関して顧客がストレスを感じる大きな原因の一つである。

現在では、クラウドの発達とともに、容量の心配をさほどせずに、データを格納しておくことが可能となった。単純に考えれば、データをどこか1カ所に集約し、各部署は必要なデータをみにいくようにすれば、活用の面でもメンテナンスの面でも非常に使いやすい。少なくとも情報系のデータについては、管理する意味でもそのほうが有効だと思われる。もちろん、多くの金融機関でシステムがスパゲッティ化していることを考えると、ことはそう単純ではないことは、理解できる。ただし、それを理由にいつまでもデータを一元化し、活用・管理することに踏み切らないと、前述したように顧客がストレスを感じ、結果として顧客離れを起こすことにつながる。さらにいうならば、従来の金融機関への信用が失墜していく。

　事実、Fintechの発達の一つの方向性としては、情報の集約がある。これだけでも、顧客は利便性を感じるのである。裏を返せば、これまで既存の金融機関では対応できていなかったということである。この種のサービスは残念ながら金融機関以外の企業のサービスが先行している。マネーフォワードのように情報を集約することに大きな価値を見出す企業から、THEOのようにITの最大活用により低コストで、顧客の情報を集約（THEOの場合であれば資産に関する情報）し、集約した情報をアルゴリズム（THEOであれば、資産ポートフォリオに関するアルゴリズム）に従って最適なソリューションにつなげる（THEOの場合であれば資産運用の最適化）ような企業まで、5年前、10年前には想像できなかった企業が新しいサービスを提供している。

　では、どうすれば、データを有効活用できるか。1点目の注意点とも関連するが、それには、データの意味を読み解く力を高めることが重要である。ビッグデータという単語が世間を騒がせてから久しい。ただし、ビッグデータを活用できている企業は少ない。その背景にはいわゆるデータ・サイエンティストと呼ばれる人が圧倒的に足りない現状がある。これは金融機関も同様である。データを組み合わせることはできるが、その意味を読み解くことができているとは言いがたい。これは企画関連部署の多くが、実際は計数管理機能となっていることが明示している。

　まとめるとデータの有効活用に必要なのは大きく二つである。「データ活

用インフラの整備」と「データ読解力の向上」である。古くて新しい課題である。Fintechというキーワードに踊らされて、最先端のサービスにのみ着目しても、この二つが整わないと、結局は顧客に価値を提供することにつながらないことを理解する必要がある。

　顧客志向でデータを有効に活用しても実際のサービス提供につながらないと取組みの意味は薄い。近年、金融はエリアやサービスについてボーダレス化が進んでいる。また、AIの活用など、従来の金融機関が得意としない領域の知見も必要になっている。サービス化していくにあたって、自前主義の脱却が必要なのではないか。自前主義からの脱却、これが3点目の注意点である。

　ここで、筆者が近年取組みを進めている、デザイン思考に基づく事業開発「ビジネスデザインシンキング」について触れておきたい。これは、一言でいうとデザイン思考でビジネスモデルを開発するということである。クリエイティブとロジックの融合ともいえるかもしれない。

　デザイン思考という単語もある意味Buzz Wordになっている。ここで、デザイン思考を「制限を設けずアイディアを出し、テストし、改良して解を導く思考」と定義する。ただし、これをそのままビジネスに適用するにはさまざまな壁が存在する。巷ではデザイン思考に対する疑念や不満も多い。よくいわれることは、「アイディアがそもそも出ない」「おもしろいが、ビジネスにつながらない」「プロダクト開発には使えるが、ビジネスモデル開発に使うにはリスクが高い（コスト面などから、やってみてから考えるアプローチはとりにくい）」といったことである。これをビジネスに適用するには何が必要だろうか。

　大きく二つの壁を超えることが必要だと考える。一つ目は、多様なアイディアの発現である。まさにデザイン思考の肝である。ビジネスにデザイン思考を適用する際には、さまざまな常識やしがらみが邪魔をする。これはプロダクトデザインのとき以上に、ビジネスを考える際に強固に人々の思考を縛っている。プロダクトはおもしろさを求められることが多いが、ビジネスはそれ以上に失敗をしないことが求められることが多い。したがって、ビジ

ネスシーンでは常識人であることが求められることが多い。そのため、いわゆるエリート、できる人ほど思考の枠を外して考えることが苦手になっていることが多い。実は（というほどでもないが）、この傾向が非常に強いのが金融機関に勤務されている方だと思われる。特に社会インフラとしての機能が強い銀行に勤務されている方ほど思考に枠をはめる傾向が強い。減点方式、リスク回避など、一定の枠内で動くことを染みつかせる風土が根強く、意識的・無意識的に思考がリスク回避＝常識に縛られる。そして、すべきことをせずに、できることをやろうとする。

この枠を壊す作業には何が必要であろうか。自ら枠を壊すことが困難であれば、外部の力を活用することである。ゼロベース思考など、思考プロセスのテクニック的な話は巷で書籍として紹介されており、知識としてはもっている人も多い。ただ、なかなか、染みついた思考方法は変えられないものである。われわれもプロジェクトでのワークショップでは、クライアントとは直接関係のない外部の方などに参加してもらうことがある。さまざまなものの見方、考え方をぶつけあうことで枠を壊すのである。

二つ目はビジネスモデルへの昇華である。アイディアはアイディアでしかない。企業としての責務はビジネスとして顧客に価値を提供することである。ビジネスモデルに昇華する際に考えるべきは、大きく7点である。①市場はあるのか／つくれるのか、②いつまでにどの程度の売上げ・利益を目指すか、③どこで売上げを獲得するか（Cash Pointsの確定）、④顕在・潜在競合にどう勝つか、⑤勝つために足りない機能をどう補完するか、⑥価格設定をどうするか、⑦結果をどのように評価するか、である。

ここで、従来のロジックに基づいたコンサルティングアプローチが必要になる。おもしろくてもビジネスとして成り立たなければ意味がない。ここで、出てきたアイディアがビジネスモデルとして成り立つか、成り立たせるためにはどうすべきかをロジックで徹底的に検証する。顕在市場はどの程度の規模か、成長性は見込めるか、市場が顕在化していない場合にはいつ頃市場が立ち上がるのか、自社のケイパビリティだけで勝てるのか、などをファクトベースで検証し、それを踏まえて、勝ち方を考える。そして、それをま

ずプロトタイプとしてやってみる。その結果を踏まえ、ビジネスモデルを修正していく。動きの速いFintechへの取組みこそ、このようなアプローチが有効なのではないだろうか。

　Fintechへの取組みという視点では、まずは、①の「市場はあるのか／つくれるのか」が重要であろう。Fintechの活用は誰のどういうニーズに応えるためなのか、どういう価値を出すためなのかを考えなければならない。特に市場が顕在化しておらず、これからつくらなければならない場合には、市場創造には自社の経営資源だけで十分なのか。自社だけでできない場合にはどういう協働ができるかを考えることが必要である。市場が顕在していない場合、市場に即したサービスや商品も顕在化していないと想定される。その場合は、既存の経営資源だけでは不足することが想定される。また、⑤の「勝つために足りない機能をどう補完するか」も重要だと思われる。本邦金融機関が最新のテクノロジーを内包することは現実的には難しい。行政に関するKSFでも触れたが、重要なのは自由に発想できる土壌である。前述のとおり、本邦金融機関では歴史的、風土的になかなかこの土壌を保有することが難しい。自前主義にこだわらず、外部連携を進め協働思考でビジネスモデルをつくりあげることが必要である。

　実際、欧米では金融機関はFintech企業とは連携するかたちでサービスを強化・拡充している。日本でもその動きは広まってきているが、まだまだ意識の面では自前主義を捨て切れていないのではないだろうか。

　これまでみてきた3点、「顧客思考」「データ活用力の向上」「自前主義からの脱却」を通じて、意識すべきは"選ばれるためには"ということである。金融機関が守られてきた時代は終わり、異業種も含めた競争にさらされている。金融機関がその存在価値を問われている。金融機関からのプロダクトアウト的発想では顧客がついてこない。金融機関が単独で提供できる価値には限界がある。Fintechとはそういう時代になったことを象徴する言葉であることを肝に銘じなければならない。

(2) 金融機関内部への価値提供

次に、「金融機関内部への価値提供」の視点で考えてみたい。Fintechの議論ではともすると顧客に対する金融サービス提供の視点、特にB to Cでの議論が中心となることが多い。しかしながら、Fintechが大きな意味をもつのは、金融機関内部への価値提供でも同じである。これは次に述べるテクノロジー関連企業にとってのKSFにも通ずるものがある。

「金融機関内部への価値提供」で注目すべきは「コスト」「セキュリティ」「プロダクション」である。

「コスト」については、テクノロジーの活用でコストをマネジメントすることが、これまで以上に成熟する。これまで人が行っていたことを自動化するなどで、コストを削減することが可能になると同時に、「何にどうコストをかけるべきか」をデータに裏付けられた分析により、日々のオペレーションでも判断することが可能となる。たとえば、ブロックチェーンの活用もコスト削減に寄与する。ブロックチェーンというと、その特徴であるレジャーの活用によるセキュリティに目が向きがちであるが、分散型レジャーの活用により、金融機関にとって最もコストのかかるインフラコストを大きく削減できると考えられる。もっとも、金融機関側のインフラに対する意識の変革がないと実現にはなかなか至らない可能性があるが。この点でも欧米の金融機関のほうが、意識の変革は一歩リードしているのではないか。

「セキュリティ」については、金融の信頼性を大きく左右する重要テーマである。Fintechの議論についても、その中心となることが多いが、どこまでセキュリティを高めても完璧だと言い切れることはないであろう。これは裏を返すと、どこまでも発展の余地が見出せるということである。特に、顧客に対する金融サービスが発展すればするほど、内部ではセキュリティ対応が強く求められる。Cobaltのように、懸賞金の提供といった動機づけを行い、外部のセキュリティ専門家にセキュリティ状況を検査してもらうようなサービスも出てきている。しかしながら、金融機関の視点では、セキュリティを担保するのは最終的には自社で行うべきであろう。いくら外部の専門

家にセキュリティを担保してもらっても、信頼性を失うのは自社のサービスである。何かあった際に、外部の専門家に依頼していましたといっても、自社の信頼性の毀損を回避できることにはつながらない。金融機関内部への価値提供という視点では、セキュリティこそが最も強化すべきものであることは疑いようがない。ただし、セキュリティについては、いたちごっことなりやすいがゆえ、外部の最先端技術の自社内への取込みは不可欠である。Fintechというと、ともすると売上げや収益を高める方向性に議論が行きがちではあるが、特に、金融機関として自社のケイパビリティを高める必要が高いのは、セキュリティ分野である。いかに、最先端のセキュリティ技術を獲得していくか、それには技術をもった企業のM&Aも含めた相応の投資がこれからは必要であろう。

「プロダクション」については、Fintechの発展による金融業界の変化と密接に関係する。新しい商品やサービスを開発していくことで、これまでの金融業界では考えられなかった価値を社会・顧客に提供できるかもしれない。ただし、そこにはマーケティングとテクノロジーへの深い理解が不可欠である。そして、それを金融という視点でみつめ直す柔軟性が必要である。いまの金融業界には残念ながらこれらの経験や知識をもった人材はきわめて少ない。このような人材を育成するためには、積極的な外部とのつながりによる、情報の入手と刺激の享受が必要であろう。そしてそのためには、経営にそのような人材を育成する意思が必要である。昨今、金融機関ではFintechに関するコンテストのようなものを積極的にやり、新しい技術や人材を発掘する動きが出ている。これらには数千万円の投資を行う動きもある。その投資を自社での人材開発に向けることも必要ではないだろうか。数千万円の投資は、外部の企業にとっては人を年間1人雇うだけで終わってしまう。これでは、有効な投資とはいえない。これは、海外でFintech企業の調達額をみていくとわかりやすい。たとえば英国のビジネスローン専門P2Pプラットフォームであるファンディング・サークルは、1億ドルを調達している。出資企業には米STグローバル、Global、スコットランドのベイリー・ギフォード、英ブラックロックといった企業が名を連ねている。この例をもって、す

べてのFintech企業への出資について語るつもりはないが、資金が多いほうが商品・サービス開発の自由度とスピードが高まるのは事実であろう。もし、日本の金融機関が、Fintech企業に投資するのであればもっと多額の投資で、積極的に支援すべきであるし、そうでなければ内部の人材にその金額を投資し、外部との交流を進めてFintechの"ハブ"として機能させるほうがいいのではないだろうか。テクノロジー企業、情報サービス企業等への積極的な出向などを通じて人材を戦略的に育成していくことも、今後は必要であろう。

【参考文献】
◆『金融機関の新・顧客データ戦略SVoC―CRMを超えて―』金融財政事情研究会
◆ZUU Online　https://zuuonline.com/archives/82426/2

〔3〕 テクノロジー関連企業

　それでは、次にテクノロジー関連企業について考えてみたい。考えるべきは、サービスや商品の提供先である。個人なのか、事業法人なのか、金融機関なのか。そして、それらに、何を価値として提供するかである。テクノロジー関連企業に関するKSFは共通のものと、サービスや商品の提供先に応じたものがあるが、まずは共通のKSFを考えてみたい。

　共通のKSFとしては、金融に関する理解が重要である。当たり前のことではあるが、金融への理解なしにFintechには取り組めない。ただし、ここで注意が必要なのが、金融を理解するということは教科書的な金融知識の理解という意味ではない。理解すべきは、金融がどう社会で機能し、生活にどうかかわっているかである。これは、当たり前のようでできていない方も多いのではないだろうか。

　言い換えると、社会にとって、金融そのものの価値は何かを理解することである。テクノロジーとして可能だから、サービスや商品を開発するということではなく、あくまで金融のもつ価値を実現し、社会に提供するためにテクノロジーを活用するのである。

これまでのわれわれのコンサルティング経験で感じている、テクノロジー関連企業でよくみられる落とし穴として、テクノロジーへの過度な期待・信頼がある。テクノロジーへの過度の期待・信頼は、特に先端のテクノロジーを武器にしている企業は気をつける必要がある。Fintechについては、ともすると、ブロックチェーンといったテクノロジーに関する用語が先頭に立ち、社会への位置づけやユーザーの視点が抜け落ちた議論になりがちである。技術のすごさを競うことは避けなければならない。

　その視点から必要なのは、テクノロジー企業における社会洞察の機能である。未来研究所のようなものかもしれない。IoTの進展などで、テクノロジーと金融も融合が進むことが想定される。ますます、テクノロジー企業は技術だけとはいっていられない状況になっていくと想定される。

　次に、サービスや商品の提供先に応じたKSFについて考えてみたい。個人へのサービスや商品の提供については、"使いやすさ""わかりやすさ"が重要である。もっというなれば、金融関連のサービスや商品だと認識されずに生活の一部として組み込まれるくらいが望ましい。たとえば、コンビニエンスストアATMやインターネットバンキングなどは、既にあって当たり前のものとなっている。しかしながら、30年前、50年前には、サービスとしては存在していなかったものも多い。ある意味、これらはFintechだといえる。

　最近では、家計簿サービスが代表的な例になるだろう。まさに生活の一部としての活用が進んでいる。利用者には金融サービスを利用しているという意識は少ない。今後、あって当たり前のものになる可能性がある。

　また、一方では、日本においても金融に対して敏感な層も出現してきている。これは、日本においても金融に対する意識・風土が変化してきていることが背景にある。この層に対しても、同様に"使いやすさ""わかりやすさ"が重要になる。ただし、この層に関しては生活サービスというよりも金融サービスとしての"使いやすさ""わかりやすさ"が求められる。昨今の複雑さを増す金融をより"使いやすく""わかりやすく"する視点でのサービスや商品の提供が必要である。

　サービスや商品の提供先が事業会社になる場合のKSFは何であろうか。も

ちろん、対象となるテクノロジーの水準は不可欠である。ただし、それ以外にはないであろうか。これも、事業会社にとっての金融を理解することから始まる。事業会社にとっての金融は、大きく二つに分かれる。一つは資金繰りであり、財務である。多くの事業会社では、収益源として金融をとらえるよりも、経営の安定性を確保することに主眼が置かれる。したがって、安定性を念頭に置いたサービスや商品開発のニーズが高いのではないか。もう一つは金融そのものを事業として営む場合である。こちらはその時点で金融機関と同じ考え方になろう。ここで注意が必要なのは、事業会社が金融機関と同じ土俵に立つということである。一般的に、事業会社は事業として金融を行うための基礎的な経営資源が少ない。したがって、テクノロジーだけを提供しても事業としてはうまくいかない場合がある。場合によっては、今後、テクノロジー提供企業が金融事業そのものをコーディネートする機能が求められるかもしれない。従来の金融機関にその機能を求めることも考えられるが、従来の金融機関にとっては、競合を増やす行為になるため現実的には、期待しづらい。したがって、単にテクノロジーの提供だけではなく、金融を事業として行うためのコンサルティング機能も保有することが必要となるかもしれない。

　金融機関に対してサービスや商品を提供する場合は、どうであろうか。一言でいえば、"ビジネスパートナー"として対等な関係を結ぶことである。加えて、金融機関が潜在顧客として考えているユーザーのニーズをきちんと汲み取ることである。ともすると、金融機関との取引において、テクノロジー提供企業は、下請的な関係が結ばれてしまうことがある。結果、前述したように金融機関視点でのサービスや商品を開発することになりがちである。ユーザーニーズをきちんと汲み取り、それに基づいて、対等な立場で一緒に新しいサービスや商品をつくりあげていくという意識が重要である。また、金融機関はテクノロジーをどう活用すべきかについての知見をそれほどもっていない場合も多い。従来のシステム開発などは、業務要件定義はユーザー側で行うことが多いが、Fintechについては、テクノロジー提供企業側が業務要件定義についてもリードする必要があるかもしれない。Fintechの

場合はテクノロジーの進化も速く、システム上の制約がなくなる可能性もあり、テクノロジー側で最新の状況を把握しながら業務要件定義についても関与を深めるべきだと思われる。そのためにも、金融機関が何に困っているか、金融の最前線では何が起きているかをきちんと理解することがきわめて重要である。金融機関の深部はなかなか表には出てこない。金融機関からの人材採用や定期的な情報交換の仕組みなど、金融機関の真の課題をタイムリーに把握する仕組みを構築することが必要となろう。

〔4〕 金融情報企業

次に、金融情報企業について考えてみたい。

Ⅱ章で示したように、金融情報については比較的新しい金融サービスとして考えられる。もちろん、以前から、金融業は情報産業の側面もあり情報の非対称性を活かすことが事業の特性となっていた。しかしながら、現在はインターネットの普及もあり、情報が氾濫している。従来の情報の非対称性のみで金融事業としての優位性を築くことは困難になってきている。

それでは、新しい時代の金融情報企業に求められる姿とはどういうものであろうか。それは、情報の非対称性に立脚した価値提供ではなく、氾濫する情報に解釈を加えて先を読むことだと考える。すなわち、情報ではなく、データとしての価値に重きを置くことであろう。

これは、AIの発達とも関係する。AIの活用が金融の現場でも進んでいる。しかしながら、現時点での活用は、まだ金融に新しい価値をもたらせているとは言いがたい。今後は金融でも、よりAIの活用が進むであろう。金融情報企業が情報を提供することで価値を認められる時代は終わりを迎えつつある。

この動きは、法人に対するFintechでの事業機会の拡大可能性が高まることを意味する。個人との金融取引に比べ、法人の金融取引は取引当りの金額も大きい。また、これまでFintechが個人取引中心で議論されてきており、法人向けのサービスや商品はそれほど多くない。既存のサービスや商品も、

決済の簡略化や融資における与信判断といった商業銀行業務にその多くが存在する。今後は、AIの活用によるM&Aのマッチングやリスクマネジメントなどにも広くサービスや商品が登場してくるのではないだろうか。

〔5〕 ユーザー（法人・個人）

　ユーザーにとってのFintechへの取組みのKSF。これは、安易に新しさに飛びつかないことではないだろうか。Fintechに関する商品やサービスは、今後、次々に世のなかに提供されてくると想定される。しかしながら、その商品やサービスが本当に必要なものかはじっくりと吟味しなくてはならない。ユーザーの立場からみると、多くの商品やサービスは利便性を追求したものだと思われる。これは裏を返すと、なくても何とでもなるものであることも意味する。もちろん、効率性など、大きく便益が獲得されるものもある。しかしながら、本当に必要とするものは限定的であろう。何が必要なのかを考える力が問われる。

　そのためには、"受け身の姿勢"から"積極的に金融を考える姿勢"への変換が求められる。個人・法人問わず、テクノロジーの進化により、金融の意味・価値を提供するのは、金融機関のみではなくなっていることを前提に、どう自らの金融戦略を考えていくかが問われている。既存の金融機関にとっては脅威以外のなにものでもないが。

2 日本のFintechの未来

　ここまで、Fintechに取り組むKSFについて考えてきた。最後に、日本のFintechの未来について考えてみたい。

　かつて、『銀行が小売業になる日』という書籍が出版されて話題になった。1999年に発行され、ビッグバンと情報通信革命が流通と金融の業態融合を進展させることを記載したものである。それから、約17年たち、規制緩和やリーマンショックなどもあり、メガバンクや地域金融機関、証券会社、生命保険会社、損害保険会社の数が少なくなった。そして、近年のFintechである。本邦金融機関を取り巻く環境は大きく変わった。ビル・ゲイツのいった"Banking is necessary, but banks are not"は現実のものとなりつつある。金融の中心プレイヤーが既存の金融機関から、テクノロジー提供会社や事業会社に移る可能性が出てきている。

　これは本邦金融機関に限ったものではない。グローバルでテクノロジーの変化が金融業界に大きく影響を与えている。今後、金融業界はどう変化していくのだろうか。その時に重要なキーワードであろうFintechはどうなっているのか。

　これはさまざまな方がいろいろな御意見を述べている。一つだけはっきりといえることがある。それは金融事業においてグローバル化、ボーダレス化、自由化の三つの"化"は避けられないということである。

　結果、金融業界という言葉のもつ意味が大きく変化していくであろう。金融業界は大きく二分化していくのではないだろうか。よりグローバルに専門性を追求した金融企業を中心としたプロ金融の世界、より身近な空気のよう

な存在として備わっている生活金融の世界。前者はより少数精鋭が専門的に金融に取り組む。誤解をおそれずにいうなれば、閉じられた金融業界が形成され、そこでは最先端のテクノロジーを活用して"勝負"する。一方で、生活金融では小売りや流通といった生活産業との融合が進む。法人取引でも融資などの自動化が進み、価値の源泉が変化する。より利便性が追求される。セキュリティやコスト面でも進化が進み、より自由に法人・個人のユーザーニーズに応えることが可能となる。

　いずれにしても、Fintechにより新しい金融業界が出現する。

　本邦金融機関や金融事業を営むプレイヤーは三つの"化"を意識した経営戦略・事業戦略を立案・推進していく必要がある。日本の金融業界はこれまでガラパゴス化が許されてきた。今後はそれが許されない状況になる。行政のコントロールも効かない可能性がある。であれば、思い切った発想の転換が必要ではないだろうか。現在の多くの金融機関は、メーカーに例えると、研究開発、企画、製造、販売、アフターサービスといったバリューチェーンをすべてそろえている。Fintechにより、バリューチェーンの各要素で革新が起こることが想定される。その際に、それをすべて自社で対応していくのには限界があると思われる。また、金融事業を営むプレイヤーは"何に強いのか"を明確にしていかないと、金融機関内部および顧客の双方から相手にされなくなる可能性がある。総合力で勝負できるプレイヤーは一握りであろう。

　自社が金融業界でどういう価値を出すべきかを考える必要がある。おそらくプロ金融の世界で生き残れる企業は少ないであろう。金融とテクノロジーの両方で先端知識を保有し、新しい価値をプロの世界で生み出さなければならない。これは、意識変革ができなければ、本邦金融機関や金融事業を営むプレイヤーが挑もうとすべきではない。いわゆる尖ったものを称賛する意識変革が必要である。そこには、人材の入替え、組織変革も含め、大きな企業変革に着手する必要がある。それもすぐにでも。

　一方、生活金融の世界での新しい金融機関像や金融へのかかわりを考えることは、本邦金融機関や金融関連企業にとっては現実的かもしれない。ただ

し、その場合、顧客志向の徹底が不可欠である。また、生活を支える事業や技術のボーダレス化が進むことで、外部連携の強化や発想の転換も不可欠であろう。さらにいうなれば、グローバル化の進展で顧客の意識もグローバル化が進む。それに対応するためには、金融機関や金融関連企業にもより一層のグローバル化が求められる。これらを進めるには、既存の金融の常識にとらわれず、社会や顧客の変化に柔軟に対応してくことが必要である。この場合にも意識の変革は急務である。

自社がどういう価値を社会に提供していくのか。Fintechにより金融業界という枠組みがこれまでと異なってくる可能性が高いいまこそ、金融に関係する企業・社員は真剣に考えなければならない。

日本は戦後の復興から一貫して国力の向上に金融が大きな役割を担ってきた。今後もそれは変わらないであろう。ただし、金融業界の意味合いが変化し、求められる金融機関や金融関連企業が変化していくことが想定される。日本のFintechの未来はその変化にいかに行政・業界・企業が対応できるかにかかっている。

いまこそ、グローバルの視点で世界の発展に対し、日本の金融が大きな価値を出すことを期待したい。

補章

Fintechに関する法務フォローアップ

1 平成28年銀行法等改正等に係る政令・内閣府令等の改正・制定

　2017年3月24日、金融庁は、平成28年通常国会で成立した銀行法等改正法の施行に伴い、銀行法施行令等の政府令の改正・制定の内容を公表した[1]。また、同日、情報通信技術の進展等の環境変化に対応するための銀行法等の一部を改正する法律の施行期日を定める政令（平成29年政令第46号）が公布されたことにより銀行法等改正法の施行期日は2017年4月1日と定められ、上記政府令の改正・制定の施行期日も同日とされた（一部の規定の施行期日は同年3月25日）。ここでは、上記2017年3月24日現在の情報に基づき、当該政令・内閣府令等の主要な内容について簡潔に述べるにとどめる。

〔1〕 銀行法施行規則等の改正

　銀行法との関係では、主に①金融グループにおける経営管理の充実（下記(1)）、②共通・重複業務の集約等を通じた金融仲介機能の強化（下記(2)）、③ITの進展に伴う技術革新への対応（下記(3)～(5)など）について銀行法施行規則等の改正が行われた。

(1) 金融グループにおける経営管理の充実

　Ⅰ章3〔1〕(1)で述べた銀行持株会社またはグループ頂点の銀行による金

---

[1] 金融庁「『銀行法施行令等の一部を改正する政令等（案）』等に対するパブリックコメントの結果等について」（2017年3月24日）（http://www.fsa.go.jp/news/28/ginkou/20170324-1.html）。

融グループの経営管理について、銀行法施行規則34条の14の2（銀行については17条の5の3）において詳細が明記されている。

たとえば、改正銀行法52条の21第4項1号については、①グループの収支、資本の分配および自己資本の充実に係る方針その他のリスク管理に係る方針、②災害その他の事業が発生した場合におけるグループの危機管理に係る体制の整備に係る方針である。

(2) 共通・重複業務の集約等を通じた金融仲介機能の強化

a．銀行持株会社による共通業務の執行

銀行法施行規則34条の14の3は、Ⅰ章3〔2〕(1)で述べた、改正銀行法52条の21の2に定める銀行持株会社グループ内の共通業務であって銀行持株会社が行うことがグループの一体的かつ効率的な運営に資する業務の類型を列挙している。

たとえば、①グループに属する銀行等の資産の運用、②グループに属する会社のためのM＆A等に関する交渉、③グループに属する銀行等が信用供与を行おうとする場合の当該信用供与のための審査、④グループに属する会社のためのシステムの設計、運用、保守またはプログラムの設計、作成、販売、保守、⑤グループに属する会社の業務に関する広告・宣伝、⑥グループに属する会社の役職員に対する教育・研修等、多岐にわたる。

b．グループ内の資金融通の容易化

Ⅰ章3〔3〕で述べた、改正銀行法13条の2ただし書後段に定めるグループ内の銀行間取引についてアームズ・レングス・ルールの適用を柔軟化する際の要件については、銀行法施行規則14条の8に定められた。そこでは、当該銀行の経営の健全性を損なうおそれがないことのほかは、当該銀行間取引（グループ内の銀行間取引または行為で、その条件が当該銀行の取引の通常の条件に照らして当該銀行に不利益を与えるもの）の条件を明確に定めていることであるとされ、詳細な要件は規定されていない。なお、当該取引の条件を明確に定めることについては、「社内規定等」で定める必要があり、他者との間の契約書において定めることは不適当とされている[2]。

(3) 5％ルール・15％ルールの制限を超えてFintech企業に出資するための認可の審査基準

　Ⅳ章1〔1〕(2) a .で述べたとおり、銀行・銀行持株会社は、認可を受ければ、銀行業の高度化や利用者利便の向上に資する（または資すると見込まれる）業務を営む会社に対して、5％ルール・15％ルールの制限を超えて、出資できるようになったが、その認可に係る審査事項等が規定された。

　それによれば、当該「認可」（改正銀行法16条の2第7項、52条の23第6項）を受けるためには、審査基準（平成29年改正銀行法施行規則17条の5の2第2項、34条の19の2第2項）に適合しなければならない。審査基準のポイントはおおむね次のとおりである。

・銀行の資本金の額
・銀行の最近における業務・財産・損益の状況が良好であるか
・出資が全額毀損しても銀行・銀行持株会社やその子会社等の財産・損益の状況が良好と見込まれるか
・銀行・銀行持株会社やその子会社等の収支とその推移
・出資先が業務を的確かつ公正に遂行することができるか
・銀行業の高度化や利用者の利便の向上に資すると見込まれるか
・銀行の業務の健全かつ適切な運営への支障・優越的地位の濫用・顧客の利益の不当な侵害の著しいおそれの有無

　認可申請が行われる業務には多種多様なものが想定されることに鑑み、認可の審査に当たっては現時点では業態ごとの審査基準を策定せず柔軟に対処するとのことである（銀行法等改正法政府令パブリックコメント4～5頁質問番号14番に対する回答）。出資先が「銀行業の高度化若しくは当該銀行の利用者の利便の向上に資する業務又はこれに資すると見込まれる業務」以外の業務を兼営している場合であっても、そのことで直ちに認可の対象外とはせず

2　金融庁「コメントの概要及びそれに対する金融庁の考え方」(http://www.fsa.go.jp/news/28/ginkou/20170324-1/01.pdf)（以下「銀行法等改正法政府令パブリックコメント」という）3頁質問番号10番に対する回答。

（同5頁質問15～17番に対する回答）、上記銀行の業務の健全かつ適切な運営への支障の「著しいおそれの有無」という文言が使われている点についても、「申請銀行の業務の健全かつ適切な運営に支障を来す著しいおそれがない限り広く出資を認めよう」という趣旨とのことであり（同5～6頁質問18番に対する回答）、銀行による柔軟な業務展開を可能としようという方向性が示されているといえる。

今後、実際の審査がどのように行われ、どのような制度利用につながるのかが注目される。

(4) 収入依存度規制の緩和

Ⅳ章1〔1〕(2)b.で述べた銀行グループ・銀行持株会社グループに対する収入依存度規制の緩和について、具体的な内容が規定された（平成29年改正金融庁告示2条1項1号、7条1項1号）。

それによると、収入依存度規制を一律50％とする規制を維持しつつも、一定の業務（システム管理やATM保守など）については、その会社の親銀行グループ等からの収入が総収入の40％以上であれば足りるとして、収入依存度規制が一部緩和された（換言すれば、収入依存度要件が緩和される業務が指定された）。

(5) キャッシュアウトサービス

Ⅲ章2〔1〕(1)b.および(2)で言及したキャッシュアウトサービスはデビットカードを活用することにより小売店のレジ等で現金を受け取ることができるサービスであるが、日本ではATMが普及しているため、このようなキャッシュアウトサービスはなく法令上も規定がなかった。

銀行法施行規則13条の6の4では、預金の受払事務の委託等の規定にATMの場合と並んでキャッシュアウトサービスの場合に講じなければならない措置について追加的に規定されている。日本では電子マネーが普及しているため、デビットカードの普及が遅れているが、今回の改正はデビットカードの活用範囲を広げるものといえる。

〔2〕 仮想通貨交換業

　平成28年銀行法等改正等に係る政令・内閣府令等改正・制定のうち、Ⅳ章1〔2〕(4)で述べた仮想通貨に関する規制に関連するものは以下のとおりである。
- ・資金決済に関する法律施行令
- ・犯罪による収益の移転防止に関する法律施行令
- ・附則関係
- ・仮想通貨交換業者に関する内閣府令
- ・犯罪による収益の移転防止に関する法律施行規則
- ・仮想通貨交換業に係る事務要領等についての「事務ガイドライン（第三分冊：金融会社関係）16.仮想通貨交換業者関係」（以下「仮想通貨ガイドライン」という）

以下、いくつかのポイントをかいつまんで紹介する。

(1) 仮想通貨交換業者に対する登録制の導入

　仮想通貨交換業者に関する内閣府令9条によれば、登録を受けるための財産的基礎として、資本金の額が1,000万円以上であること、純資産額がマイナスでないことが必要とされる。内部管理体制等については、利用者保護の観点から仮想通貨交換業者に関する内閣府令および仮想通貨ガイドラインにおいて詳細に定められているが、そのこととのバランスからすると、財産的基礎要件は比較的緩やかであるといえる。

　なお、仮想通貨交換業者の業態や規模等が多岐にわたることから、登録申請書の具体的な記載方法については、実務上、当局への事前相談や照会をすることが想定される（銀行法等改正法政府令パブリックコメント28頁質問番号3～5番に対する回答等）。

(2) 利用者が預託した金銭・仮想通貨の分別管理

　利用者の金銭の管理方法は、①銀行等への預貯金、または②信託銀行への金銭信託で元本補填の契約のあるものとされる（仮想通貨交換業者に関する内閣府令20条1項）。仮想通貨ガイドラインⅡ-2-2-2-2(1)④によれば、①の銀行預金等の場合、仮想通貨交換業者が管理する帳簿上の利用者財産の残高と、利用者財産を分別管理している銀行等の口座残高を毎営業日照合し、後者が前者に満たない場合には当該不足額を解消することが求められる（2営業日以内の解消が望ましいとされる）。

　また、利用者の仮想通貨の管理方法には、仮想通貨交換業者が自己で管理する場合と第三者をして管理させる場合とがあり、いずれにおいても利用者の仮想通貨と自己の固有財産である仮想通貨とを明確に区分させ、かつ、当該利用者の仮想通貨についてどの利用者の仮想通貨であるかが直ちに判別できる状態で管理することが求められる（同条2項）。仮想通貨ガイドラインⅡ-2-2-2-2(1)③によれば、仮想通貨交換業者が管理する帳簿上の利用者財産の残高と、ブロックチェーン上の利用者財産の有高を毎営業日照合し、後者が前者に不足する場合には5営業日以内に当該不足額を解消することが望ましいとされる。

(3) 本人確認

　Ⅳ章1〔2〕(4)b.(e)で述べたとおり、仮想通貨交換業者は改正犯罪収益移転防止法において「特定事業者」に含まれることになり、取引時の本人確認等の義務を負うこととなった。犯罪による収益の移転防止に関する法律施行令7条1項1号は、取引時確認が要求される「特定取引」について定めており、これまでの同号イ〜カの取引に続いて以下の取引が追加された。

　ヨ　仮想通貨の交換等を継続的にもしくは反復して行うこと、または仮想通貨の交換等に関して利用者の金銭もしくは仮想通貨の管理をすること、を内容とする契約の締結

　タ　仮想通貨の交換等であって、当該仮想通貨の交換等に係る仮想通貨の

価額が200万円を超えるもの
レ　仮想通貨交換業に関し管理する顧客等の仮想通貨を当該顧客等の依頼に基づいて移転させる行為であって、当該移転に係る仮想通貨の価額が10万円を超えるもの

タおよびレに関し、同一の顧客等との間で2回以上の取引が同時にまたは連続して行われる場合において、金額を減少させるために一つの取引を分割したことが一見して明らかな場合には、当該2回以上の取引は1回の取引とみなされる（同条3項）。

なお、銀行法等改正法の施行の際に仮想通貨交換業を行っている事業者は、改正資金決済法に基づく登録を受けるまでの間、仮想通貨交換業者とみなされて（みなし仮想通貨交換業者）同法の規定が適用される（銀行法等改正法附則8条2項）。この場合、改正資金決済法に規定する仮想通貨交換業者を特定事業者とする改正犯罪収益移転防止法も、みなし仮想通貨交換業者に適用されることとなる。したがって、銀行法等改正法の施行の際に仮想通貨交換業を行っている事業者は、登録までの間も、顧客等と特定取引を行う際には、改正犯罪収益移転防止法に従って取引時確認を行う必要があることに注意を要する（銀行法等改正法政府令パブリックコメント65頁質問番号7番に対する回答）。

2 平成28年改正割賦販売法に伴う省令改正案の検討

Ⅳ章1〔5〕(3)*で述べたとおり、改正割賦販売法は、2016年12月2日付で成立、同月9日に公布され、公布の日から1年6月内に施行される。同法との関連で、2017年2月17日開催の第17回割賦販売小委員会において省令改正案についても検討されている。以下ではその一部を紹介する。

〔1〕 アクワイアラーまたは決済代行業者(PSP)の登録について

改正割賦販売法では、加盟店に対しクレジットカードの取扱いを認める契約を締結する事業者であるアクワイアラーまたはPSPについて登録制が導入され（同法35条の17の2）、加盟店契約の締結業務および加盟店調査の適確な実施を確保するために必要な体制整備が求められる（同法35条の17の5第1項8号）。必要な体制整備がどのようなものであるかは省令に委ねられており、アクワイアラー等に対し加盟店契約の締結業務および加盟店調査に係る委託先の管理を求めるべきかどうかが検討されている。

また、アクワイアラーがPSP経由で加盟店契約を行う場合に両者のいずれが加盟店調査の義務を負うかという点も検討されており、その一環として、アクワイアラーのPSPに対する加盟店調査に関する包括的授権があるかという観点から両者間の契約内容に応じて個別に判断すべきかどうかも検討課題とされた。

〔2〕 加盟店における書面交付義務の見直し

　改正割賦販売法30条の2の3第4項では、クレジットカード利用時（分割・リボ払い等2月超）における加盟店の書面交付義務を情報提供義務としたうえで、情報提供事項のうち商品等の引渡し時期と契約の解除に関し提供すべき情報の内容についても一部を改正している。「消費者にとって、取引のどの段階でどのような情報が必要か、また、それを誰から提供させるべきか」という観点から、上記情報提供事項についても、再整理する方向で検討されている。

3 平成29年銀行法等改正等

　2017年3月3日、「銀行法等の一部を改正する法律案」が第193回国会に提出された[3]。

　本書においても随所で述べてきた（Ⅱ章1〔1〕(6) c．、Ⅱ章3〔2〕(1)、Ⅲ章4〔1〕・〔2〕(4)、Ⅲ章5〔2〕およびⅣ章1〔1〕(2) a．参照）銀行API（Application Programing Interface）のオープン化に関する、重要な法律案である。

　この法律案は、情報通信技術の進展等のわが国の金融サービスをめぐる環境変化に対応し、金融機関と金融関連IT企業等との適切な連携・協働を推進するとともに利用者保護を確保するため、電子決済等代行業者に関する法制の整備等の措置を講ずる必要があることから提案された[4]。

　よりわかりやすくいえば、Fintechの動きが世界的規模で加速している状況において、利用者保護を確保しつつ、金融機関とFintech企業とのオープンイノベーションを進めていくための制度的枠組みを整備しようとするものである。顧客と金融機関の間にFintech企業が介在するビジネスにおいて、現状では、顧客が提供するID・パスワード等について情報セキュリティ等の利用者保護上の懸念があったこと、Fintech企業と金融機関の連携・協働が進みにくかったことに加え、介在するFintech企業の法的な位置づけが不

---

[3] 金融庁「国会提出法案」のウェブページ（http://www.fsa.go.jp/common/diet/index.html）のうち「国会提出法案（第193回国会）」の欄に掲載されている資料を参照されたい。

[4] 銀行法等の一部を改正する法律の「理由」（http://www.fsa.go.jp/common/diet/193/01/riyuu.pdfで閲覧できる同法律案220頁）。

安定であったことなどが問題点と認識されていたが[5]、これらの点を解消することをねらったものである（図表補-1）。

施行期日は公布日から起算して1年を超えない範囲内において政令で定める日とされているが、銀行等の対応について特別な措置が講じられている点も特徴的である。

以下、当該法律案の概要について述べる。以下では、当該法律案を「平成29年銀行法等改正法案」（施行された場合を想定した場面では「平成29年銀行法等改正法」）といい、平成29年銀行法等改正法案による改正が行われたと仮定した場合におけるその改正後の銀行法を「平成29年改正銀行法」という。

〔1〕 電子決済等代行業

(1) 電子決済等代行業の定義および登録制

まず、平成29年銀行法等改正法案は、「電子決済等代行業」の定義を定め、これを登録制として登録を受けた者でなければ行ってはならないこととした（平成29年改正銀行法52条の61の2関係）。

「電子決済等代行業」とは、次に掲げる行為のいずれかを行う営業をいう（同法2条17項。詳細な部分について省略した箇所がある）。

① 銀行に預金口座を開設している預金者の委託を受けて、情報処理システム（法文上は「電子情報処理組織」）を使用する方法により、口座に係る資金を移動させる為替取引を行うことの当該銀行に対する指図（簡単にいえば、支払・送金の指図）の伝達を受け、これを当該銀行に対して伝達すること。

② 銀行に預金等の口座を開設している預金者等の委託を受けて、情報処理システムを使用する方法により、銀行から口座に係る情報を取得し、これを当該預金者等に提供すること（他の者を介する方法により提供する

---

[5] 金融庁「銀行法等の一部を改正する法律案の概要」（http://www.fsa.go.jp/common/diet/193/01/gaiyou.pdf）。

図表補-1　銀行法等の一部を改正する法律案の概要

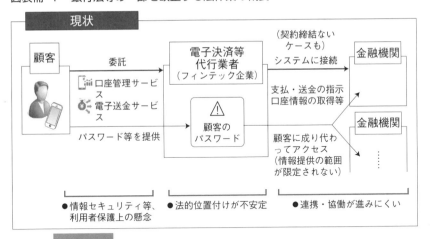

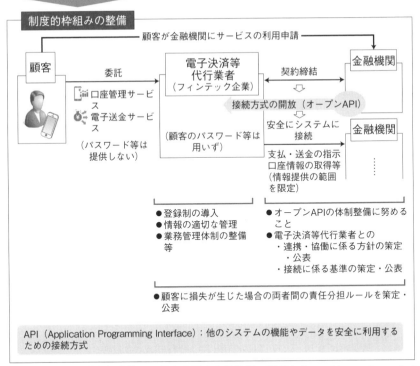

（出所）　金融庁「銀行法等の一部を改正する法律案の概要」（http://www.fsa.go.jp/common/diet/193/01/gaiyou.pdf）

ことおよび当該情報を加工した情報を提供することを含む)

(図表補-1のうち「制度的枠組みの整備」欄において、顧客と電子決済等代行業者の間の「委託」、および電子決済等代行業者と金融機関の間の「支払・送金の指示」「口座情報の取得等」と記載されている箇所を参照されたい)。

なお、①の預金者の特定の者への定期的な支払を目的として行う①の行為など、利用者の保護に欠けるおそれが少ないと認められるものとして内閣府令で定める行為は、電子決済等代行業の範囲から除かれている。

そして、電子決済等代行業は、内閣総理大臣の登録を受けた者でなければ、営むことができないとされた(同法52条の61の2。この登録を受けて電子決済等代行業を営む者は、「電子決済等代行業者」と定義された。同法2条19項)。

登録を受けるためには一定の書類を提出しなければならず(同法52条の61の3)、(a)電子決済等代行業を適正かつ確実に遂行するために必要と認められる内閣府令で定める基準に適合する財産的基礎を有しない者や、(b)電子決済等代行業を適正かつ確実に遂行する体制の整備が行われていない者の登録は拒否される(同法52条の61の5第1項1号イロ)。実務上、これらの規定がFintech企業にとっての負担とならないかどうかが注目される。

(2) 電子決済等代行業者の体制整備・安全管理に係る措置

電子決済等代行業者は、利用者に対する一定の説明を行い、また、電子決済等代行業に関し、健全かつ適切な運営(電子決済等代行業と銀行が営む業務との誤認を防止するための情報の利用者への提供、電子決済等代行業に関して取得した利用者に関する情報の適正な取扱いおよび安全管理、電子決済等代行業の業務を第三者に委託する場合における当該業務の的確な遂行など)を確保するための措置を講じなければならず(平成29年改正銀行法52条の61の8第1項・第2項)、利用者のため誠実にその業務を行わなければならない(同法52条の61の9)。

(3) 電子決済等代行業者の銀行との契約締結等

また、電子決済等代行業者は、電子決済等代行業を行う前に、銀行との間

で電子決済等代行業に係る契約を締結して、次の事項など一定の事項をその契約に定め、かつインターネットの利用等の方法で公表し、当該契約に従って電子決済等代行業を行わなければならない（平成29年改正銀行法52条の61の10）。

① 利用者に損害が生じた場合における賠償責任の分担に関する事項
② 業務に関して取得した利用者に関する情報の適正な取扱いおよび安全管理のために行う措置

(4) 銀行におけるオープンイノベーションの推進に係る措置

その一方で、銀行の側にも、一定の義務・努力義務が課されることとなった。

a．オープンAPI導入に係る努力義務

電子決済等代行業者との間で上記(3)の契約を締結しようとする銀行等は、平成29年銀行法等改正法施行日から起算して2年を超えない範囲内において政令で定める日までに、当該電子決済等代行業者が、その営む電子決済等代行業の利用者から当該利用者に係る識別符号等を取得することなく当該銀行等に係る電子決済等代行業を営むことができるよう、体制の整備に努めなければならない（平成29年銀行法等改正法附則11条1項）。

ここでいう「識別符号等」とは、銀行が、情報処理システムを利用して行う役務の提供に際し、その役務の提供を受ける者を他の者と区別して識別するために用いる符号その他の情報をいう（同条2項）。

要するに、利用者からID・パスワードなどを取得しなくても電子決済等代行業者が電子決済等代行業を営むことができるような体制の整備が、銀行の側に（努力義務ではあるが）求められたことになり、オープンAPIの導入が促されたことになる。

b．電子決済等代行業者との連携・協働に係る方針の決定・公表義務

また、銀行は、平成29年銀行法等改正法公布の日から起算して9カ月を経過する日までに、主務省令で定めるところにより、電子決済等代行業者との連携および協働に係る方針を決定し、これを公表しなければならない（平成

29年銀行法等改正法附則10条1項）。

c．電子決済等代行業者との接続に係る基準の作成・公表義務

銀行は、電子決済等代行業に係る契約に定められた上記(3)①および②などの事項に加え、当該契約を締結するにあたって電子決済等代行業者に求める事項の基準を作成し、インターネットの利用その他の方法により公表する義務を負い、当該基準を満たす電子決済等代行業者に対し不当に差別的な取扱いを行ってはならないこととされた（平成29年改正銀行法52条の61の10第3項、52条の61の11）。

(5) 監督規定の整備

電子決済等代行業者に関し、帳簿書類・報告書の作成、報告・資料の提出命令、立入検査、業務改善命令、登録の取消し、登録の抹消等の監督規定が設けられる（平成29年改正銀行法52条の61の12～52条の61の18）。

〔2〕 認定電子決済等代行事業者協会に関する規定の整備

以上に加えて、認定電子決済等代行事業者協会に関する規定が整備された。

「認定電子決済等代行事業者協会」とは、平成29年改正銀行法52条の61の19の規定による認定を受けた一般社団法人をいう（同法2条19項）。

電子決済等代行業者が設立した一般社団法人であって、電子決済等代行業の適切な実施の確保を目的とすること等の要件に該当すると認められるものを、法令遵守のための会員に対する指導等を行う者（認定電子決済等代行事業者協会）として認定することができることとなった（同法52条の61の19）。

〔3〕 施行スケジュール

原則として、平成29年銀行法等改正法公布の日から起算して1年を超えな

い範囲内において政令で定める日から施行される（平成29年銀行法等改正法附則1条本文）。

　ただし、次のとおり、経過規定や特別な規定が定められている。表にすると図表補-2のとおりとなる。

(1)　経過規定

　平成29年銀行法等改正法の施行の際、現に電子決済等代行業を営んでいる

図表補-2　平成29年銀行法等改正法の施行スケジュール

時　　期	内　　容
平成29年銀行法等改正法の公布日（A）	同法附則10条（オープンAPI導入に係る努力義務）、11条（電子決済等代行業者との連携・協働に係る方針の決定・公表義務）が施行される（同附則1条ただし書）。
Aから起算して9カ月を経過する日までに	銀行は、主務省令で定めるところにより、電子決済等代行業者との連携および協働に係る方針を決定し、これを公表しなければならない。
Aから起算して1年を超えない範囲内において政令で定める日（B）	同法（Aの時点で施行される部分以外）の施行日
Bから起算して6カ月間	同法の施行の際、現に電子決済等代行業を営んでいる者は、登録を受けなくても当該電子決済等代行業を営むことができる。
Bから起算して2年を超えない範囲内において政令で定める日まで	銀行等の口座情報を取得し、これを預金者等に提供すること（上記〔1〕(1)②）のみを行っている電子決済等代行業者は、上記〔1〕(3)の銀行等との間の契約締結義務を猶予される。 電子決済等代行業者との間で上記〔1〕(3)の契約を締結しようとする銀行等は、左記の日までに、当該電子決済等代行業者が、その営む電子決済等代行業の利用者から当該利用者に係る識別符号等を取得することなく当該銀行等に係る電子決済等代行業を営むことができるよう、体制の整備に努めなければならない。

者は、同法の施行日から起算して6カ月間は、登録を受けなくても当該電子決済等代行業を営むことができ、その者を電子決済等代行業者とみなして、平成29年改正銀行法（同法52条の61の10および52条の61の11を除く。これらの規定については、上記〔1〕(3)および(4) c .参照）の規定を適用するものとされた（平成29年銀行法等改正法附則2条1項・2項）。

(2) 電子決済等代行業者の銀行との契約締結

施行日から起算して2年を超えない範囲内において政令で定める日までは、銀行等の口座情報を取得し、これを預金者等に提供すること（上記〔1〕(1)②）のみを行っている電子決済等代行業者は、上記〔1〕(3)の銀行等との間の契約締結義務を猶予される。

法文の規定上は、施行日から起算して2年を超えない範囲内において政令で定める日までは、平成29年改正銀行法52条の61の10第1項の規定が、上記〔1〕(1)①の支払・送金の指図の伝達のサービスにしか適用されないものとされており（平成29年銀行法等改正法附則2条4項によって読み替えられた平成29年改正銀行法52条の61の10第1項）、そのことにより、その日までは、上記〔1〕(1)②のみを行っている電子決済等代行業者は、上記〔1〕(3)の銀行等との間の契約締結義務を猶予されることになる。

(3) オープンAPI導入に係る努力義務

上記〔1〕(4) a .参照。

(4) 電子決済等代行業者との連携・協働に係る方針の決定・公表義務

上記〔1〕(4) b .参照。

4 平成29年度税制改正

　2016年12月12日に、平成29年度税制改革の大綱[6]が閣議決定された。

　この税制改革大綱は、Ⅳ章2〔5〕(1) a .において述べた仮想通貨の譲渡について、消費税を非課税とする改正内容を含んでおり、これを受けて、消費税法施行令の一部を改正する政令[7]（以下「改正消費税法施行令」という）が2017年3月31日に制定された。

　改正消費税法施行令は、国内において行われる資産の譲渡等であって非課税とされる「有価証券等」（消費税法6条1項、別表第一第2号参照）の譲渡についての詳細を規定した消費税法施行令9条のうち、4項に、「資金決済に関する法律……に規定する仮想通貨」を加えることによって、国内での仮想通貨の譲渡取引を非課税とする旨を明示的に定めている。改正消費税法施行令の施行日は、一部の規定を除き、2017年7月1日であるため（同施行令附則1条）、この改正によって、同日以後に国内において事業者が行う仮想通貨の譲渡および仕入れについては、消費税法上、非課税取引となることが明らかとなった。

　ただし、改正消費税法施行令は、あくまで国内において行われる仮想通貨の譲渡等についての非課税処理を明示したものであるため、Ⅳ章2〔5〕(1) a .で述べた仮想通貨にかかる消費税制のうち、海外取引に係る消費税の扱

---

[6] 財務省ホームページ「毎年度の税制改正」（http://www.mof.go.jp/tax_policy/tax_reform/）の「税制改正の概要」欄のうち、「平成29年度」の欄に掲載されている資料を参照されたい。

[7] 消費税法施行令の一部を改正する政令（平成29年政令第109号、2017年3月31日付官報特別号外第7号250頁）。

いについては、引き続き、今後の改正に関する議論等を注視することが必要となる。

　なお、改正消費税法施行令附則に仮想通貨に関する経過規定が盛り込まれているため、上記施行日前に仮想通貨の取扱いがあった場合には、当該附則に留意する必要がある。

5 消費者契約法に関する最高裁判決

　Ⅴ章1(2)a.(a)で述べた消費者契約法4条の「勧誘」の意義に影響を及ぼすと考えられる最高裁判決が公表された。

　新聞折込みチラシが同法12条1項・2項の「勧誘」に該当するかどうかが争われた事案において、最高裁は、2017年1月24日の判決で、「事業者等による働きかけが不特定多数の消費者に向けられたものであったとしても、そのことから直ちにその働きかけが法12条1項及び2項にいう『勧誘』に当たらないということはできないというべきである」と判示した[8]。

　この判示は、同法4条の「勧誘」についても当てはまると考えられる。また、上記判示は「不特定多数の消費者に向けられたもの」を対象としており、折込みチラシに限定していないので、インターネット上の広告等も「勧誘」に該当しうることになったと考えられる。

　ただし、「当たらないということはできない」という消極的な言い回しをしている点からすると、インターネット上の広告等のすべてが「勧誘」に該当するかどうかについては今後の事例の蓄積を待つ必要がある。また、今後の消費者契約法の改正に関する議論についても引き続き注視が必要となる。

---

[8]　最判平成29年1月24日最高裁ホームページ（http://www.courts.go.jp/app/files/hanrei_jp/454/086454_hanrei.pdf）。

6 日本と英国・シンガポールとの協力枠組みについて

　2017年3月に入り、金融庁は、相次いで、英国・シンガポールとの協力枠組みについて公表した。今後のFintechの発展にどのような影響を及ぼすかが注目される。

〔1〕 日本と英国のFintech企業支援のための協力枠組みについて

　2017年3月9日、金融庁は、英国の金融行為規制機構（FCA）との間で、革新的なFintech企業を支援するための協力枠組みに関する書簡を交換し、これを通じて、相手国の市場への進出を希望する、日本と英国の革新的企業を紹介する枠組みを提供すると公表した。紹介を受けた当局は、規制の不確実性と市場への参入に要する時間を減少させることにより、紹介を受けた革新的企業を支援するとしている。当該書簡交換は、両当局がそれぞれの市場における金融サービスのイノベーションに関する情報共有を促進し、新たな市場への参入障壁を緩和し、両国におけるイノベーションをさらに促進するとも述べている[9]。

---

[9]　金融庁「［金融庁・英国FCA共同プレスリリース］日本と英国の金融規制当局が、革新的なFinTech企業を支援するための協力枠組みに関する書簡交換を発表」（2017年3月9日）（http://www.fsa.go.jp/inter/etc/20170309-1.html）。

〔2〕 日本とシンガポールのFintechに関する関係を強化する協力枠組みについて

　2017年3月13日、金融庁は、シンガポール金融管理局（MAS）との間で、両国のFintechに関する関係を強化する協力枠組みを構築したと発表した。これは、金融庁とMASが自国のFintech企業を相手国市場に紹介することを可能とするものであり、紹介されたFintech企業が相手国の規制当局と議論し、必要な許認可等の規制の枠組みについて助言を受ける手順を定めており、規制の不確実性の軽減や市場への参入障壁の緩和に役立つとされている。両当局が互いの市場における金融サービスのイノベーションに関する情報をどのように共有し、利用する予定であるかについても定められている[10]。

10　金融庁「［金融庁・シンガポールMAS共同プレスリリース］日本・シンガポール、FinTech協力枠組みを構築」（2017年3月13日）（http://www.fsa.go.jp/inter/etc/20170313-1.html）。

● **参考文献** ●

浅井	浅井弘章『マイナンバー法と金融実務』(経済法令研究会、2016年)
浅野・ウェブ記事	浅野千尋「アカウントアグリゲーションのその先の世界を創る」MoneyForward Engineers' Blog（2015年8月25日）（https://moneyforward.com/engineers_blog/2015/08/25/toward-the-future/）
池谷・ウェブ記事	池谷貴「セゾンや三井住友も続々開始するCLOとは？カード決済連動型サービスの仕組みと利点」ビジネス＋IT（2014年11月25日）（http://www.sbbit.jp/article/cont1/28861）
上田・日本経済新聞記事	上田敬「女性に起業の機会　ケニアのモバイル送金『エムペサ』——携帯電話会社のサファリコム、SMSを活用」日本経済新聞（2013年7月7日）（http://www.nikkei.com/article/DGXNASFK0401R_U3A700C1000000/）
上柳＝大森	上柳敏郎＝大森泰人編著『逐条解説貸金業法』（商事法務、2008年）
宇賀	宇賀克也『番号法の逐条解説』（有斐閣、2014年）
欧州委員会・PSD1/2資料・解説	European Commission "Directive on Payment Services (PSD)" および "Revised Directive on Payment Services (PSD2)" （http://ec.europa.eu/finance/payments/framework/index_en.htm）
大蔵財務協会	財団法人大蔵財務協会編『貸金業法のすべて　実例問答式』（大蔵財務協会、1998年）
大阪市・報道発表資料	大阪市「全国初！　Visaプリペイドカードによる生活保護費の支給をモデル的に実施します」（2014年12月26日）（http://www.city.osaka.lg.jp/hodoshiryo/fukushi/0000293229.html）
大矢	大矢恭好「インタビュー　持株会社への機能集約を図り、合併と同様の効果を目指す：両行のブランドを生かしつつ共通化を進めることが効果的な統合のあり方」週刊金融財政事情67巻19号（2016）22頁以下
小野	小野秀誠『利息制限の理論』（勁草書房、2010年）
外為法ハンドブック	株式会社三菱東京UFJ銀行外為事務部事務管理グループ監修・三菱UFJリサーチ＆コンサルティング株式会社貿易投資相談部編著『外為法ハンドブック2016〜犯収法その他関連法令も含めた外為取引への実務的アプローチ

	～』（三菱UFJリサーチ＆コンサルティング、2016年）
割賦販売小委員会報告書	産業構造審議会　商務流通情報分科会　割賦販売小委員会「報告書～クレジットカード取引システムの健全な発展を通じた消費者利益の向上に向けて～〈追補版〉」（平成28年6月2日）（http://www.meti.go.jp/committee/sankoushin/shojo/kappuhanbai/pdf/report_03_01.pdf）
金商業者監督指針	金融庁「金融商品取引業者等向けの総合的な監督指針」（平成28年10月）（http://www.fsa.go.jp/common/law/guide/kinyushohin/）
金融グループWG報告	金融審議会「金融グループを巡る制度のあり方に関するワーキング・グループ報告～金融グループを巡る制度のあり方について～」（平成27年12月22日）（http://www.fsa.go.jp/singi/singi_kinyu/tosin/20151222-1/01.pdf）
金融庁・新たな資金決済サービス	金融庁「新たな資金決済サービス　イノベーションの促進と利用者保護に向けて」（http://www.fsa.go.jp/common/about/pamphlet/shin-kessai.pdf）
金融庁・御説明資料	金融庁「御説明資料」（平成28年3月23日）（http://www.cao.go.jp/consumer/iinkai/2016/215/doc/20160323_shiryou2_2.pdf）
金融庁・事務ガイドライン	金融庁「事務ガイドライン第三分冊：金融会社関係」（平成27年4月22日）（http://www.fsa.go.jp/common/law/guide/kaisya）
金融庁・平成17年改正銀行法等解説	金融庁「【法令解説】銀行法等の一部を改正する法律」（http://www.fsa.go.jp/access/17/200511d.html）
金融庁・平成18年銀行法等改正パブリックコメント回答	金融庁「銀行法等の一部を改正する法律の施行期日を定める政令（案）、銀行法等の一部を改正する法律の施行に伴う関係政令の整備等に関する政令（案）及び銀行法施行規則等の一部を改正する内閣府令等（案）に対するパブリックコメントの結果について」（平成18年5月17日）（http://www.fsa.go.jp/news/newsj/17/ginkou/20060517-1.html）に掲載されている「コメントの概要とコメントに対する金融庁の考え方」（http://www.fsa.go.jp/news/newsj/17/ginkou/20060517-1.pdf）
金融庁・平成26年金商法等改正パブリックコメント回答	金融庁「平成26年金融商品取引法等改正（1年以内施行）等に係る政令・内閣府令案等に対するパブリックコメントの結果等について」（平成27年5月12日）（http://www.fsa.go.jp/news/26/syouken/20150512-1.html）に掲載されている「コメントの概要及びコメントに対する金

	融庁の考え方」(http://www.fsa.go.jp/news/26/syouken/20150512-1/01.pdf)
金融分野個人情報保護ガイドライン	金融庁「金融分野における個人情報保護に関するガイドライン」(平成27年7月9日)(http://www.fsa.go.jp/common/law/kj-hogo/01.pdf)
金融分野個人情報保護実務指針	金融庁「金融分野における個人情報保護に関するガイドラインの安全措置等についての実務指針」(平成27年7月9日)(http://www.fsa.go.jp/common/law/kj-hogo/04.pdf)
経産省・営業秘密管理指針	経済産業省「営業秘密管理指針」(平成15年1月30日、平成27年1月28日全部改訂)(http://www.meti.go.jp/policy/economy/chizai/chiteki/pdf/20150128hontai.pdf)
経産省・契約ガイドライン	経済産業省 商務情報政策局 情報経済課「データに関する取引の推進を目的とした契約ガイドライン――データ駆動型イノベーションの創出に向けて――」(平成27年10月)(http://www.meti.go.jp/press/2015/10/20151006004/20151006004-1.pdf)
経産省・電子商取引準則	経済産業省「電子商取引及び情報財取引等に関する準則」(平成28年6月)(http://www.meti.go.jp/press/2016/06/20160603001/20160603001-2.pdf)
経産省・匿名加工情報作成マニュアル	経済産業省「事業者が匿名加工情報の具体的な作成方法を検討するにあたっての参考資料(「匿名加工情報作成マニュアル」)Ver1.0」(平成28年8月)(http://www.meti.go.jp/press/2016/08/20160808002/20160808002-1.pdf)
経産省・FinTech研究会発言集	経済産業省経済産業政策局産業資金課「産業・金融・IT融合に関する研究会(FinTech研究会)発言集」(平成28年3月)(http://www.meti.go.jp/committee/kenkyukai/sansei/fintech/pdf/001_hatsugen.pdf)
経産分野個人情報保護ガイドライン	経済産業省「個人情報の保護に関する法律についての経済産業分野を対象とするガイドライン」(平成28年12月)(http://www.meti.go.jp/policy/it_policy/privacy/downloadfiles/161228kojoguideline.pdf)
決済高度化WG報告	金融審議会「決済業務等の高度化に関するワーキング・グループ報告〜決済高度化に向けた戦略的取組み〜」(平成27年12月22日)(http://www.fsa.go.jp/singi/singi_kinyu/tosin/20151222-2/01.pdf)

公取委・インターネット上で行われる懸賞企画の取扱いについて	公正取引委員会「インターネット上で行われる懸賞企画の取扱いについて」（平成13年4月26日）（http://www.caa.go.jp/representation/pdf/100121premiums_24.pdf）
公取委・消費者向け電子商取引における表示についての景品表示法上の問題点と留意事項	公正取引委員会「消費者向け電子商取引における表示についての景品表示法上の問題点と留意事項」（平成14年6月5日、一部改定平成15年8月29日）（http://www.caa.go.jp/representation/pdf/100121premiums_38.pdf）
国税庁・消費税Q&A	国税庁消費税室「国境を越えた役務の提供に係る消費税の課税の見直し等に関するQ&A」（平成27年5月（平成27年9月改訂））（https://www.nta.go.jp/shiraberu/ippanjoho/pamph/pdf/cross-QA.pdf）
国税庁・制度創設等の背景	国税庁ホームページ「制度創設等の背景」（https://www.nta.go.jp/shiraberu/zeiho-kaishaku/joho-zeikaishaku/dennshichobo/jirei/01.htm）
国税庁・電子帳簿保存法取扱通達	平成28年6月30日付課総10－15ほか7課共同「『電子帳簿保存法取扱通達の制定について』の一部改正について」（法令解釈通達）（https://www.nta.go.jp/shiraberu/zeiho-kaishaku/tsutatsu/kobetsu/sonota/kaisei1607/index02.htm）
国税庁・電子帳簿保存法取扱通達改正の趣旨説明	平成28年6月30日付課総10－15ほか7課共同「『電子帳簿保存法取扱通達の制定について』の一部改正について」（法令解釈通達）等の趣旨説明について（http://www.nta.go.jp/shiraberu/zeiho-kaishaku/joho-zeikaishaku/dennshichobo/1607/index.htm）
国税庁・電子帳簿保存法Q&A	国税庁ホームページ「電子帳簿保存法Q&A（平成28年9月30日以後の承認申請対応分）」（https://www.nta.go.jp/shiraberu/zeiho-kaishaku/joho-zeikaishaku/dennshichobo/jirei/07_3.htm）
国交省・検討会資料	国土交通省自動車局安全政策課「テレマティクス等を活用した安全運転促進保険等による道路交通の安全　第9回　自動車関連情報の利活用に関する将来ビジョン検討会（テーマⅠ）資料2－1」（作成日記載なし）（http://www.mlit.go.jp/common/001061957.pdf）
小島ほか	小島宗一郎ほか「金融商品取引法の目的・定義規定」松尾直彦編著『金融商品取引法・関係政府令の解説』別冊商事法務318号（2008）16頁以下
個人情報保護委員会・個人情報保護法ガイド	個人情報保護法ガイドライン（外国にある第三者への提供編）（平成28年11月）

ライン（外国第三者提供編）	(http://www.ppc.go.jp/files/pdf/guidelines02.pdf)
個人情報保護委員会・個人情報保護法ガイドライン（確認記録義務編）	個人情報保護法ガイドライン（第三者提供時の確認・記録義務編）（平成28年11月）(http://www.ppc.go.jp/files/pdf/guidelines03.pdf)
個人情報保護委員会・個人情報保護法ガイドライン（通則編）	個人情報保護法ガイドライン（通則編）（平成28年11月）(http://www.ppc.go.jp/files/pdf/guidelines01.pdf)
個人情報保護委員会・個人情報保護法ガイドライン（匿名加工情報編）	個人情報保護法ガイドライン（匿名加工情報編）（平成28年11月）(http://www.ppc.go.jp/files/pdf/guidelines04.pdf)
個人情報保護委員会・個人情報保護法施行令改正政令及び同法施行規則パブリックコメント回答	金融庁「「個人情報の保護に関する法律施行令の一部を改正する政令（案）」及び「個人情報の保護に関する法律施行規則（案）」に関する意見募集の結果について」（平成28年10月5日）(http://search.e-gov.go.jp/servlet/Public?CLASSNAME=PCMMSTDETAIL&id=240000022&Mode=2) に掲載されている「「個人情報の保護に関する法律施行令の一部を改正する政令（案）」及び「個人情報の保護に関する法律施行規則（案）」に関する意見募集結果」(http://search.e-gov.go.jp/servlet/PcmFileDownload?seqNo=0000149456)
個人情報保護委員会・特定個人情報ガイドライン	個人情報保護委員会「特定個人情報の適正な取扱いに関するガイドライン（事業者編）」（平成28年1月1日）(http://www.ppc.go.jp/files/pdf/160101_guideline_jigyousya.pdf)
小林・ウェブ記事	小林雅一「巨大ヘッジファンドがついに導入を決めた人工知能。その実力を検証する──金融市場で人間はもう『不要』なのか」現代ビジネス（2016年6月16日）(http://gendai.ismedia.jp/articles/-/48922)
小山	小山嘉昭『詳解銀行法』（金融財政事情研究会、2012年）
斎藤	斎藤正和『新出資法──条文解釈と判例解説』（青林書院、2012年）
自動走行ビジネス検討会・今後の取組方針	自動走行ビジネス検討会「自動走行ビジネス検討会　今後の取組方針」（平成28年3月23日）(http://www.meti.go.jp/press/2015/03/20160323001/20160323001-2.pdf)
衆議院・財務金融委員	衆議院「会議録　第190回国会　財務金融委員会　第16

会会議録	号」（平成28年4月27日）(http://www.shugiin.go.jp/internet/itdb_kaigiroku.nsf/html/kaigiroku/009519020160427016.htm)
主要行等監督指針	金融庁「主要行等向けの総合的な監督指針」（平成28年3月）(http://www.fsa.go.jp/common/law/guide/city/)
消費者委員会・議事録	消費者委員会事務局「消費者委員会本会議（第215回）議事録」(http://www.cao.go.jp/consumer/iinkai/2016/215/gijiroku/__icsFiles/afieldfile/2016/04/25/20160323_gijiroku.pdf)
消費者委員会・建議	消費者委員会「電子マネーに関する消費者問題についての建議」（平成27年8月18日）(http://www.cao.go.jp/consumer/iinkaikouhyou/2015/__icsFiles/afieldfile/2015/08/19/20150818_kengi.pdf)
消費者委員会・消費者契約法専門調査会報告書	消費者委員会　消費者契約法専門調査会「消費者契約法専門調査会　報告書」（平成27年12月）(http://www.cao.go.jp/consumer/iinkaikouhyou/2015/doc/20151225_shoukei_houkoku1.pdf)
消費者委員会・特定商取引法専門調査会報告書	消費者委員会　特定商取引法専門調査会「特定商取引法専門調査会　報告書」（平成27年12月）(http://www.cao.go.jp/consumer/iinkaikouhyou/2015/doc/20151224_tokusho_houkoku1.pdf)
消費者庁・概要消費者契約法の改正	消費者庁「概要・消費者契約法の一部を改正する法律（平成28年法律第61号）」(http://www.caa.go.jp/policies/policy/consumer_system/consumer_contract_act/pdf/consumer_contract_act_0001.pdf)
消費者庁・消費者裁判手続特例法Q&A	消費者庁　消費者制度課「消費者裁判手続特例法Q&A」（平成26年4月）(http://www.caa.go.jp/planning/pdf/qa-all.pdf)
消費者庁・逐条解説消費者契約法	消費者庁「逐条解説消費者契約法」（平成14年3月）(http://www.consumer.go.jp/kankeihourei/keiyaku/chikujou/file/keiyakuhou2.pdf)
消費者庁・取りまとめ報告書の概要	消費者庁「「消費者の財産被害に係る行政手法研究会」取りまとめ報告書の概要」（平成25年6月）(http://www.caa.go.jp/planning/pdf/gyousei-gaiyou_1.pdf)
鈴木ほか・平成28年改正	鈴木由里ほか「平成28年改正銀行法・資金決済法等の実務的検討──フィンテックに取り組むための検討事項を中心として」旬刊商事法務2018号（2016）57頁以下
鈴木ほか・インステッ	鈴木由里ほか「保険×テクノロジー「インステック」の

ク	動向と法的な留意事項」週刊金融財政事情67巻23号（2016）34頁以下
全国銀行公正取引協議会・景品規約	全国銀行公正取引協議会「銀行業における景品類の提供の制限に関する公正競争規約」（http://www.bftc.gr.jp/keihin_kiyaku/keihin_kiyaku.html）
全国銀行公正取引協議会・表示規約	全国銀行公正取引協議会「銀行業における表示に関する公正競争規約」（http://www.bftc.gr.jp/hyouji_kiyaku/hyouji_kiyaku.html）
総務省・位置情報プライバシーレポート	総務省　緊急時等における位置情報の取扱いに関する検討会「報告書　位置情報プライバシーレポート」（平成28年7月） （http://www.soumu.go.jp/main_content/000303636.pdf）
総務省・公的個人認証サービスガイドライン	総務省「公的個人認証サービス利用のための民間事業者向けガイドライン（第1.1版）（平成27年9月） （http://www.soumu.go.jp/main_content/000400619.pdf）
総務省・パーソナルデータ報告書	総務省　パーソナルデータの利用・流通に関する研究会「報告書～パーソナルデータの適正な利用・流通の促進に向けた方策～」（平成25年6月） （http://www.soumu.go.jp/main_content/000231357.pdf）
総務省・マイキープラットフォーム	総務省「マイキープラットフォームの概要」（平成28年2月17日） （http://www.soumu.go.jp/main_content/000399523.pdf）
大日本印刷・ニュースリリース	大日本印刷株式会社　ニュースリリース「イズミ・大日本印刷・日本ユニシス　国内初のCLOサービスを活用した新たなキャンペーン手法を試行」（2015年9月28日）（http://www.dnp.co.jp/news/10115094_2482.html）
高橋・逐条解説	高橋康文編著『逐条解説　資金決済法【増補版】』（金融財政事情研究会、2010）
田中ほか	田中智之ほか「金融商品取引法施行令等改正についての解説：平成26年金商法等改正（1年以内施行部分）関連」旬刊商事法務2071号（2015）4頁以下
中小・地域金融機関監督指針	金融庁「中小・地域金融機関向けの総合的な監督指針」（平成28年6月） （http://www.fsa.go.jp/common/law/guide/chusho/）
土屋・税とビットコイン	土屋雅一「税とビットコイン　「外為法上の支払手段」として法律上の位置付けを明確化せよ」週刊金融財政事情66巻22号（2015年）32頁以下
土屋・ビットコインと	土屋雅一「ビットコインと税務」税大ジャーナル23号

税務	（2014）69頁以下
東弁・消費者法の知識と実務	東京弁護士会弁護士研修センター運営委員会編『消費者法の知識と実務』（ぎょうせい、2012年）
東弁・ネット取引被害の消費者相談	東京弁護士会消費者問題特別委員会編『ネット取引被害の消費者相談』108頁（商事法務、2010年）
土橋・ウェブ記事	土橋克寿「国際送金を変える「トランスファーワイズ」日本でも始動」ForbesJAPAN（2016年4月15日）（http://forbesjapan.com/articles/detail/11839）
内閣総理大臣・ビットコイン答弁書	内閣総理大臣「参議院議員大久保勉君提出ビットコインに関する質問に対する答弁書」（平成26年3月7日、答弁書28号、内閣参質186第28号）（http://www.sangiin.go.jp/japanese/joho1/kousei/syuisyo/186/touh/t186028.htm）
内閣府・規制改革ホットライン回答	内閣府　規制改革会議　規制改革ホットライン「平成28年度分　財務省回答」（2016年）（http://www8.cao.go.jp/kisei-kaikaku/kaigi/hotline/h_index.html）
内閣府・税制調査会	内閣府「第24回　税制調査会（2015年10月23日）資料一覧」（http://www.cao.go.jp/zei-cho/gijiroku/zeicho/2015/27zen24kai.html）
内閣府・税制調査会中間報告	内閣府　税制調査会　金融課税小委員会中間報告「四　金融関係税制の適正な執行の確保」（http://www.cao.go.jp/zeicho/tosin/zeichob7.html）
内閣府・平成10年度税制改正答申	内閣府　税制調査会「平成10年度の税制改正に関する答申」（平成9年12月）（http://www.cao.go.jp/zeicho/tosin/zeicho1.html）
内閣府・マイナンバー法逐条解説	内閣府大臣官房番号制度担当室「行政手続における特定の個人を識別するための番号の利用等に関する法律【逐条解説】」（http://www.cas.go.jp/jp/seisaku/bangoseido/pdf/chikujou.pdf）
日弁連会長声明	日本弁護士連合会会長「生活保護費をプリペイドカードで支給するモデル事業の中止を求める会長声明」（2015年2月27日）（http://www.nichibenren.or.jp/activity/document/statement/year/2015/150227.html）
日証協・インターネット取引ガイドライン	日本証券業協会「インターネット取引において留意すべき事項について（ガイドライン）」（平成17年12月）（http://www.jsda.or.jp/shiryo/houkokusyo/h20/files/guidline.pdf）
日証協・高齢顧客への	日本証券業協会「協会員の投資勧誘、顧客管理等に関す

勧誘による販売に係るガイドライン	る規則第5条の3の考え方（高齢顧客への勧誘による販売に係るガイドライン）」（平成25年10月29日）（http://www.jsda.or.jp/shiryo/web-handbook/101_kanri/files/toushikanyu5-3guideline_131216.pdf）
日証協・店頭有価証券規則	日本証券業協会「店頭有価証券に関する規則」（平成17年3月15日） （http://www.jsda.or.jp/katsudou/kisoku/files/a01.pdf）
日本経済新聞・広告及び「勧誘」に関する記事	日本経済新聞電子版「広告も「勧誘」に、企業側が懸念　消費者契約法改正で」（2015年9月10日）（http://www.nikkei.com/article/DGXLASDZ10HRD_Q5A910C1TJC000/）
日本損害保険協会・自動運転の法的課題について	一般社団法人　日本損害保険協会　ニューリスクPT「自動運転の法的課題について」（2016年6月） （http://www.sonpo.or.jp/news/file/jidou_houkoku.pdf）
日本取引所グループ金商法研究会	日本取引所グループ金融商品取引法研究会「平成26年金融商品取引法改正(2)　投資型クラウドファンディング・新たな非上場株式の取引制度」（http://www.jpx.co.jp/corporate/research-study/research-group/nlsgeu000001hy9x-att/20150925_1.pdf）
日本能率協会総合研究所・自動走行報告書	株式会社日本能率協会総合研究所「自動走行の制度的課題等に関する調査研究報告書」（平成28年3月）（https://www.npa.go.jp/koutsuu/kikaku/jidosoko/kentoiinkai/report/honbun.pdf）
野崎ほか	野崎竜一ほか「銀行とFinTech企業によるイノベーション──金融法とIT法の側面から見たFinTechの論点整理」金融法務事情2035号（2016）26頁以下
野村総研・ニュースリリース	株式会社野村総合研究所「セディナとNRIがスマートフォンを利用したCLOサービス「セディナキャッシュバッククーポン」の実証実験を開始〜会員属性や位置情報を活用し、カード決済とも連携〜」（2014年7月31日） （https://www.nri.com/jp/news/2014/140731.aspx）
日置＝板倉	日置巴美＝板倉陽一郎『平成27年改正　個人情報保護法のしくみ』（商事法務、2015年）
ふくおかフィナンシャルグループプレスリリース	株式会社ふくおかフィナンシャルグループ「第5次中期経営計画〜「ザ・ベストリージョナルバンク」を目指して〜」（https://www.fukuoka-fg.com/investor/data/5chukei.pdf）
保険会社監督指針	金融庁「保険会社向けの総合的な監督指針」（平成28年

	9月）（http://www.fsa.go.jp/common/law/guide/pdf.）
本田	本田元『図解カードビジネスの実務　クレジットのすべてがわかる！』（中央経済社、2016年）
毎日新聞・プリペイド制記事	毎日新聞「プリペイド制を取りやめ　大阪市、利用低迷で」（2016年4月13日）
松尾＝池田	松尾直彦監修・池田和世『逐条解説　新金融商品販売法』（金融財政事情研究会、2008年）
水野	水野忠恒『大系租税法』（中央経済社、2016年）
森泉	森泉章『判例利息制限法』（一粒社、1982年）
湯山ほか	湯山壮一郎ほか「情報通信技術の進展等の環境変化に対応するための銀行法等の一部を改正する法律の概要(1)」旬刊商事法務2107号（2016）18頁以下
預金等受入金融機関に係る検査マニュアル	預金等受入金融機関に係る検査マニュアル（http://www.fsa.go.jp/manual/manualj/yokin.html）
リスクマネーWG報告	金融審議会「新規・成長企業へのリスクマネーの供給のあり方等に関するワーキング・グループ報告」（平成25年12月25日）（http://www.fsa.go.jp/singi/singi_kinyu/tosin/20131225-1/01.pdf）
Amazon・プレスリリース	Amazon.co.jp「Amazon.co.jp、法人の販売事業者向けに新しい融資サービス「Amazonレンディング」の提供開始」（https://www.amazon.co.jp/gp/press/pr/ 20140220）
EBA mandates in PSD2 updates	European Banking Authority "Regulatory Technical Standards on strong customer authentication and secure communication under PSD2" (https://www.eba.europa.eu/regulation-and-policy/payment-services-and-electronic-money/regulatory-technical-standards-on-strong-customer-authentication-and-secure-communication-under-psd2)
FISC・安対基準及び解説書	公益社団法人金融情報システムセンター『金融機関等コンピュータシステムの安全対策基準・解説書』（平成27年、第8版追補改訂、金融情報システムセンター）
GSMA・ウェブ記事	GSMA "2014 State of the Industry Mobile Financial Services for the Unbanked"（2015年3月）（http://www.gsma.com/mobilefordevelopment/wp-content/uploads/2015/03/SOTIR_2014.pdf）
JCB・ニュースリリース	株式会社ジェーシービー「カード会社ならではのリアルタイムマーケティング。O2Oで加盟店送客サービスを強

Law Library of Congress・ビットコイン	化。」（2014年9月16日）(http://www.global.jcb/ja/press/20140916160000.html) The Law Library of Congress, Global Legal Research Center "Regulation of Bitcoin in Selected Jurisdictions"（2014年1月）(http://www.loc.gov/law/help/bitcoin-survey/regulation-of-bitcoin.pdf)
OECD・BEPS最終報告書解説文	OECD "OECD/G20 Base Erosion and Profit Shifting Project Explanatory Statement 2015 Final Reports"（http://www.oecd.org/ctp/beps-explanatory-statement-2015.pdf）
Readwrite.jp・ウェブ記事	Readwrite.jp「ビットコインは忘れよう：「M-Pesa」こそモバイル通貨の未来だ」（2014年6月27日）(http://readwrite.jp/infrastructure/9067/)
Touryalai・ウェブ記事	Halah Touryalai, "Walmart, McDonalds, Walgreens Cheating Hourly Workers? NY AG Investigates Use Of Prepaid Payroll Cards"（2013年7月3日）(http://www.forbes.com/sites/halahtouryalai/2013/07/03/walmart-mcdonalds-walgreens-cheating-hourly-workers-ny-ag-investigates-use-of-prepaid-payroll-cards/#4510c1383300)

● 法令一覧 ●

医師法	医師法（昭和23年法律第201号）
会社法	会社法（平成17年法律第86号）
改正割賦販売法	割賦販売法の一部を改正する法律（平成28年法律第99号）による改正後の割賦販売法
改正銀行法	銀行法等改正法による改正後の銀行法
改正個人情報保護法	個人情報の保護に関する法律及び行政手続における特定の個人を識別するための番号の利用等に関する法律の一部を改正する法律（平成27年法律第65号）による改正（完全施行）後の個人情報の保護に関する法律
改正個人情報保護法施行令	個人情報の保護に関する法律及び行政手続における特定の個人を識別するための番号の利用等に関する法律の一部を改正する法律の施行に伴う関係政令の整備及び経過措置に関する政令（平成28年10月5日政令第324号）による改正後の個人情報保護法施行令
改正資金決済法	銀行法等改正法による改正後の資金決済に関する法律
改正消費者契約法	消費者契約法の一部を改正する法律（平成28年法律第61号）による改正後の消費者契約法
改正電子記録債権法	銀行法等改正法による改正後の電子記録債権法
改正特定商取引法	特定商取引に関する法律の一部を改正する法律（平成28年法律第60号）による改正後前の特定商取引に関する法律
改正犯罪収益移転防止法	銀行法等改正法による改正後の犯罪による収益の移転防止に関する法律
外為法	外国為替及び外国貿易法（昭和24年法律第228号）
外為令	外国為替令（昭和55年政令第260号）
貸金業法	貸金業法（昭和58年法律第32号）
貸金業法施行規則	貸金業法施行規則（昭和58年大蔵省令第40号）
割賦販売法	割賦販売法の一部を改正する法律（平成28年法律第99号）による改正前の割賦販売法（昭和36年法律第159号）
官民データ活用推進基本法	官民データ活用推進基本法（平成28年法律第103号）
銀行法	銀行法等改正法による改正前の銀行法（昭和56年法律第59号）
銀行法施行規則	銀行法施行規則（昭和57年大蔵省令第10号）

銀行法施行令	銀行法施行令（昭和57年政令第40号）
銀行法等改正法	情報通信技術の進展等の環境変化に対応するための銀行法等の一部を改正する法律（平成28年法律第62号）
金商業等府令	金融商品取引業等に関する内閣府令（平成19年内閣府令第52号）
金商法	金融商品取引法（昭和23年法律第25号）
金商法施行令	金融商品取引法施行令（昭和40年政令第321号）
金商法定義府令	金融商品取引法第二条に規定する定義に関する内閣府令（平成5年大蔵省令第14号）
金販法	金融商品の販売等に関する法律（平成12年法律第101号）
金販法施行令	金融商品の販売等に関する法律施行令（平成12年政令第484号）
景品表示法	不当景品類及び不当表示防止法（昭和37年法律第134号）
刑法	刑法（明治40年法律第45号）
憲法	日本国憲法（昭和21年憲法）
公的個人認証法	電子署名等に係る地方公共団体情報システム機構の認証業務に関する法律（平成14年法律第153号）
公認会計士法	公認会計士法（昭和23年法律第103号）
国外送金等調書法	内国税の適正な課税の確保を図るための国外送金等に係る調書の提出等に関する法律（平成9年法律第110号）
国外送金等調書法施行規則	内国税の適正な課税の確保を図るための国外送金等に係る調書の提出等に関する法律施行規則（平成9年大蔵省令第96号）
国外送金等調書法施行令	内国税の適正な課税の確保を図るための国外送金等に係る調書の提出等に関する法律施行令（平成9年政令第363号）
個人情報保護法	個人情報の保護に関する法律及び行政手続における特定の個人を識別するための番号の利用等に関する法律の一部を改正する法律（平成27年法律第65号）による改正（完全施行）後の個人情報の保護に関する法律（平成15年法律第57号）
個人情報保護法施行規則（場合によって「改正個人情報保護法施行規則」とも記載する）	個人情報の保護に関する法律施行規則（平成28年個人情報保護委員会規則第3号）
個人情報保護法施行令	個人情報の保護に関する法律及び行政手続における特定の

	個人を識別するための番号の利用等に関する法律の一部を改正する法律の施行に伴う関係政令の整備及び経過措置に関する政令（平成28年10月5日政令第324号）による改正前の個人情報保護法施行令（平成15年政令第507号）
産業競争力強化法	産業競争力強化法（平成25年法律第98号）
資金移動業者府令	資金移動業者に関する内閣府令（平成22年内閣府令第4号）
資金決済法	銀行法等改正法による改正前の資金決済に関する法律（平成21年法律第59号）
資金決済法施行令	資金決済に関する法律施行令（平成22年政令第19号）
自動車損害賠償保障法	自動車損害賠償保障法（昭和30年法律第97号）
出資法	出資の受入れ、預り金及び金利等の取締りに関する法律（昭和29年法律第195号）
消費者契約法	消費者契約法の一部を改正する法律（平成28年法律第61号）による改正前の消費者契約法（平成12年法律第61号）
消費者裁判手続特例法	消費者の財産的被害の集団的な回復のための民事の裁判手続の特例に関する法律（平成25年法律第96号）
消費税法	消費税法（昭和63年法律第108号）
商法	商法（明治32年法律第48号）
所得税法	所得税法（昭和40年法律第33号）
信託業法	信託業法（平成16年法律第154号）
水産業協同組合法	水産業協同組合法（昭和23年法律第242号）
生活保護法	生活保護法（昭和25年法律第144号）
税理士法	税理士法（昭和26年法律第237号）
著作権法	著作権法（明治32年法律第39号）
電気通信事業法	電気通信事業法（昭和59年法律第86号）
電子記録債権法	銀行法等改正法による改正前の電子記録債権法（平成19年法律第102号）
電子契約法	電子消費者契約及び電子承諾通知に関する民法の特例に関する法律（平成13年法律第95号）
電子署名法	電子署名及び認証業務に関する法律（平成12年法律第102号）
電子帳簿保存法	電子計算機を使用して作成する国税関係帳簿書類の保存方法等の特例に関する法律（平成10年法律第25号）
電子帳簿保存法施行規	電子計算機を使用して作成する国税関係帳簿書類の保存方

則	法等の特例に関する法律施行規則（平成10年大蔵省令第43号）
独占禁止法	私的独占の禁止及び公正取引の確保に関する法律（昭和22年法律第54号）
特定商取引法	特定商取引に関する法律の一部を改正する法律（平成28年法律第60号）による改正前の特定商取引に関する法律（昭和51年法律第57号）
特定商取引に関する法律施行令	特定商取引に関する法律施行令（昭和51年政令第295号）
特許法	特許法（昭和34年法律第121号）
破産法	破産法（平成16年法律第75号）
犯罪収益移転防止法	犯罪による収益の移転防止に関する法律（平成19年法律第22号）
犯罪収益移転防止法施行規則	犯罪による収益の移転防止に関する法律施行規則（平成20年内閣府・総務省・法務省・財務省・厚生労働省・農林水産省・経済産業省・国土交通省令第1号）
不正アクセス禁止法	不正アクセス行為の禁止等に関する法律（平成11年法律第128号）
不正競争防止法	不正競争防止法（平成5年法律第47号）
プロバイダ責任制限法	特定電気通信役務提供者の損害賠償責任の制限及び発信者情報の開示に関する法律（平成13年法律第137号）
法人税法	法人税法（昭和40年法律第34号）
保険業法	保険業法（平成7年法律第105号）
マイナンバー法	行政手続における特定の個人を識別するための番号の利用等に関する法律（平成25年法律第27号）
マイナンバー法施行規則	行政手続における特定の個人を識別するための番号の利用等に関する法律施行規則（平成26年内閣府・総務省令第3号）
マイナンバー法施行令	行政手続における特定の個人を識別するための番号の利用等に関する法律施行令（平成26年政令第155号）
民事訴訟法	民事訴訟法（平成8年法律第109号）
民法	民法（明治29年法律第89号）
薬機法	医薬品、医療機器等の品質、有効性及び安全性の確保等に関する法律（昭和35年法律第145号）
利息制限法	利息制限法（昭和29年法律第100号）

労働基準法　　　　　　労働基準法（昭和22年法律第49号）
労働基準法施行規則　　労働基準法施行規則（昭和22年厚生省令第23号）

Fintechのビジネス戦略と法務

平成29年5月18日　第1刷発行

編著者　渥美坂井法律事務所・
　　　　外国法共同事業Fintechチーム
　　　　松　田　克　信
　　　　新　倉　理　人
　　　　髙　橋　　　淳
発行者　小　田　　　徹
印刷所　三松堂印刷株式会社

〒160-8520　東京都新宿区南元町19
発　行　所　一般社団法人 金融財政事情研究会
企画・制作・販売　株式会社きんざい
　　出版部　TEL 03(3355)2251　FAX 03(3357)7416
　　販売受付　TEL 03(3358)2891　FAX 03(3358)0037
　　URL http://www.kinzai.jp/

・本書の内容の一部あるいは全部を無断で複写・複製・転訳載すること、および磁気または光記録媒体、コンピュータネットワーク上等へ入力することは、法律で認められた場合を除き、著作者および出版社の権利の侵害となります。
・落丁・乱丁本はお取替えいたします。定価はカバーに表示してあります。

ISBN978-4-322-13076-8